Lieselotte Ahnert

Auf die Väter kommt es an

LIESELOTTE AHNERT

AUF DIE VÄTER KOMMT ES AN

Wie ihr Denken, Fühlen und Handeln unsere Kinder von Anfang an prägen

Ullstein

Wir verpflichten uns zu Nachhaltigkeit

- Klimaneutrales Produkt
- Papiere aus nachhaltiger Waldwirtschaft und anderen kontrollierten Quellen
- ullstein.de/nachhaltigkeit

MIX
Papier | Fördert gute Waldnutzung
FSC® C014496

ISBN 978-3-550-20209-4

Redaktionelle Mitarbeit: Sarah Heidi Engel
Lektorat: Dr. Ludger Ikas
Gesetzt aus der Dante MT
Satz: Pinkuin Satz und Datentechnik, Berlin
Druck und Bindearbeiten: GGP Media GmbH, Pößneck
Printed in Germany

Den wichtigsten Männern in meinem Leben:
Meinem Großvater und Vater –
meinen Brüdern und Neffen –
meinem Mann und meinem Sohn

INHALT

VORWORT

Seit einiger Zeit ist regelmäßig von den »neuen Vätern« die Rede. Tatsächlich sind sie nicht bloß eine Erfindung von Medien, Politik oder Gesellschaft: Wir sehen sie in den Parks, wie sie den Kinderwagen umherschieben, ihre Babys vor dem Bauch tragen oder ihren Kleinen auf dem Laufrad hinterhersprinten. Wir treffen sie auf Spielplätzen, wo sie ihren Nachwuchs auf der Schaukel in luftige Höhen schubsen oder mit ihm die Rutsche hinuntersausen. Wir nehmen sie auf der Straße wahr, wie sie vor dem Kita-Eingang mit anderen Eltern plaudern.

Ich bin ihnen zuletzt bei meinem Friseur begegnet. Schon seit Längerem lasse ich mir dort immer von Eric die Haare frisieren. Färben, waschen, schneiden, föhnen: ein Termin dauert zwei Stunden, und so haben wir Zeit, miteinander zu plaudern. Über unsere Wahlheimat Berlin, die Politik, den Film, den wir zuletzt im Kino gesehen haben, oder die nächste Urlaubsreise. Bei meinem letzten Besuch gab es jedoch nur ein Thema: die Geburt seines Sohnes. Überglücklich und stolz erzählte er mir von dem Baby, von dessen kleinen Händen, von der langwierigen Geburt und der aufregenden ersten Nacht zu Hause.

Während wir unsere Tour durch den Salon absolvierten, vom Spiegel zum Haarwaschbecken und wieder zurück, konnte man merken, wie seine beiden Kollegen, die ebenfalls mit Schere und Föhn hantierten, immer aufmerksamer wurden. Wie sich bald herausstellte, waren auch sie Väter. Sie konnten sich noch gut an die Zeit erinnern, als ihre Kinder zur Welt gekommen waren. Meine Neugier war sofort geweckt, ich fragte viel, und wir kamen ins Gespräch. So ergab sich eine lebhafte Diskussion darüber, wie sich die Männer als Väter wahrnehmen, wie sie mit ihren Frauen den gemeinsamen Alltag stemmen, was sie sich für die Zukunft vorgenommen haben und, vor allem, wie sie die Entwicklung ihrer Kinder unterstützen wollen.

Die Äußerungen der drei vermittelten mir zwei Dinge: zum einen, wie sehr Wunsch und Wirklichkeit manchmal auseinanderklaffen, und zum anderen, dass es derzeit offenbar keine klaren Modelle über das Vatersein gibt und jeder Mann seinen eigenen Weg in die Vaterschaft finden muss.

Für mich als Entwicklungspsychologin haben Momente wie dieser ihren besonderen Reiz. Kann ich doch meine eigene Forschung, die sich mit der Entwicklung von Kindern, deren Eltern und Familien befasst, mit der Lebenswirklichkeit nochmals abgleichen.

In den letzten zehn Jahren habe ich mich intensiv mit den Vätern und dem Vatersein beschäftigt. Welche Erkenntnisse lassen sich hierzu mit den Mitteln der Wissenschaft gewinnen? Inwiefern bestätigen, korrigieren oder widerlegen sie die vorhandenen Vaterbilder?

Mit Kollegen* aus Deutschland, Österreich und der

---

* Aus Gründen der Lesbarkeit wurde in diesem Buch die männliche Form gewählt; gleichwohl beziehen sich die Aussagen auf beide Geschlechter und all jene Menschen, die von der binären Geschlechterbezeichnung nicht erfasst werden.

Schweiz habe ich deshalb 2013 einen Forschungsverbund zum Thema Vaterschaft gegründet, das Central European Network on Fatherhood (CENOF). In diesem Rahmen haben wir seither zahlreiche Väter gesprochen und sie mit ihren Kindern in vielen Situationen beobachtet, die Aufschluss darüber geben, wie Väter wirklich sind.

Noch ist über Vaterschaft längst nicht so viel bekannt wie über Mutterschaft. Immerhin sind inzwischen wir von CENOF, aber auch etliche weitere Wissenschaftsteams hierzulande und weltweit dabei, diese Lücke zu schließen. So können wir mittlerweile viel genauer beschreiben, wie Väter mit ihren Vorstellungen, ihren Gefühlen und ihrem konkreten Handeln von Anfang an ihre Kinder prägen und was dies für deren Entwicklung, ihr Wohlbefinden und das weitere Leben bedeutet.

Die Ergebnisse dieser Forschung wurden bisher fast nur auf internationalen Konferenzen und in ausgewählten wissenschaftlichen Fachzeitschriften präsentiert. Dabei ist es uns stets wichtig gewesen, die aktuellen Erkenntnisse und Anregungen aus der Väterforschung möglichst all jenen zu vermitteln, die sich schon von Berufs wegen mit Familien und Vätern beschäftigen und ein bewundernswertes Engagement dabei an den Tag legen – seien es Hebammen, Sozialarbeiter*, Erzieher*, Kinderärzte* oder Familientherapeuten*.

Aber ist es nicht allmählich auch an der Zeit, dass Eric und seine Kollegen, dass all die Väter da draußen, ihre Partnerinnen, Familien und Freunde davon erfahren? Unsere Forschungsergebnisse sind nicht nur für einen Kreis von Eingeweihten gedacht – sie betreffen das Leben vieler.

Aus all diesen Überlegungen heraus ist die Idee zu diesem Buch entstanden. Das erarbeitete Wissen über Väter soll dazu beitragen, dass Männer ihre Vaterrolle noch bewusster gestalten und sich mit ihr besser als bisher identifizieren können. Und so ist dieses Buch insbesondere für diejenigen Männer und Familien geschrieben, die eine engagierte Vaterschaft leben oder sie auch in anderen Familien unterstützen wollen. So wie jede Mutterschaft ist auch jede Vaterschaft eine enorme individuelle Herausforderung, und wer sich ihr stellt, verdient Respekt und Unterstützung.

Lieselotte Ahnert
Berlin im April 2023

KAPITEL 1

AUF DEN SPUREN DER VATERSCHAFT

»Die Erforschung der Vaterschaft ist untersagt.«
Code Civil Bonaparte (Artikel 340) März 1804

Jeder Mensch hat einen Vater, kennt Väter und hat persönliche Erfahrungen mit ihnen gemacht. Und dennoch wissen wir über das wirkliche Wesen der Vaterschaft kaum etwas. Denn während Mütter und Mutterschaft schon seit mehr als 100 Jahren zu einem relevanten Gegenstand der Forschung geworden sind, hat die wissenschaftliche Annäherung an die Väter und das Vatersein erst vor gut 50 Jahren begonnen.

So untersucht die Väterforschung erst seit den 1970er-Jahren als empirische Wissenschaft, sprich: mit umfangreichen Befragungen, sorgfältigen Beobachtungen oder ausführlichen Interviews, das Leben von Vätern. Sie fragt, welchen Einflüssen Väter ausgesetzt sind, aber auch, wie sie auf ihr Umfeld einwirken, auf ihre Familie und ihre Kinder. Das Ziel dieser Forschung besteht nicht darin, herauszufinden, wie Väter sein sollten, sondern darin, wie sie wirklich sind.

Aus heutiger Sicht ist es kaum zu verstehen, warum die Vaterschaft so lange in Wissenschaft wie Gesellschaft keine Rolle spielte. Im Frankreich Napoleon Bonapartes war bereits eine Recherche nach dem biologischen Vater gänzlich untersagt – gewiss ein Extremfall, aber einer, der durchaus ins Bild passt: Vätern genauer auf die Spur zu kommen, wurde als unwichtig angesehen.

Und wenn es um Babys und Kleinkinder und ihre allerersten Entwicklungsschritte ging, meinte man dafür umso genauer zu wissen, welche Rolle allein den Müttern zukommt, was Mütter ausmachen und wie sie sich zu verhalten haben – und noch vor wenigen Jahren war man der festen Überzeugung, ein Kleinkind sei schon von Natur aus besser bei der Mutter aufgehoben[1].

Sich frühzeitig einbringen

In den ersten Lebensjahren kommt es sehr wohl auch auf die Väter an. Die Zeit von der Geburt bis zur Einschulung ist die intensivste Entwicklungszeit im Leben eines Menschen. Man kann es nur mit äußerstem Nachdruck sagen: Väter werden gerade auch in dieser Zeit gebraucht.

Und dafür gibt es einige gute Gründe: Bekanntermaßen kommen menschliche Babys zu einem extrem frühen Zeitpunkt ihres Lebens auf die Welt – sehr viel früher und entsprechend unreifer als die Nachkommen anderer Säugetiere. Die meisten Tierbabys sind schon nach der Geburt in kürzester Zeit vollumfänglich lebenstüchtig, laufen ihren Müttern nach und nehmen recht eigenständig am Leben in der Wildnis teil.

Bei unseren Babys reifen dagegen alle Köperfunktionen erst nachgeburtlich und außerhalb des Mutterleibes aus. Nehmen wir nur die Hirnentwicklung: Ein menschliches Hirn wiegt zum Zeitpunkt der Geburt etwa 400 Gramm und nach nur zwei Jahren bereits erstaunliche 900 Gramm. Das entspricht immerhin schon zwei Dritteln des Hirngewichts eines Erwachsenen. Wichtig ist jedoch dabei festzustellen, dass sich selbst diese Ausreifung größtenteils erfahrungsabhängig vollzieht – Umwelterfahrungen, die unsere Babys schon nach der Geburt machen, haben damit einen nachhaltigen Einfluss darauf, wie ihr Gehirn später funktioniert[2].

Um nun diese so wichtigen Umwelterfahrungen überhaupt machen zu können, kommt ein Menschenkind bereits mit herausragenden sozialen Fähigkeiten zur Welt: Es nimmt menschliche Gesichter mit größerer Aufmerksamkeit als andere Umgebungsreize wahr und kann schon innerhalb weniger Tage einzelne Gesichter unterscheiden. Es reagiert höchst empfindlich auf menschliche Stimmen und lernt sehr schnell, sie aus den Umgebungsgeräuschen herauszufiltern. Auch kann es Bewegungen und Handlungsmuster gut erfassen und wiederkehrende Vorgänge schnell identifizieren. All das erlaubt es dem Baby, die vielen Eindrücke während der Interaktion mit seinen Eltern zu sortieren und einzuordnen.

Wer glaubt, dass die vielen Eindrücke – die unterschiedlichen Gesichtszüge der Eltern, ihre mimischen Reaktionen und wie sie das Baby halten, es ansprechen, schmusen und kuscheln – das Baby verunsicherten, der irrt gewaltig[3]. Babys sind keineswegs überfordert, wenn sich das Elternverhalten immer wieder von einer anderen Seite zeigt. Die Vielfalt bringt seine Entwicklung erst so richtig auf Trab. Anregend sind eben nicht nur bunte Spielmaterialien, weiche Stofftiere und harmonische Klänge aus der Spieluhr.

Es ist vor allem das Zusammensein mit den Menschen, die sich um das Kind kümmern. Und deshalb kann die Väterforschung von ihren ersten Erkenntnissen an bestätigen, dass Väter unbedingt dazugehören sollten. Zudem kann sie deutlicher denn je aufzeigen, wie heutige Väter weitaus selbstverständlicher als ihre eigenen Väter den Wunsch und das Bedürfnis haben, sich aktiv und liebevoll um ihre Familien und ihre Kinder zu kümmern.

Bereitschaft zur Elternzeit bewerten

Ohne Frage haben Familien in den zurückliegenden Jahrzehnten enorme Veränderungen erlebt, und sie befinden sich auch weiterhin im Wandel. Das zeigt sich in der Abkehr von traditionellen Rollenmustern und den Veränderungen im Selbstverständnis junger Männer, die sich von den Vorstellungen wegbewegen, die ihre eigenen Väter über ihre familiäre Rolle noch hatten.

Es sind epochale Prozesse, die die Geschlechterordnung unserer Zeit hinterfragen und neu ordnen. Viele der Veränderungen brechen vor allem über die Väter herein. Dass diese Veränderungen mit Schwierigkeiten und Herausforderungen verbunden sind, zeigt sich schon in der Bereitschaft zur Elternzeit.

In vielen europäischen Ländern haben inzwischen auch

Väter ganz selbstverständlich Anspruch auf Elternzeit. Sie soll es ihnen ermöglichen, von Anfang an eine gute Beziehung zu ihren Kindern entwickeln zu können. Obwohl die Zahl derer, die dieses Angebot annehmen, in den vergangenen Jahren zugenommen hat, liegt ihr Anteil in Deutschland (2021) gerade mal bei 25,3 Prozent. Dabei kümmern sich die Mütter im Durchschnitt 14,6 Monate, die Väter dagegen nur 3,7 Monate um die Betreuung des Kindes[4].

Für dieses Ungleichgewicht gibt es viele Gründe: Verdienen Väter mehr als ihre Partnerinnen, nehmen sie hierzulande kaum Elternzeit. Je größer diese Einkommensdifferenz ist, desto unwahrscheinlicher wird die Elternzeit für den Vater. Umgekehrt steigt die Wahrscheinlichkeit dafür, dass Väter Elternzeit nehmen, wenn die ökonomischen Einbußen überschaubar sind, wenn der Arbeitgeber familienfreundlich ist und wenn die Väter keine Nachteile bei zukünftigen Personalscheidungen – also keinen Karriereknick – und auch sonst keine Diskriminierungen befürchten müssen[5].

Schwierig kann die Elternzeit jedoch für Väter werden, die in anspruchsvollen oder leitenden Positionen arbeiten. Ein Forschungsteam um Bettina Wiese, die an der Universität Aachen über Personal- und Organisationspsychologie forscht, hat in Deutschland und der Schweiz Väter dazu befragt, die Leitungspositionen innehatten[6]. Es zeigte sich, dass die Elternzeit kürzer oder überhaupt nicht genommen wurde, je mehr Personen diesen Vätern unterstellt waren. Und noch ein anderer Zusammenhang ließ sich nachweisen: Je größer die Sorge dieser Väter war, durch längere Abwesenheit den Anschluss an fachliche Entwicklungen zu verlieren, desto kürzer war die Elternzeit oder wurde gar nicht in Anspruch genommen. Letztendlich hatten 15 Prozent der Väter dieser Studie überhaupt keine Elternzeit genommen, 39 Prozent zwei Wochen, 33 Prozent zwei Monate, und nur 15 Prozent der Väter verlängerten die Elternzeit über die zwei Monate hinaus.

Väter besser einbeziehen

Allzu oft wird nur die Bereitschaft zur Elternzeit ins Feld geführt, wenn es darum geht, die Qualität der Vaterschaft zu bewerten. Dadurch gerät eine andere, viel wichtigere Frage in den Hintergrund: Wie sieht es tatsächlich mit der Motivation und dem Engagement der heutigen Väter aus, ihre familiäre Rolle kompetent auszufüllen? Darüber weiß man immer noch erschreckend wenig.

Wer diese Lücke jedoch schließen will, muss die Väter besser als bisher in die Forschung einbeziehen. Insbesondere, wenn Einstellungen und Befindlichkeiten rund ums Vatersein untersucht werden sollen, genügt es nicht, nur *über* sie zu sprechen, man muss vor allem *mit* ihnen sprechen und mit ihnen in den Dialog treten. Und das ist nicht selbstverständlich: Als neugierige junge Wissenschaftlerin stieß ich noch in den 1990er-Jahren in Berlin auf große Widerstände, wenn ich im Rahmen unserer Familienforschung versuchte, auch Väter für eine Teilnahme zu gewinnen. In dieser Zeit interessierten uns die familiären Lebensumstände von Babys und Kleinkindern und wie sie sich auf die kindliche Entwicklung auswirkten. Wir bestimmten bei unseren Hausbesuchen den Entwicklungsstand der Kinder, wir beobachteten die Mutter-Kind-Beziehung und sprachen mit den Müttern über den Familienalltag. Sehr gern hätten wir auch die Väter einbezogen, aber leider standen sie uns entweder ablehnend gegenüber, oder sie blieben gleich ganz im Hintergrund. Offenbar konnten sie mit unseren Forschungsbemühungen wenig oder nichts anfangen. Ließen wir Fragebögen für sie zurück, waren sie später fast ausschließlich von den Müttern ausgefüllt worden: gleicher Kugelschreiber, gleicher Schriftzug. An direkte Gespräche mit den Vätern war genauso wenig zu denken wie daran, sie gemeinsam mit ihren Kindern beobachten zu können. Wie hätten wir unter diesen Umständen irgendwelche Aussagen zum Thema Vaterschaft treffen sollen?

Es sollte 20 Jahre dauern, ehe ich an der Universität Wien meine Familienstudien fortsetzen konnte: Diesmal ging es um Familien, bei denen die Kinder auch bei Tageseltern betreut wurden. Etliche studentische Zweierteams besuchten die Kinder dieser Familien in ganz Wien und im umliegenden Niederösterreich. Sie erstellten Entwicklungsprotokolle, machten Videoaufnahmen und ließen Fragebögen ausfüllen. Häufig beteiligten sich neben den Tageseltern jedoch auch hier nur die Mütter. Bei den letzten Besuchsterminen in der Familie brachten unsere Studierenden ihre Materialien und Dokumente mit, um den Eltern die Ergebnisse im Detail erklären zu können.

Dabei passierte etwas, womit wir nicht gerechnet hatten: Immer mehr Väter, die sich zuvor wenig oder gar nicht eingebracht hatten, beschwerten sich darüber, von den Forschungsarbeiten ausgegrenzt worden zu sein. Das traf zwar nicht zu, war aber trotzdem ein deutliches Indiz dafür, dass diese Väter sehr wohl stärker eingebunden und wie ihre Partnerin über die Entwicklung ihres Kindes informiert werden wollten. Vielleicht war die Zeit für eine fundiertere Väterforschung ja doch endlich reif? Jedenfalls nahmen wir uns nach dieser Erfahrung vor, künftig systematischer zu untersuchen, was Väter denken und fühlen, was ihre Fähigkeiten und Wünsche sind und in welcher Weise ihre Kinder von ihnen profitieren.

Vielfalt der Vaterschaft beachten

Vaterschaft wird heute ausgesprochen vielfältig gelebt. Für die Forschung war es deshalb zunächst die Frage, wie man dieser Vielfalt beikommen, sie überschaubar machen und ihr eine übersichtliche Struktur verpassen kann. Hierfür wurden in der Wissenschaftsgeschichte immer mal wieder Typologien benutzt. In den Anfängen der Väterforschung war deshalb auch die Rede von Väter-Typen, die vom traditionellen bis modernen und postmodernen, vom betreuenden bis karriereorientierten Vater reichten und auch noch einige andere Varianten ansprachen[7].

Typologien müssen heute jedoch wegen ihrer wissenschaftlichen Fragwürdigkeit sehr genau überprüft und begründet werden. Schließlich besteht bei jeder Kategorisierung die Gefahr, dass undifferenzierte Klischees entstehen, etwa indem Väter in eine begrenzte Anzahl von Schubladen einsortiert werden, die einen Typus repräsentieren – wie etwa der betreuende oder der karriereorientierte Vater. Da die Typen auf der Grundlage von nur wenigen Eigenschaften gebildet werden, wird in Kauf genommen, dass es ansonsten kaum andere nennenswerte Unterschiede zwischen ihnen gibt. Kein Wunder, dass auf diese Weise die Väter-Typen der Vergangenheit klobig ausfielen und der Realität keineswegs gerecht wurden.

Es sind vor allem die Lebensumstände, die mit ihrer enormen Vielfalt beachtet werden müssen, wenn Väter charakterisiert werden sollen. Sie haben eine ungeheuerliche Wirkung auf das Vatersein. Oder anders gesagt: Die Vaterschaft muss an die Lebensbedingungen der Väter geknüpft werden. Immer stärker hat sich in den letzten Jahren eine Erkenntnis aus der Väterforschung gefestigt, die besagt, dass die Vaterschaft von der Lebenswirklichkeit eines Mannes viel intensiver und grundlegender beeinflusst wird als die Mutterschaft von der Lebenswirklichkeit einer Frau. So kann man auch sagen, dass Männer in ihrer Rolle als Väter sehr viel empfindlicher auf missliche Lebensumstände reagieren als Frauen in ihrer Rolle als Mütter.

Eine schwierige Familiensituation und Konflikte in der Partnerschaft stehen hierbei an erster Stelle. Sie verletzen die Vater-Kind-Beziehung viel nachhaltiger als die Mutter-Kind-Beziehung. Dadurch entstehen auch Vaterschaften, die sich nicht entwickeln wollen. So klagte neulich eine meiner Freundinnen, die ihre Enkelsöhne jetzt öfter betreut, ihr Sohn habe keinerlei Bindung zu seinen Kindern – es gebe kein gegenseitiges Interesse und keine Verbundenheit. Ihr sei dies jetzt erst nach der Scheidung ihres Sohnes aufgefallen. Sie könne nicht verstehen, wie trotz zehnjähriger Ehe und einem gemeinsamen Familienleben die Vaterschaft bei ihm offensichtlich nicht angekommen war.

Ein harmonisches Familienklima und eine gute Partnerschaftsqualität sind dagegen ein echter Garant für eine aktive Vaterschaft und eine gute Beziehung eines Vaters zu seinen Kindern. Die Väterforschung hat diesen Zusammenhang bisher hauptsächlich bei Vätern beobachtet, die mit den Müttern ihrer Kinder zusammenleben. Aber auch unter anderen Lebensumständen, in denen Väter ihre Kinder großziehen – entweder allein oder gemeinsam mit gleichgeschlechtlichen Partnern, Großeltern oder Stiefeltern –, zeigt sich: Ist das Familienklima weitgehend konfliktfrei und harmonisch, sind die Väter engagiert – und auch ihre Beziehungen zu den Kindern sind gut. Ist das Familienklima dagegen schlecht, sind auch die Väter in der Regel wenig engagiert und die Beziehungen zu ihren Kindern ausbaufähig[8].

Weil die Familiensituation und andere Lebensumstände eines Mannes so zentral für die Vaterschaft sind, kommt man nicht umhin, die alten Väter-Typologien endgültig beiseitezulegen und neue Wege in der Väterforschung zu gehen.

Und eine weitere Erkenntnis hat die Väterforschung der letzten Jahre geprägt – Vaterschaft muss auch im Zusammenhang mit ihren biologischen Grundlagen betrachtet werden. Denn unsere Gedanken, Emotionen und Reaktionen haben einen Einfluss auf unseren Körper und umgekehrt. Körper und Psyche gehen ein dynamisches Wechselspiel ein. Immerhin ist bereits vor 30 Jahren bekannt geworden, dass Vaterschaft ohne das Wissen um die Wirkungen der Geschlechts- und Stresshormone Testosteron und Cortisol nicht wirklich zu verstehen ist[9].

Wissen über Väter nutzen

Bei allem Bemühen um neue Erkenntnisse über Väter gilt es, an das Wissen anzuknüpfen, das bereits gesichert ist. Dabei kann es auch von Vorteil sein, wenn persönliche Erfahrungen, die über die Erfahrungen mit dem eigenen Vater hinausgehen, in die Auseinandersetzung mit dem Thema einfließen.

Ich selbst bin mit drei Geschwistern aufgewachsen, einer jüngeren Schwester und zwei Brüdern, die acht und 16 Jahre älter waren als ich. Dadurch konnte ich miterleben, wie aus ausgelassenen und herumalbernden Jungs irgendwann junge Väter wurden. Mit ihren Kindern verbrachte ich in den Folgejahren viel Zeit, mit und ohne ihre Eltern. Aus nächster Nähe konnte ich wahrnehmen, wie sich die Beziehungen meiner Neffen zu ihren Vätern entwickelten. Meine Neffen sind heute inzwischen selbst schon Väter, und es ist für mich interessant zu sehen, wie sich Vaterschaft fortsetzt. Ich selbst lebe nach wie vor mit dem Vater meiner Kinder zusammen und habe aus nächster Nähe erfahren können, was Vaterschaft für einen Mann und seine Kinder bedeutet und wie sehr sie von Vertrauen und Verbundenheit geprägt wird. Das bestätigen mir auch Freunde, Bekannte und Nachbarn, die darüber sprechen, wie sie als Väter gemeinsam mit ihrer Partnerin das Familienleben gestalten und wie sie die Entwicklung ihrer Kinder begleiten.

All diese Eindrücke und Vorstellungen können für eine Beschäftigung mit Vätern nützlich sein und zum Ausgangspunkt von Forschungsstudien werden – vor allem, wenn sie die Vater-Kind-Beziehung in den Blick nehmen.

Üblicherweise geht der Forschungsprozess von einer oder mehreren Hypothesen aus, die dann jeweils Schritt für Schritt überprüft werden. Gleich zu Beginn der Väterforschung wurde beispielsweise diskutiert, ob Väter bei der Geburt dabei sein sollten. Weil Hebammen darüber berichteten, welche Anziehungskraft Neugeborene auf ihre Väter ausüben, stand die Vermutung im Raum, dass die Anwesenheit bei der Geburt so etwas wie eine Initialzündung für die spätere Bindung zum Kind sein könnte. In einer Studie Anfang der 1970er-Jahre wollten Martin Greenberg und Norman Morris, zwei Kinderärzte der Universitätskinderkliniken in San Diego und London, diese Frage klären[10]. Sie bestimmten bei zwei Väter-Gruppen, welche Anziehungskraft das Neugeborene in den ersten Tagen auf sie ausgeübt hatte und, ein Jahr später, wie stark sie sich mit dem Kind verbunden fühlten. Die Väter der einen Gruppe waren bei der Geburt dabei gewesen, die der anderen nicht. Die erwarteten Unterschiede blieben jedoch aus.

Es zeigte sich nämlich, dass ein Neugeborenes auch dann eine Anziehungskraft auf den Vater ausübt, wenn er nicht bei der Geburt dabei gewesen war. Und was die Vater-Kind-Bindung angeht, lautete das Fazit: Väter, die bei der Geburt dabei waren, fühlten sich genauso schwach oder stark an ihre Kinder gebunden wie Väter ohne Geburtserleben. Diese Forschungsstudie konnte mit einem Klischee aufräumen und damit den Weg für viele weitere Hypothesen frei machen, die in der Folgezeit überprüften, wie und unter welchen Umständen die Vater-Kind-Bindung zustande kommt – und welches Vaterverhalten diesen Prozess besonders unterstützt.

Vaterverhalten genauer betrachten

Natürlich will die Väterforschung unter anderem herausfinden, ob und wie sich das Verhalten der Väter von dem der Mütter unterscheidet und ob etwaige Unterschiede überhaupt eine Rolle spielen[11].

Es sind jedoch zunächst die Ähnlichkeiten im Verhalten der Eltern, die insbesondere in den ersten Lebensjahren des Kindes beobachtet werden. Das hat nicht zuletzt damit zu tun, dass das Spektrum des kindlichen Verhaltens in dieser Zeit noch sehr begrenzt ist: Die Kleinen lachen, brabbeln, zeigen auf etwas, was sie haben möchten. Oder sie quengeln, weinen, schreien, laufen weg und machen damit deutlich, was sie ablehnen oder nicht mögen. Einfache Reaktionen, die dem Kind verständlich sind, prägen dementsprechend auch das Verhalten der Eltern. Eltern zeigen typischerweise mit ausgestrecktem Zeigefinger auf Dinge, um sie zu erklären, sie klatschen in die Hände, um das Kind zu loben, breiten ihre Arme aus, wenn es getröstet werden muss, und sie rümpfen die Nase, wenn es Zeit wird, die Windeln zu wechseln. Das Elternverhalten, egal ob vom Vater oder von der Mutter, passt sich auf diese Weise dem kindlichen Verständnishorizont an. Sind bestimmte Verhaltensweisen im Umgang mit dem Kind erprobt und erfolgreich, werden die Eltern sie auch gegenseitig übernehmen.

Spannend und potenziell konfliktträchtig wird es zwischen Mutter und Vater erst dann, wenn unterschiedliche Einstellungen und Überzeugungen rund um das Elternsein in den Vordergrund rücken – und diese können gravierend sein. Es kann eben nicht nur darum gehen, ein Kind zu dem Verhalten zu bringen, das sich die Eltern von ihm wünschen. Es muss langfristig um innere Werte gehen und darum, dass ein Kind eine eigenständige Haltung erwirbt, ein stabiles Selbstbild aufbaut und seine Persönlichkeit ausbildet. Kein Wunder, dass dabei Unterschiede im Elternverhalten aufscheinen, die immer wieder zu Missverständnissen und Irritationen führen können. Oft zeigt sich dann auch, dass viele Eltern heute unsicher sind, wie sie ihre jeweilige Rolle verstehen und ausfüllen sollen.

Mütter berichten immer wieder, wie sehr sie es einerseits schätzen, dass ihre Partner das Unbeständige und Rätselhafte an ihren Kindern lieben – andererseits es sie dann doch irritiert, wie seltsam die Väter damit umgehen. Kinder stellen diese Unterschiede sogar in Spielszenen nach: Wenn beispielsweise ein vermeintliches Gespenst unterm Bett zum Anlass genommen wird, die Eltern zu rufen, lassen sie einen Vater ernsthaft und lange mit der Taschenlampe suchen, bis dem Kind selbst klar werden muss, dass das Gespenst nicht existiert – eine Mutter lassen sie dagegen in der gleichen Spielszene unumwunden erklären, dass es so etwas nicht gibt[12].

Die Unterschiede im Elternverhalten haben aufseiten der Väter viel damit zu tun, dass ihre Rolle nach wie vor eher unscharf definiert ist, während die Rolle einer Mutter mehr oder weniger klar umrissen zu sein scheint. In unserer Gesellschaft gibt es immer noch unausgesprochene Rollenvorstellungen, und selbst die Kinder nehmen im Spiel darauf Bezug: Von Müttern wird erwartet, dass sie ihren Kindern Alltagswissen beibringen. Sie sollen sie an etwas heranführen, unterweisen und korrigieren. Bei den

Müttern setzt man auf bewusste Strategien in der Sozialisation des Kindes, das in unserer Kultur ankommen und integriert werden soll. Von Vätern erwartet man dagegen in der Regel Überraschungsmomente, Unterhaltung und die besonderen Erlebnisse, die den Alltag zusätzlich bereichern.

Die Väterforschung belegt jedoch derzeit, dass gerade in dieser Andersartigkeit wichtige Impulse für die Entwicklung des Kindes verborgen sind und deshalb zur Sozialisation gleichermaßen beitragen. Und allen voran sind diese väterlichen Besonderheiten der Dreh- und Angelpunkt insbesondere beim Aufbau der Vater-Kind-Beziehung.

Komplexität bedenken

Die aktuelle Väterforschung sucht nach Bedingungen und Prinzipien, die uns erkennen lassen, wie die Vaterschaft zur Entwicklung eines Kindes beiträgt. So hilft sie auch, Mythen und Halbwahrheiten rund um die Vaterschaft richtigzustellen, wie sie nicht selten schnell zur Hand sind, wenn es um den perfekten Vater geht: Lässt sich etwa wirklich behaupten, dass Kinder von engagierten Vätern schon im Kleinkindalter der Normalentwicklung deutlich voraus sind? Dass sie aktiver, selbstständiger, kompetenter und weniger ängstlich sind? Und als Jugendliche leichter Freunde finden sowie seltener Drogen konsumieren?

Das sind doch allzu simple Zusammenhänge. Was ist mit den Kindern, die ohne ihre Väter groß werden? Werden aus ihnen in der Regel nicht auch erfolgreiche Erwachsene?

Fragen wie diese helfen dabei, die Lebensumstände von

Vätern und die Einflüsse auf ihre Kinder in einem neuen Licht zu betrachten. Um sie jedoch richtig bewerten zu können, ist es zunehmend notwendig geworden, die Komplexität des Themas Vaterschaft auseinanderzunehmen, um sie Schritt für Schritt zu analysieren. Dabei muss es auch darum gehen, in der Lebenswirklichkeit von Kindern diejenigen Einflüsse herauszufiltern, die ausschließlich auf die Väter zurückgehen. Nur so kann die Väterforschung auch die Frage beantworten, wie Kinder sich mit und ohne Väter entwickeln und welche Kompensationsmöglichkeiten es für Kinder ohne Väter gibt.

Neue Akzente setzen

Im Jahr 2012 wurde mir angeboten, mit insgesamt sechs engagierten Forschungsteams aus Deutschland, Österreich und der Schweiz einen europäischen Forschungsverbund zum Thema Vaterschaft zu gründen – das Central European Network on Fatherhood, kurz CENOF. In diesem Verbund betrachten und untersuchen wir seither aus sechs verschiedenen psychologischen Blickwinkeln Väter und Vaterschaft: aus der Sicht von Evolutions-, Persönlichkeits- und Biopsychologie, der Psychologie der frühen Kindheit, der Arbeitspsychologie sowie der Sozialpädagogik.

Von der Evolutionspsychologie, die Prozesse beschreibt, die das Überleben und die erfolgreiche Weitergabe der Gene fördern, kamen Anregungen, wie wir die Motivation der Väter für Partnerschaft und Nachwuchs untersuchen sollten. Mit den Erkenntnissen aus der Persönlichkeits- und der Biopsychologie gingen wir den Wesenszügen von Vätern auf den Grund. Wir lernten charakteristische Eigenschaften des Denkens, Fühlens und Handelns von Vätern kennen und wie sie durch biologische Grundlagen untermauert werden – wir nahmen dabei besonders Cortisol und Testosteron in den Blick. Mit Ideen aus der Psychologie der frühen Kindheit haben wir das Kernstück der Vaterschaft, die Vater-Kind-Beziehung, gründlich untersucht. Dabei war uns von vornherein klar, dass bereits vorhandene Kenntnisse aus der Mutter-Kind-Beziehung allenfalls eine erste Orientierung sein konnten. Außerdem wollten wir wissen, was die Vater-Kind-Beziehung für die Herausbildung der Persönlichkeit sowie für die kognitive, sprachliche und emotionale Entwicklung eines Kindes bedeutet. Aus der Sicht der Arbeitspsychologie wollten wir klären, wie sich die jeweiligen Arbeitsbedingungen und die konkrete Vaterschaft wechselseitig beeinflussen. Und schließlich wollten wir uns mit Vätern in schwierigen Lebensverhältnissen und Krisensituationen beschäftigen.

Das Kick-off-Meeting unseres CENOF-Verbundes fand Ende Januar 2013 im Institut für Psychologie der Universität Wien statt. Allem voran diskutierten wir zunächst die Methoden, die wir übereinstimmend einsetzen wollten, damit die Forschungsarbeiten der verschiedenen CENOF-Forschungsgruppen später zusammengeführt werden konnten.

Die Methoden der Evolutionspsychologie wurden dabei von Harald Euler vertreten, einem emeritierten Professor der Universität Kassel, und die der Biopsychologie von Ulrike Ehlert, einer Professorin der Universität Zürich. Ehlert sicherte uns auch zu, dass das dortige Labor die geplanten

Analysen zu Testosteron und Cortisol durchführen würde. Die Methoden der Persönlichkeitspsychologie stellte Professor Julius Kuhl von der Universität Osnabrück vor.

Für die Psychologie der frühen Kindheit stand ich selbst zur Verfügung, unter anderem mit Methoden zur Erfassung des Vaterverhaltens, der Interaktion und der Bindung. Mein Wiener Team konnte es kaum erwarten, die Bedingungen zu erforschen, unter denen Väter mit ihren Kindern kommunizieren und interagieren, wie Vater-Kind-Beziehungen entstehen und ob es die Vaterliebe überhaupt gibt. Auch wollten wir selbstverständlich die Entwicklung der Kinder testen, um herauszufinden, inwieweit sie durch die Väter geprägt wird.

Petra Klumb, Professorin an der Universität Freyburg in der Schweiz, wollte dagegen mit ihren Möglichkeiten das Arbeitsumfeld der Väter genauer beschreiben und das Wechselspiel von Beruf und Familie analysieren. Und schließlich schloss sich uns Katja Nowacki als die jüngste Professorin des CENOF-Verbundes von der Fachhochschule Dortmund mit ihrem Wissen über Väter in schwierigen Lebensverhältnissen und Krisensituationen an.

Wien wurde unter meiner Leitung zum Headquarter von CENOF. Für die Forschungskoordination stand mir Barbara Supper zur Seite, eine junge Psychologin, die mich schon bei einem vorangegangenen Forschungsprojekt von ihren überragenden Managementqualitäten überzeugt hatte. Barbara begann umgehend, die Voraussetzungen für die Forschungsarbeiten des Wiener CENOF-Teams zu schaffen. Es gab jede Menge organisatorische Fragen zu klären, allen voran die, wie wir Familien mit kleinen Kindern für das Projekt gewinnen konnten, wo auch die Väter zu einer Teilnahme bereit waren. Wie viele Male würden wir die Familien besuchen müssen, um auch die Kinder aufgeschlossen und nicht schon übermüdet antreffen zu können? Wie viele Studierende würden wir brauchen, um dies alles zu bewerkstelligen, und wie würden wir ihre Einsätze vorbereiten und koordinieren?

Vor uns lag eine forschungsintensive Zeit. Wir planten Werbekampagnen, um Familien für die CENOF-Forschung zu gewinnen. Und zwar auf allen Kanälen: in den Medien, in Einkaufszentren, auf Spielplätzen, in Kinderarztpraxen und im öffentlichen Nahverkehr. Wir informierten außerdem unsere Studierenden und boten ihnen eine Mitarbeit an diesem Projekt an. Am Ende besuchten etwa 100 Studierende in Zweierteams mehrmals und unter Einsatz von Videokameras, Testmaterialien und Fragebögen 400 Familien mit Kleinkindern in Wien und Umgebung, bei denen die Väter ebenfalls umfänglich einbezogen waren.

Das immense Datenmaterial wurde von Bernhard Piskernik strukturiert und auch schon beim Zusammenstellen angeleitet. Bernhard, selbst Vater von zwei Kleinkindern, übernahm hochmotiviert das Datenmanagement bei CENOF und erwies sich auch in den späteren Bearbeitungsphasen als ebenso unentbehrlich.

Selbstverständlich wollten wir auch die im CENOF-Verbund gesammelten Erfahrungen und Ergebnisse im internationalen Austausch diskutieren. Auf Konferenzen haben wir deshalb andere Forschergruppen getroffen, wir haben sie zu uns nach Wien eingeladen und sind von ihnen eingeladen worden – es ist auch weiterhin festzuhalten, dass die wissenschaftliche Beschäftigung mit der Vaterschaft noch lange nicht an ihrem Ende angekommen ist.

Alles in allem lässt sich mit einer gewissen Genugtuung feststellen, dass Väter endlich als gesellschaftlich relevanter und ernst zu nehmender Forschungsgegenstand etabliert und anerkannt sind. Insofern scheint es ein guter Zeitpunkt zu sein, die Erkenntnisse aus der bisherigen Väterforschung insgesamt einem breiteren Publikum anschaulich und verständlich zu vermitteln.

Die Väterforschung ist ein noch junges Forschungsgebiet und höchst komplex dazu. Entscheidend ist, dass sie die Väter aktiv einbezieht, mit ihnen selbst ins Gespräch kommt und nicht bloß über sie spricht. Denn die väterliche Bereitschaft zur Elternzeit kann kein ausschließlicher Bewertungsmaßstab für eine aktive Vaterschaft sein. Vielmehr stehen Motivation und Engagement der Väter für Familie und Kind umfassend – und weit über die Elternzeit hinaus – im Mittelpunkt. Um die Vaterschaft zielführend ergründen zu können, wird sie gegenwärtig Schritt für Schritt national wie international erforscht. Der Vater wird dabei untersucht, wie er ist, und nicht, wie er sein soll.

KAPITEL 2

VÄTER GESTERN UND HEUTE

»Das ist ein weiser Vater,
der sein eigenes Kind kennt.«
William Shakespeare (1564–1616)

In unsere Vorstellungen über Väter und Vaterschaft ist in den letzten Jahrzehnten viel Bewegung gekommen. Das Vaterbild, das lange Zeit selbstverständlich war, begann sich fremd anzufühlen und schien immer weniger mit unserer Wirklichkeit übereinzustimmen. Die Frage, was einen Vater und das Vatersein ausmacht, stellte sich deshalb völlig neu. Ist der Vater noch immer das Oberhaupt der Familie? Der Ratgeber, der alles weiß? Der Beschützer, der jede Unannehmlichkeit regelt und für das Wohl der Seinen sorgt?

All diese Vaterbilder entsprechen einer Vaterfigur, die Familiengründer und -ernährer im Privaten und gleichzeitig erfolgreicher Macher im Beruflichen ist. Der damit verbundene Auftrag ist klar umrissen: In seiner Versorgerrolle ist der Vater hauptverantwortlich für die finanzielle Absicherung der Familie. Er schafft dadurch die Grundlage für einen sozialen Status, der mit Wertschätzung und Prestige wie Bildung, Wohlstand und finanziellen Entlastungen verbunden ist. Der soziale Status der Familie wiederum prägt nicht nur unseren Lebensstil, sondern hat darüber hinaus weitreichenden Einfluss auf die Gesundheit und die Ausbildung unserer Kinder. Und somit darauf, wie selbstbestimmt und unbeschwert sie ihr zukünftiges Leben führen können.

Die veralteten Vaterbilder kommen allerdings erst im Zusammenspiel mit der passenden Mutterfigur zur Geltung. Es sind die zwei Seiten einer Medaille. Während die Väter Verantwortung *für die Familie* übernehmen, werden die Mütter ihrer Verantwortung *in der Familie* gerecht. So wollte es die bürgerliche Geschlechterordnung, und so hat sie es über Jahrhunderte hinweg auch durchgezogen. Die Vaterschaft ist demnach durch das Zeugen und Ernähren bestimmt, die Mutterschaft durch das Gebären und Umsorgen der Familie und der Kinder[1].

Im Grunde hatte bislang also nur die Mutter einen direkten Familienauftrag. Vaterschaft drückte sich dagegen kaum *in der Familie* aus, sondern vor allem in einer Versorgerrolle *für die Familie*. Die aktuelle Väterforschung nennt dies das *indirekte* väterliche Engagement und rückt nunmehr vehement das *direkte* Engagement in den Mittelpunkt, welches die Beziehung des Vaters zu Mutter und Kind betrifft.

Und es kommt noch ein zusätzlicher Aspekt ins Spiel. Noch bis zum Ende des 20. Jahrhunderts war das Verhältnis von Mann und Frau in den westlichen Industrienationen stark durch Vorstellungen von Dominanz und Unterordnung gekennzeichnet. Männliche Überlegenheit und Führungsstärke wurden überall als selbstverständlich vorausgesetzt. Und so glaubten auch die Männer selbst, in allen Lebensbereichen unabhängig, cool und mächtig sein zu müssen.

Die australische Soziologin und Erziehungswissenschaftlerin Raewyn Connell von der University of Sydney hat vor diesem Hintergrund gegen Ende der 1980er-Jahre den Begriff der »hegemonialen Männlichkeit« geprägt und eine Debatte angestoßen, die weltweite Aufmerksamkeit erlangte[2]. Die Transgender-Professorin hat im Zuge ihrer eigenen Biografie den gesellschaftlichen Umgang mit beiden Geschlechtern am eigenen Leib erlebt, erst als Robert später als Raewyn Connell. Sie wusste damit aus persönlicher Erfahrung, wie das hegemoniale Männlichkeitsbild die Machtbalance zwischen Mann und Frau bestimmte. Und wie beide Geschlechter davon beherrscht wurden. So wurden Dominanz und Durchsetzungswillen zum Ideal der Männlichkeit, was die Versorgerrolle des Mannes in der Familie noch zusätzlich untermauerte, während den Frauen die alltägliche Familienarbeit und Kinderbetreuung mit großer Selbstverständlichkeit überlassen blieben.

Vaterschaft neu denken

In diesem Buch aber reden wir über die neuen Väter, die für eine der bislang wichtigsten gesellschaftlichen Veränderungen des 21. Jahrhunderts stehen[3]. Doch wer sind diese neuen Väter? Und was zeichnet sie aus?

Zunächst einmal sind es Männer, die sich von Anfang

an bewusst mit einer neuen Vorstellung von Vaterschaft auseinandergesetzt haben. Viele sind aber auch eher unmerklich in die Gemengelage von alten und neuen Vorstellungen hineingeraten und machen sich die neuen mehr und mehr zu eigen. Sie alle haben sich jedoch von der ausschließlichen Funktion des Familienernährers entfernt, und aus einem *indirekten* Engagement als Väter ist bei ihnen ein *direktes* geworden. Konkret heißt das: Die neuen Väter sind bereit, an den täglichen Herausforderungen des Familienalltags, der Familienarbeit und der Betreuung ihrer Kinder mitzuwirken.

Die Wende hin zu einem neuen Verständnis von Vaterschaft wurde soziologischen Analysen zufolge schon vor einigen Jahrzehnten durch den Feminismus, die Emanzipation der Frau und den Strukturwandel auf dem Arbeitsmarkt markiert. Während das männliche Leitbild des Familienoberhaupts und Familienernährers noch bis in die 1970er-Jahre hinein von der Mehrheit der Frauen mitgetragen wurde, war dies später immer weniger zu erwarten. Die Frauen standen zunehmend selbst im Erwerbsprozess, waren außerhalb der Familie als eigenständige Personen präsent und fingen an, ihr Leben selbstbestimmt zu gestalten. So kam es fast zwangsläufig dazu, dass mit der Frauenemanzipation auch das althergebrachte Vaterideal zu bröckeln begann.

Hinzu kamen die Veränderungen auf dem Arbeitsmarkt: Seit den ökonomischen Transformationsprozessen im Westen und den ökonomischen Umbauprozessen im Osten Deutschlands ist es unrealistisch geworden, eine lebenslange kontinuierliche Erwerbsarbeit zu erwarten.

Undenkbar auch, auf die einmal erworbene Ausbildung zu setzen und mit einem bestimmten Betrieb, einer Firma oder Institution ein Leben lang verbunden zu sein. Genau das aber waren die typischen Rahmenbedingungen für die alten Vaterbilder – eine langfristig gesicherte Erwerbstätigkeit. Heute ist dies alles deutlich unsicherer geworden. Rationalisierungen, Umstrukturierungen, befristete Beschäftigungen, Teilzeitverträge, Minijobs, unsichere Selbstständigkeitsarrangements und Arbeitslosigkeit haben unweigerlich auch das tradierte Vaterideal schwer erschüttert[4].

Die überkommenen Vaterbilder spuken gleichwohl noch immer in vielen Köpfen herum und sind noch lange nicht vollständig durch ein neues Leitbild ersetzt. Das neue Vaterbild ist erst im Entstehen, und wie genau es überhaupt aussehen soll, ist alles andere als geklärt. Insofern dürfte es wenig verwunderlich sein, dass sich heute viele junge Männer von den derzeitigen Ansprüchen überfordert fühlen: Sie sollen einen attraktiven Job in Vollzeit ausfüllen, gutes Geld nach Hause bringen, anregende und liebevolle Partner und Väter sein und sich aktiv in das Familienleben einbringen.

Das Vaterbild, das sich nun langsam herauskristallisiert, ist damit komplexer geworden, ohne dass es sich im Kern wesentlich geändert hätte, denn es basiert weiterhin auf den Leitlinien, die für den Familienernährer und die Berufsorientierung bestehen. Als das Bundesministerium für Familie, Senioren, Frauen und Jugend 2013 deutschlandweit über tausend Männer ab 18 Jahren nach den Eigenschaften des neuen Vaterbildes fragte, war tatsächlich noch immer für 76 Prozent der Männer wichtig, die Familie gut zu versorgen. Für etwa 60 Prozent standen die beruflichen Kompetenzen sowie das Ziel, leistungsorientiert und ehrgeizig zu sein, im Vordergrund[5]. Das gegenwärtige Vaterbild weist damit nach wie vor viele Merkmale des alten auf, die der Versorgung und dem sozialen Status der Familie gelten. Zugleich ist es aber mit neuen Ansprüchen angereichert. So gaben 57 Prozent der Männer bei der genannten Befragung ebenfalls an, sich liebevoll um ihre Kinder kümmern zu wollen.

Es ist das Selbstverständnis vieler Väter, das sich da gerade verändert, und viele Frauen wirken daran mit. Sie halten einige herkömmliche Vatermerkmale für selbstverständlich und erwarten inzwischen genauso selbstverständlich die Umsetzung von neuen Merkmalen, die durch ein aktives Vatersein ans Licht kommen sollen.

Warum aber ist die männliche Versorgerrolle so hartnäckig in unseren Köpfen verankert? Selbst im »realen Sozialismus« der ehemaligen DDR, in dem die bürgerliche Geschlechterordnung von vornherein abgelehnt, die Emanzipation der Frau per Dekret verordnet wurde und wo die Familienpolitik erwiesenermaßen zu kameradschaftlichen Paarbeziehungen beigetragen hatte, schimmerten die alten Leitbilder noch durch[6]. In dieser Gesellschaft der Mangelwirtschaft wurde den Vätern mitunter sogar besonders viel bei der Versorgung ihrer Familien abverlangt. Wollten sie dann allerdings ihre Kinder vom Kindergarten abholen, wurden sie oft als unbedarft abgefertigt und nicht für voll genommen.

Wie lässt sich eine solch klassische Anwendung des

traditionellen Vaterbildes trotz erwünschter Geschlechtergleichheit erklären? Auf der Suche nach einer Antwort reicht es nicht aus, sich die in den letzten Jahrhunderten tradierten Vorstellungen über die Vaterfigur vor Augen zu führen und zu konstatieren, dass das lange herrschende hegemoniale Männlichkeitsbild die Geschlechterordnung so sehr belastet hat, dass es nun höchste Zeit für Korrekturen ist. Das jedenfalls ist eine der Schlussfolgerungen, die auf der Marbach-Konferenz 2014 am Bodensee gezogen wurde. Führende Wissenschaftler* der internationalen Väterforschung diskutierten dort über Vaterschaft, allen voran Melvin Konner von der Emory University in den USA[7]. Als einer der bekanntesten Anthropologen unserer Zeit vertrat er die Auffassung, dass Menschen ihre Erwartungen an Geschlechtergerechtigkeit, Männlichkeit und Vaterschaft besser verstünden, wenn sie ihr evolutionäres Erbe kennen würden. Niemand werde in diese Welt hineingeboren, ohne von der Vergangenheit geprägt zu sein. Schließlich, so Konner, beruhten unsere heutigen Vorstellungen auf einem menschheitsgeschichtlichen Vermächtnis, das schon in der Frühgeschichte seine Wurzeln habe, auch wenn sich unser Denken und Fühlen in der Gegenwart sehr wohl weiterentwickelten[8].

Evolutionäres Erbe reflektieren

Melvin Konner zufolge wirkt das evolutionäre Vermächtnis also auch heute noch in uns nach. Das geschieht natürlich unbewusst, verborgen in Verhaltenstendenzen, die uns unmerklich leiten. Tatsächlich spricht die moderne Evolutionswissenschaft davon, dass die Evolution uns Menschen nicht nur körperlich und physiologisch optimiert hat. Sie hat über Millionen von Jahren auch diejenigen Erlebens- und Verhaltensweisen als nützlich herausgefiltert und bevorzugt, die überlebensnotwendig waren. Auf diese Weise haben sie die menschliche Psyche beeinflusst und geprägt – und vor allem dort, wo es um den Nachwuchs und seine erfolgreiche Pflege und Betreuung geht, die so bedeutsam für den Fortbestand der Menschheit sind[9].

Um herauszufinden, welche Rolle die Männer in diesem evolutionären Prozess gespielt haben, sind folgende Fragen entscheidend: Wie wurde der Nachwuchs unter den steinzeitlichen Lebensbedingungen unserer Vorfahren in die Welt gesetzt und großgezogen? Und wie haben sich die Väter dabei eingebracht? Aus den urgeschichtlichen Ausgrabungen der letzten Jahrzehnte lässt sich ein relativ detailliertes Bild der frühzeitlichen Lebensweise rekonstruieren. Darüber hinaus eröffnen uns die wenigen heute noch existierenden Jäger-und-Sammler-Gemeinschaften einen Blick in diese Vergangenheit. Es sind Menschen, die biologisch und psychologisch sind wie wir. Der einzige Unterschied zwischen uns und ihnen besteht darin, dass sie die Lebensweise unserer frühen Vorfahren bis heute weitgehend beibehalten haben.

Man muss sich allerdings vergegenwärtigen, dass die Lebensweise der Jäger und Sammler auf der Zeitachse der Menschheitsgeschichte, die insgesamt sechs Millionen Jahre umfasst, für nahezu 80–95 Prozent nachweisbar ist[10]. Im Vergleich zu den 5–20 Prozent der menschlichen Geschichte, die wir aus dem Schulunterricht kennen, ist das eine unvorstellbar lange Zeit. In dieser Zeitspanne hat die Evolution den Menschen körperlich und psychisch so ausgeformt, dass er heute die gesamte Erde besiedelt.

Die Erfolgsgeschichte der Menschheit setzt bei den menschenähnlichen Affen ein, den Hominiden. Eines der ältesten bislang gefundenen Skelette eines weiblichen *Australopithecus afarensis* erlangte unter dem Namen »Lucy« schon vor fünfzig Jahren große Berühmtheit. Lucy lebte in der Afra-Region Ostafrikas vor ungefähr 3,2 Millionen Jahren. Ihr Skelett war zu 40 Prozent vollständig und gab damit sichere Hinweise darauf, dass Lucy sich schon nicht mehr von Baum zu Baum hangelte, sondern bereits aufrecht gehen konnte. Besonders bemerkenswert aber ist ihre Größe. Es verschlägt einem den Atem, wenn man ihr Skelett im Frankfurter Senckenberg-Museum genauer betrachtet: Lucy war sehr klein. Mit knapp 90 Zentimeter Länge war sie nur halb so groß wie ihre männlichen Artgenossen, die zudem wesentlich kräftiger gebaut waren. Aus diesen körperlichen Unterschieden zwischen den Geschlechtern, dem sogenannten Sexualdimorphismus, schließen Wissenschaftler*, dass Lucy und ihre Artgenossen ähnlich lebten, wie wir es beispielsweise heute noch von den Gorillas kennen.

Gorillas kennen keine Paarbeziehungen. Die Weibchen bilden einen Harem, der einem einzelnen großen Silberrückenmännchen unterstellt ist und von ihm gegen männliche Konkurrenten verteidigt wird. Und weil die größten und stärksten Männchen den Harem anführen und deshalb auch die meisten Nachkommen zeugen, wurde ihr Körperbau im Laufe der Evolution immer kräftiger, während sich die Größe der Weibchen kaum veränderte. Ganz anders sieht die Sache bei vielen Arten aus, bei denen Männchen und Weibchen dauerhafte Paarbeziehungen eingingen und weniger Konkurrenz um einen Partner bestand. Bei ihnen haben sich die Körpergrößen beider Geschlechter evolutionär angenähert. Zu diesen Arten zählen auch wir Menschen.

Paarbindungen entwickeln

Der Sexualdimorphismus beim Menschen lässt jedoch keine Aussage darüber zu, ob unsere Geschlechterordnung zwangsläufig eher polygyn (ein Mann und mehrere Frauen), polyandrisch (eine Frau und mehrere Männer) oder monogam (ein Mann und eine Frau) ist. Der Mensch kann fast alles sein. Neben Monogamie begegnet man in heutigen Jäger-und-Sammler-Gemeinschaften sowohl Polygynie als auch Polyandrie. Diese beiden Geschlechterordnungen kämen vermutlich viel häufiger vor, wenn sich ihnen nicht auf Dauer eine andere, zutiefst menschliche Eigenschaft entgegengestellt hätte: Menschliche Beziehungen basieren auf emotionalen Bindungen. Menschen verlieben sich und entwickeln ein individuelles emotionales Band. Das macht sie zu Lebewesen mit Paarbindung. Und das erklärt auch, warum Promiskuität beim Menschen zwar vorkommt, bisherige Versuche aber gescheitert sind, eine ganze Gemeinschaft auf Promiskuität und damit auf wechselnden Sexualpartnern ohne individuelle Beziehungen aufzubauen[11].

Damit ist Monogamie *das* Paarungsmuster, das den

menschlichen Nachwuchs hervorbringt, selbst in Gesellschaften, in denen sich wohlhabende Männer mehrere Frauen nehmen können. Monogamie wurde allerdings schon immer mit großer Flexibilität gelebt und bedeutet weder vollständige Treue, noch schließt sie verschiedene aufeinanderfolgende Partnerschaften in einer Lebenszeit aus.

Vermutlich begannen die Frühmenschen vor etwa einer halben Million Jahre auszuwählen, mit wem sie zusammen sein und Kinder haben wollten[12]. Damit verbunden war schließlich ein evolutionärer Vorteil: Da die beiden Partner vor allem miteinander und nicht mit allen möglichen Gruppenmitgliedern Sex haben wollten, konnte der Mann relativ sicher sein, Kinder zu haben, die auch von ihm stammten.

Diese Vaterschaftssicherheit war und ist bis heute ein bedeutsames Motiv, die Partnerin vor allem in der Zeit der Schwangerschaft und nach der Geburt des Babys zu unterstützen. Nicht zuletzt optimierte der Vater so die Überlebenswahrscheinlichkeit seiner Kinder und damit die Verbreitung seiner Gene. In den seltenen traditionellen Kulturen, die Polyandrie zuließen, wurde die Vaterschaftsunsicherheit dagegen eher heruntergespielt und als Vorteil ausgelegt. Dann hieß es, dass ein Kind sogar mehrere biologische Väter haben sollte, weil dies gut für sein Überleben sei.

Alternative Lebensweise begründen

Die einstigen Jäger-und-Sammler-Gemeinschaften führten vermutlich ein egalitäres Leben, mit Männern und Frauen auf Augenhöhe. So wie es immer wieder Anthropologen* berichten, die mit den noch heute existierenden Jäger-und-Sammler-Gemeinschaften über Monate zusammengelebt haben[13]. Die Tatsache, dass sie in relativ kleinen Gemeinschaften organisiert sind und kaum soziale Hierarchien haben, begünstigt diese Lebensweise. Nahezu jede Entscheidung, egal ob sie das gemeinsame Wirtschaften oder die Arbeitsaufteilung, Gebote und Verbote oder interpersonelle Konflikte betreffen, wird von allen diskutiert. Gewöhnlich bilden ihre Laubhütten einen Kreis um den Feuerplatz, der in den Nächten als Versammlungsstätte dient. Jede Stimme, ob von einem Mann oder einer Frau, hat bei diesen Versammlungen Gewicht, freilich abhängig vom Alter, der Erfahrung, dem Ansehen und der Redlichkeit.

Das vorherrschende Bild einer geschlechterbasierten Arbeitsteilung mit den Männern als Jägern und den Frauen als Sammlerinnen ist oftmals zu plakativ und damit missverständlich gezeichnet worden. Natürlich beteiligten sich die Frauen auch an der Fleischversorgung der Gemeinschaft. Sie brachten nicht nur die meisten Nahrungsmittel nach Hause (nämlich Wurzeln, Nüsse, Beeren und Pflanzen), sondern fingen auch kleinere Tiere mit Steinschleudern, Schlingen und Fallen. Nach heutiger Kalkulation könnten etwa zwei Drittel oder sogar drei Viertel der Kalorien von den Sammlerinnen gekommen sein und nur ein kleinerer Teil von den Männern aus der Großwildjagd, an der im

Übrigen ebenfalls Frauen teilnahmen[14]. Im Umkehrschluss geht man auch davon aus, dass sich die Männer um die Kinder gekümmert haben, während die Frauen auf Nahrungssuche gingen oder das Camp verließen, um Feuerholz oder Wasser zu holen.

Wurden die Frauen jedoch schwanger oder hatten Babys, was in ihrer fortpflanzungsfähigen Lebenszeit regelmäßig der Fall war, kam es anders. Dann mussten die Männer die Ernährung von Mutter und Kind umso engagierter sichern. Erfolgreich zu jagen wurde damit eine zunehmende Herausforderung für die Männer, die auch die Speere sowie andere Werkzeuge für die Jagd und zur Verarbeitung der Beute herstellten, ebenfalls erstmals vor einer halben Million Jahre.

Die Mütter waren auf eine energiereiche Nahrung angewiesen, um die Babys austragen und stillen zu können. Und die Kinder benötigten diese Nahrung, um das Erwachsenenalter zu erreichen. Fleisch stellte dabei die energiereichste Nahrungsquelle dar. Bei der Entwicklung des Menschen hat das eine enorme Rolle gespielt, wenn man bedenkt, dass das menschliche Gehirn immer größer wurde und heute im Durchschnitt 20 Prozent der Kalorien verbraucht, die ein Mensch insgesamt benötigt – und das, obwohl das Gehirn nur etwa 4 Prozent des Körpergewichts ausmacht[15].

Die Kinderbetreuung war schon immer intensiv und fordernd, da kein anderes Lebewesen auf der Welt in einem so unreifen Zustand geboren wird wie ein menschliches Baby. Bei den heute noch lebenden Jäger-und-Sammler-Gemeinschaften sind es allerdings, mit nur ganz wenigen

Ausnahmen, die Frauen, die diese Betreuung übernehmen[16].

Die Männer verbringen hingegen relativ wenig Zeit mit ihren Kindern, dafür viel Zeit auf der Jagd. Sie sehen ihren Beitrag für die Entwicklung des Nachwuchses hauptsächlich in dessen Versorgung mit Nahrung[17] – und der Einfluss auf ihre Kinder kann dadurch äußerst markant sein. So entdeckten die US-amerikanischen Anthropologen Magdalena Hurtado und Kim Hill von der University of New Mexico in Albuquerque bei den Aché, einer Jäger-und-Sammler-Gemeinschaft in Paraguay, dass Kinder, deren Väter vor allem als gute Jäger bekannt waren, eine höhere Überlebenschance hatten. Bei diesen Kindern war die Lebenserwartung bis zur Pubertät fast doppelt so hoch wie die der anderen Kinder der Gemeinschaft. Und das liegt nicht unbedingt daran, dass diese Kinder besser ernährt worden wären. Das erbeutete Fleisch wird in Jäger-und-Sammler-Gemeinschaften stets gemeinschaftlich geteilt. Vielmehr führte der soziale Status des Vaters wohl dazu, dass die Gemeinschaft auf diese Kinder besser achtgab und sie umsichtiger vor den Gefahren der Wildnis beschützte[18].

Insgesamt kann man sagen, dass sich im Laufe der Menschheitsgeschichte die Lebensweise und das Verhalten der Männer grundlegend gewandelt haben. Anfangs sollten möglichst viele Nachkommen mit vielen Partnerinnen gezeugt werden, um die sich der Vater dann allerdings kaum kümmern konnte: Die Bekämpfung der Nebenbuhler war bei den Hominiden wichtiger als die Sorge um den Nachwuchs. Als jedoch mit den Frühmenschen die Paarbindungen entstanden und sich auch die Zahl der Nachkommen massiv reduzierte, entstand so etwas wie die Vaterschaft im eigentlichen Sinne. Denn für den Vater kam es nun darauf an, dass möglichst alle seine Kinder überlebten und erwachsen wurden.

Die Evolution hat damit umfangreiche Prozesse eingeleitet, um Männer zu Vätern zu machen. Sie hat nicht nur körperliche und physiologische Veränderungen bei ihnen ausgelöst, sondern auch solche, die die Psyche und das Verhalten betrafen, mit weitreichenden Folgen für Paarung und Partnerschaft. Wir dürfen davon überzeugt sein, dass die Evolution all das nicht erwirkt hätte, wenn es nicht dem Überleben der Menschheit förderlich gewesen wäre. Und so hat sich die Versorgerrolle des Vaters, der energiereiche Nahrung für seine schwangere Partnerin und die Kinder herbeischafft, als ein wesentlicher Aspekt der Menschheitsgeschichte erwiesen. Kein Wunder, dass diese Rolle bis in unsere Gegenwart hineinwirkt.

Der Vaterschaft sicher sein

Monogamie und Paarbindung haben dem Mann eine gewisse Sicherheit in Bezug auf seine Erzeugerrolle verschafft, sodass er sich bewusster als Vater engagieren und Zeit in seinen Nachwuchs investieren konnte. Mit den emotionalen Bindungen, die er dabei entwickelte, war er in der Lage, starke Gefühle für seinen Nachwuchs zu empfinden und seine Kinder zu lieben. Hundertprozentig sicher konnte sich ein Mann allerdings nie sein, dass er auch wirklich der biologische Vater seiner Kinder war – in diesem Punkt musste er sich auf seine Partnerin verlassen.

Auch heute noch befürchten manche Männer, dass sie unwissentlich Kinder versorgen könnten, die nicht von ihnen gezeugt wurden. In Anspielung auf den Kuckuck, der seine Eier in fremde Nester legt und sie von anderen Vögeln ausbrüten lässt, werden solche Kinder »Kuckuckskinder« genannt. Es ist ein tiefgehender Vertrauensbruch, der die Partnerschaft belastet, wenn ein Mann erfährt, dass sein Kind gar nicht von ihm ist und er jahrelang den Nachwuchs eines anderen großgezogen hat. Heute bringen Vaterschaftstests Gewissheit, indem sie die Abstammung der Kinder auf der Grundlage von Genanalysen bestimmen. Anders als im Fall von Stiefvätern und Patchworkfamilien kommt erst dann ans Licht, ob Erzeuger und Versorger auch wirklich ein und dieselbe Person sind.

Dank moderner Empfängnisverhütungsmethoden, insbesondere der flächendeckenden Einführung der Antibabypille in den 1960er-Jahren, sollte die Anzahl der Kuckuckskinder in der westlichen Welt kaum noch nennenswert sein. Der österreichische Psychologe und Statistiker Martin Voraček von der Universität Wien hat dies nachgeprüft und dafür 32 Forschungsstudien analysiert, die zwischen den Jahren 1932 und 1999 Angaben zu Kuckuckskindern lieferten. Es standen damit insgesamt 24 000 europäische Familien sowie viele verschiedene Einwanderungsfamilien in den USA auf dem Prüfstand. Laut den Studien lag der Anteil der Kuckuckskinder in jeder der Populationen im Durchschnitt tatsächlich nur bei 2 bis 3 Prozent. Voraček wies sogar nach, dass diese Zahl in den letzten Jahren weiter nach unten korrigiert werden konnte[19].

Wie häufig aber gab es wohl Kuckuckskinder in grauer

Vorzeit, als Empfängnisverhütungsmethoden weitgehend unbekannt oder unwirksam waren? Und war das damals überhaupt wichtig? Auf der Suche nach Antworten auf diese Fragen hatte der belgische Genetiker Maarten Larmuseau von der Universität Leuven die grandiose Idee, die Genetik mit der Ahnenforschung zu verbinden. Er ließ sein Team Kirchenbücher, Archive und andere historische Quellen wälzen, um für jeweils mindestens zwei Männer der Neuzeit den Stammvater herauszufinden. Mit derartigen Suchstrategien wurden Männer mit den unterschiedlichsten Verwandtschaftsgraden ausfindig gemacht, die einen gemeinsamen Stammvater in der nahen, oftmals aber auch in einer sehr weit entfernten Generationenfolge hatten, sodass sie davon gar nichts wussten. Der Stammbaum einer Familie wurde auf diese Weise jeweils über mindestens 500 Jahre zurückverfolgt, in manchen Fällen reichte er sogar bis ins 14. Jahrhundert.

Larmuseau ging nun von folgenden Überlegungen aus: Wenn Männer einen gemeinsamen Stammvater haben, müssen sie dasselbe Y-Chromosom besitzen, da dieses Gen vom Vater auf die Söhne unverändert weitergegeben wird. Demnach müssen auch zwei Männer, deren Vorfahren laut Kirchenbuch vor 500 Jahren aus einer Familie stammten, heute das gleiche Y-Chromosom aufweisen. Ist das nicht der Fall, muss es im Stammbaum einen Vater gegeben haben, der verheimlicht und nicht angegeben wurde.

Larmuseau musste nun die angesprochenen Männer seiner Studie davon überzeugen, Speichelproben abzugeben, um ihre Y-Chromosomen bestimmen und vergleichen zu können. Auf diese Weise fand er eine Reihe von Männern, die trotz angeblich gleicher Stammväter keine übereinstimmenden Y-Chromosomen hatten. Er ermittelte so in Belgien im Schnitt 0,9 Prozent Kuckuckskinder pro Generation über die letzten 500 Jahre.

Mit den gleichen Methoden wurden in Südafrika über die letzten 300 Jahre ebenfalls 0,9 Prozent und in Norditalien über die letzten 400 Jahre 1,2 Prozent Kuckuckskinder pro Generation ausgemacht. Diese Ergebnisse sind eine wissenschaftliche Sensation: Dass an den verschiedensten Orten der Welt über die letzten Jahrhunderte hinweg nur etwa ein Prozent der Kinder außerhalb einer festen Partnerschaft gezeugt worden sind, deutet auf eine Partnerschaftstreue hin, die in dieser Ausprägung niemals vermutet wurde; schon gar nicht bei einem so langen historischen Rückblick[20].

Partnerschaftstreue erhalten

Mit einer gewissen Berechtigung lässt sich auf dieser Basis vermuten, dass die Treue in der Partnerschaft auch schon in grauer Vorzeit ein wichtiges Moment in der Partnerbindung und der Herausbildung der Vaterschaft gewesen ist – schon wegen der Kinder und des hohen Aufwands, der notwendig war, um den Nachwuchs erfolgreich großzuziehen. Kinder waren eben nicht nur auf die Fürsorge der Mutter, sondern auch auf die des Vaters und seiner übrigen Verwandten angewiesen. Seitensprünge zahlten sich da keineswegs aus – eine Mutter gewann dabei nichts. Ihr Partner samt Verwandtschaft hätte aufgehört, sich um ihr Kind zu kümmern, hätte er den begründeten Verdacht, dass es nicht sein eigenes ist.

Offensichtlich wirkt diese Haltung bis in die Neuzeit hinein. Als die US-amerikanische Anthropologin Elisabeth Cashdan ihre Studierenden an der University of Utah zum Thema Partnerschaft befragte[21], gab es jedenfalls ganz klare Ansagen: Studentinnen, die sich eine stabile Paarbeziehung wünschten, suchten auch einen fürsorglichen Partner und legten großen Wert auf sexuelle Treue. Entsprechend stimmten sie der Aussage zu: »Ich würde keinen Sex mit einem Mann wollen, solange ich nicht davon überzeugt bin, dass er es ernst mit einer Partnerschaft meint.« Andere Mitstudentinnen, denen der Sex wichtiger war als die Paarbeziehung, waren der Meinung: »Ich habe eine gesunde Einstellung zu Sex und keine Notwendigkeit, eine Partnerschaft eingehen zu müssen, nur um Sex zu haben.« Im Gegenzug schätzten auch familienorientierte männliche Studenten eher die Partnerschaftstreue und kreuzten die Aussage »Untreue ist falsch und muss abgelehnt werden« an. Sie fanden aber gleichzeitig, dass »Männer ein natürliches Bedürfnis für sexuelle Abwechslung« hätten, »sodass eine Frau sich nicht an einer gelegentlichen Untreue stören sollte«. Wie man es auch dreht und wendet: Bis heute ist ein wesentliches Motiv, um überhaupt bereit zu sein, Vater zu werden, das Treueversprechen der Partnerin – es ist letztlich die Beteuerung, dass nur er der Vater ihrer Kinder sein wird.

Die Treue scheint allerdings mit verschiedenen Maßstäben gemessen zu werden und für die Frau eine andere Bedeutung zu haben als für den Mann: Erst unlängst konnte ein Team um den Sozialpsychologen Dylan Selterman an der University of Maryland in den USA die Treuemotive ausführlicher untersuchen. Selterman befragte dazu Studentenpaare nach ihrer Zufriedenheit mit der Partnerschaft. Mit einer internetbasierten Fragebogenstudie wollte er vor allem wissen, ob und warum es zu Seitensprüngen gekommen war. 77 Prozent der Frauen und 62 Prozent der Männer gaben an, dass sie fremdgingen, weil Desinteresse und Gleichgültigkeit in ihrer bestehenden Partnerschaft sie dazu motiviert hätten. Die Männer begründeten außerdem ihre Seitensprünge häufiger als ihre Partnerinnen mit dem Bedürfnis nach Sex (45 Prozent im Vergleich zu 21 Prozent der Partnerin) und nach sexueller Abwechslung (87 Prozent im Vergleich zu 63 Prozent). Letztendlich gaben 47,7 Prozent aller befragten Studentenpaare an, dass sie die Partnerschaft nach dem Seitensprung aufgelöst hatten, vonseiten des Mannes genauso häufig wie vonseiten der Frau[22, 23].

In Deutschland wurde im Jahr 2021 die Scheidungsquote aller registrierten Ehen und eingetragenen Lebensgemeinschaften mit 39,9 Prozent angegeben. Davon trennten sich 5,6 Prozent der Paare nach sechs Ehejahren. Das ist in der Regel die Zeit, in der die Mehrheit der Paare auch Eltern geworden ist[24]. Die relativ geringe Anzahl dieser Trennungen wirft nun die Frage auf, ob Männer mit ihren sexuellen Bedürfnissen und der Partnerschaftstreue anders umgehen, wenn sie Väter geworden sind.

Im Rahmen unseres CENOF-Projekts wollte Alisa Vogt diese Frage am Ende ihres Psychologiestudiums untersuchen. Nachdem sie die Vorlesung an der Universität Wien über Evolutionspsychologie bei Harald Euler gehört hatte, wollte sie die evolutionären Aspekte des Partnerschaftsverhaltens von Vätern ergründen. Euler hatte bereits Fragebögen in die CENOF-Forschung eingebracht, mit denen man die soziosexuelle Orientierung eines Mannes ermitteln konnte. Eine ungewollte, fast übergriffige Wirkung ging von diesen Fragebögen aus – denn die Fragelisten schienen die verborgene Intimität eines Menschen ans Tageslicht zu bringen. Eine der Fragen lautete etwa: »Wie oft haben Sie Fantasievorstellungen, Sex mit einer Person zu haben, mit der Sie zurzeit keine feste Beziehung führen?« Gemeint waren damit Frauen, wie sie uns im Alltag und in den Medien begegnen, die schön und attraktiv erscheinen und verführerisch sind[25]. Euler hatte außerdem vorgeschlagen, sogenannte Partnerwerte schätzen zu lassen. Die Männer sollten dafür auf einer Skala von »trifft zu« bis »trifft keineswegs zu« der Reihe nach angeben, wie schwierig es ihrer Meinung nach wäre, im Falle einer Trennung eine neue Partnerin zu finden, die so sexuell anziehend, gut aussehend, patent, klug oder emotional ausgeglichen wäre – beziehungsweise eine, die so gut mit ihnen kooperieren, hinter ihnen stehen und ein so toller Kumpel sein würde wie ihre gegenwärtige Partnerin[26].

Alisa Vogt konzentrierte sich nun genau auf diese Fragebögen, die ihr in geschlossenen Briefumschlägen zugestellt worden waren. Sie wies nach, dass die Väter von unverbindlichen Sexabenteuern desto weniger träumten, je wertvoller ihre Partnerinnen für sie waren. Interessanterweise ging es bei den als wertvoll erachteten Eigenschaften gar nicht in erster Linie um sexuelle Attraktivität, sondern um charakterliche Eigenschaften, die das Familienleben lebenswert machen: Geschicklichkeit, Empathie, Kooperationsfähigkeit und Verlässlichkeit[27]. Mit anderen Worten: Alisa hatte so etwas wie eine Erhaltungstaktik entdeckt. Die jungen Männer wollten eine erfolgreiche Partnerschaft, ein glückliches Vatersein und ein erfülltes Familienleben nicht aufs Spiel setzen. Sexuelle Begierden anderswo auszuleben, kam für sie deshalb so gut wie nicht infrage – ein beeindruckender Nachweis für das Zusammenspiel von Sex, Partnerschaftstreue und Vaterschaft.

Familiengründung anpacken

Wann immer in Deutschland in den letzten Jahren eine Bevölkerungsbefragung zum Thema Familienplanung durchgeführt wurde, war der Kinderwunsch bei Männern jedes Mal wesentlich geringer ausgeprägt als bei Frauen. Die Bamberger Ehepaar-Studie konnte sogar 1500 Paare im Verlauf von 14 Ehejahren mehrfach nach ihrem Kinderwunsch befragen. Die Meinung beider Partner wurde dabei stets unabhängig voneinander ermittelt. Zum Zeitpunkt der ersten Befragung – ein halbes Jahr nach der Hochzeit – wollten nur wenige der frischgebackenen Ehemänner ohne eigene Kinder bleiben. Konkret waren es 3,6 Prozent der Männer im Vergleich zu 2,4 Prozent ihrer Partnerinnen. Nach wenigen Jahren war die freiwillige Kinderlosigkeit bei den Männern (wie auch ihren Partnerinnen) dann schon auf das Zehnfache angestiegen. Damit hatten sich diese Paare zunehmend auf ein Leben ohne Kinder eingestellt. Die Partnerschaft wollten die Männer dennoch aufrechterhalten – und die freiwillige Kinderlosigkeit schien sogar eine gewisse Attraktivität auszustrahlen.

Was auch immer im Einzelnen die Gründe und Motive der Männer sein mögen, einer Partnerschaft ohne Kinder den Vorzug zu geben, der erstaunlich hohe Prozentsatz wirft Fragen auf. Allen voran die, wie der Befund zu der Tatsache passt, dass Männlichkeit über Jahrhunderte sehr eng mit Vaterschaft verbunden war: Wer Kinder zeugt, ist ein Mann! Trifft das heute nicht mehr zu? Wie ließe sich diese Veränderung erklären? Und haben wir es überhaupt mit einem echten Wandel zu tun?

Die Fragen sind nicht einfach zu beantworten. Das Staatsinstitut für Familienforschung der Universität Bamberg weist jedoch darauf hin, dass ökonomische Faktoren nach wie vor eine bedeutende Rolle dabei spielen, ob Männer eine Familie gründen wollen oder nicht. So machen sie dies heute offenbar vor allem von ihrer finanziellen Situation abhängig. Falls sie erst am Anfang einer beruflichen Laufbahn stehen und noch über ein relativ geringes Einkommen verfügen, verlagern sie die Vaterschaft zeitlich nach hinten. Das erklärt unter anderem, warum Akademiker ihr erstes Kind im Durchschnitt deutlich später bekommen als Männer mit kürzeren Ausbildungszeiten. Konkret heißt das: Männer, die eine universitäre Ausbildung eingeschlagen haben, sind bis Mitte dreißig zu fast 80 Prozent noch kinderlos, während dies für nur circa 40 Prozent der Männer gleichen Alters zutrifft, die einen beruflichen Bildungsweg gegangen sind. Erst ab Mitte dreißig wendet sich das Blatt. Je mehr ein Akademiker dann verdient, desto größer ist die Wahrscheinlichkeit, dass er eine feste Partnerschaft eingeht und Kinder hat. In den höchsten Einkommensgruppen gibt es schließlich nur noch einen kleinen Anteil an Nichtvätern[28].

Auch weitere soziologische Analysen, die sich mit Familiengründung und Familienerweiterung beschäftigen, kommen zu dem Ergebnis, dass ein gutes und verlässliches Einkommen des Mannes die Wahrscheinlichkeit einer Vaterschaft signifikant erhöht. Und das nicht nur mit einer Partnerin, die beruflich unsicher ist, wenig Chancen auf dem Arbeitsmarkt hat und die Mutterrolle als ihre Lebensaufgabe sieht. Im Gegenteil: Es sind eher die beruflich sattelfesten Frauen, die mit einem solchen Partner eine Familie gründen. Und Männer wie Frauen, deren bisherige Biografien durch Arbeitslosigkeit geprägt waren, gründen mit einer um 31 Prozent geringeren Wahrscheinlichkeit eine Familie.

Bei der Entscheidung für ein zweites Kind ist ebenfalls ein klarer Zusammenhang zur finanziellen Situation erkennbar: Hatte der Mann gegenüber dem Vorjahr einen Einkommensverlust von mehr als 5 Prozent hinnehmen müssen, war es mit 29 Prozent unwahrscheinlicher geworden, dass er zum zweiten Mal Vater wird[29].

So wie es aussieht, hängt eine Vaterschaft also weiterhin in erheblichem Maße von finanziellen Sicherheiten ab. Und das bedeutet wiederum nichts anderes, als dass die Versorgerrolle auch unter den heutigen Vätern offenkundig ein hohes Maß an Verbindlichkeit besitzt. Umso mehr sehen sich die Männer gezwungen, den Druck auszuhalten, der mit wachsenden Unsicherheiten und Unübersichtlichkeiten auf dem aktuellen Arbeitsmarkt einhergeht.

Wollen sie Väter sein, müssen sie mit dieser Situation produktiv umgehen können und dürfen sich nicht verunsichern lassen.

Dieser ökonomische Druck hat unter anderem bemerkenswerte Konsequenzen für die Work-Life-Balance. Selbst wenn Männer immer wieder behaupten, Frau und Kinder seien ihnen das Wichtigste im Leben, so arbeiten sie letztlich viel länger, wenn Kinder da sind. Analysen der Arbeitszeiten lassen immer wieder erkennen: Nur etwa 56 Prozent der Männer ohne Kind machen Überstunden. Dagegen arbeiten etwa 75 Prozent der Männer mit einem Kind über die reguläre Arbeitszeit hinaus, und 82 Prozent der Männer tun dies sogar, wenn sie zwei und mehr Kinder haben[30].

Nach jüngsten Befragungsergebnissen zeigt sich auch in anderen westlichen Industrieländern, dass Väter zufriedener mit langen Arbeitszeiten sind als kinderlose Männer und Frauen sowie berufstätige Mütter. Diese Zufriedenheit geht obendrein damit einher, dass auch die Partnerinnen mit ihrem Leben zufriedener sind, wenn ihre Partner länger arbeiten[31]. So kommt hier einerseits die männliche Arbeitsmotivation zum Ausdruck, nach der das Geldverdienen für die Familie die ausschlaggebende väterliche Fürsorge für sie darstellt, andererseits aber auch die positive Verstärkung durch die Partnerin, die diese Motivation unterstützt.

Sich nicht verunsichern lassen

Sind am Ende also noch immer die alten Rollenklischees am Werk: Der Mann schafft an, die Frau kümmert sich um die Kinder? Ganz von der Hand zu weisen ist das nicht. Doch es lohnt sich, genauer hinzuschauen. So sei an dieser Stelle darauf hingewiesen, dass *nur etwa die Hälfte der Männer* tatsächlich die Familienernährer in Deutschland sind. Wie das bemessen wird? Als Familienernährer gilt, wer über 60 Prozent zum Haushaltseinkommen beiträgt. Nach dieser Vorgabe sind das heute allerdings immer häufiger auch Frauen. Vor allem lässt sich beobachten, dass in immer mehr Haushalten *beide Partner* gleichermaßen zum Familieneinkommen beitragen. Diese Erkenntnisse stammen aus dem sogenannten Sozio-Oekonomischen Panel (SOEP). Dabei handelt es sich um eine jährliche Wiederholungsbefragung von etwa 14 000 Haushalten mit insgesamt 30 000 Personen, die so ausgewählt wurden, dass sie die in Deutschland lebenden Menschen repräsentieren. Auf der Basis dieser Befragungen registrierten die Soziologinnen Christina Klenner und Ute Klammer von der Universität Duisburg-Essen und vom Institut für empirische Sozial- und Wirtschaftsforschung Berlin schon im Jahr 2009 knapp 8 Prozent weniger Haushalte mit männlichen Familienernährern im Vergleich zum Vorjahr, während Haushalte mit Familienernährerinnen um 3 Prozent zugenommen hatten. Die Zahl der Haushalte mit einer egalitären Einkommenssituation war außerdem um 4 Prozent gestiegen[32].

Von welcher Seite man es auch betrachtet: Die einstige Versorgerrolle des Mannes ist seit einiger Zeit deutlich ins

Wanken geraten. Wenn aber die ökonomische Überlegenheit des Mannes in der Familie nicht mehr automatisch besteht, dann erodiert auch das tradierte Vaterbild. Diese Erosion wird außerdem noch durch veränderte Arbeitsbedingungen wie etwa flexiblere Arbeitszeiten und die Möglichkeit zum Homeoffice befördert. Sie lösen die starren Grenzen zwischen Erwerbs- und Familienarbeit zunehmend auf.

Die Möglichkeit, sich für die Arbeit nicht von der Familie trennen zu müssen, verändert auch die Vaterschaft. Viele Väter sind jetzt öfter und mehr bei den Kindern. Und mit Sicherheit ergeben sich dabei auch neue Reibungsflächen zwischen den Eltern. Denn Familienarbeit und Kinderbetreuung sind trotz allen Wandels in der Geschlechterordnung zwei Bereiche, die vorrangig von den Müttern bestimmt werden. Und es ist bekannt, dass es vielen von ihnen schwerfällt, diese Aufgaben abzugeben[33].

Michael Meuser, Soziologe an der Technischen Universität Dortmund, befürchtet, dass dort, wo sich ein Vater nur unter der Anleitung seiner Partnerin engagieren darf, ein neues Männlichkeitsverständnis nicht entsteht und der Mann den Ansprüchen an eine engagierte und eigenständige Vaterschaft kaum gerecht wird. Andauernde Anleitungen durch die Mütter dürften vielmehr dazu führen, dass sich die Väter zurückziehen, sich aus allem raushalten und den Müttern das Feld überlassen[34].

Zwei allgemeine Entwicklungen sind derzeit unübersehbar im Gange: Erstens kann das Leitbild vom Familienernährer von einem immer größer werdenden Teil der Väter nicht mehr realisiert werden. Und zweitens sind die Zeiten vorbei, in denen es selbstverständlich war, dass Familienarbeit eine weibliche Angelegenheit ist, die von Männern finanziell sichergestellt und nur überwacht und kontrolliert wird.

Sich die Alltagsorganisation heute nach egalitären Rollenmodellen partnerschaftlich zu teilen, ist allerdings so einfach auch nicht. Soll es zufriedenstellend funktionieren, muss es klare Regeln über die Zuständigkeiten geben. Hier zählen die konkreten Kompetenzen der einzelnen Partner – sprich, die Aufgaben werden danach verteilt, wer in welchem Bereich die größere Kompetenz hat[35]. Und dort, wo diese Modelle greifen, hat sich bereits eine neue Sicht auf die Solidarität der Geschlechter ergeben, die sich in kameradschaftlich geprägten Partnerschaften widerspiegelt. Solche egalitären Rollenmodelle tragen nicht nur dazu bei, die Autonomie beider Partner zu stärken, sondern auch dazu, dass die Väter beginnen, eine neue Identität, ein neues Leitbild zu entwickeln.

Die tradierten Vaterbilder reichen weit in die Menschheitsgeschichte zurück, in der sich die Monogamie als dominantes Paarungsmuster unter den Frühmenschen durchgesetzt hat. Partnerschaftlichkeit, Partnerschaftstreue und Vaterschaftsgewissheit wurden in egalitären kleinen Stammesverbänden gepflegt und haben sich auch heute als wichtige Eckpfeiler der Vaterschaft erhalten. Leider hat in den letzten Jahrhunderten das hegemoniale Männlichkeitsbild die Geschlechterordnung stark belastet. Unsere moderne Zeit korrigiert das gerade: Es zeich-

nen sich neue Ansprüche an das gemeinsame Leben ab, bei dem Männer zu neuen Partnern, aber auch zu neuen Vätern werden, die sich direkt für die Familie und die Kinder engagieren.

KAPITEL 3

MÄNNLICHKEIT UND VATERSCHAFT

»Das Blut allein macht lange noch den Vater nicht.«

Gotthold Ephraim Lessing (1729–1781)

So wie sich das Bild von der Vaterschaft in den letzten Jahrzehnten verändert hat, so hat sich auch das Bild von der Männlichkeit gewandelt. Niemand glaubt wirklich ernsthaft, dass Männlichkeit eine starre Größe ist, auch wenn sie unumstößlich auf biologische Grundlagen verweisen kann. Vielmehr besteht weitgehend Einmütigkeit darüber, dass sich Männlichkeit erst im sozialen Miteinander entfaltet und somit von Situation zu Situation sowie von Mann zu Mann variiert.

Von allen Varianten steht heute freilich keine so stark in der Kritik wie das Bild von der hegemonialen Männlichkeit. Schließlich hat es in der Vergangenheit dafür gesorgt, dass es für Männer zur Norm wurde, Überlegenheit und Stärke zu demonstrieren und Macht über Frauen wie auch über andere weniger dominante Männer auszuüben. Ein richtiger Mann war demnach einer, der den Ton in der Partnerschaft angab und die Ansprüche an das gemeinsame Leben bestimmen wollte. Das drückte sich in einer Mischung aus starkem Selbstbewusstsein, Aggressivität und begrenzter Emotionalität aus. Auch Schwulenhass gehörte zu diesem Männerbild dazu, da sich der hegemoniale Mann ganz klar heterosexuell auswies[1]. Selbst die 68er-Bewegung, die mit ihrer sogenannten Kulturrevolution die traditionelle bürgerliche Ordnung der alten Bundesrepublik gründlich umkrempeln wollte und ein neues Verhältnis der Geschlechter herbeisehnte, blieb letztlich dem hegemonialen Männerbild verhaftet – also selbst von dieser Generation der Väter wurde nichts für seine Abschaffung unternommen[2].

Aus heutiger Sicht wirkt das hegemoniale Männerbild zunehmend befremdlich und immer weniger nachvollziehbar. Aber entsprach es überhaupt dem Bild, das Männer im Allgemeinen von sich hatten? Daran lässt sich durchaus zweifeln. Viele Männer scherten sich auch nicht darum, zumindest nicht in den eigenen vier Wänden. Vielleicht kultivierten sie die hegemoniale Männlichkeit noch am Arbeitsplatz, aber privat hatten sie diese Dominanz schon längst aufgegeben. Ein Mann, der seine Partnerin wirklich liebt und dem daran liegt, mit ihr zusammen zu sein, den Alltag mit ihr zu organisieren und die Kinder gemeinsam großzuziehen, *muss* ein hegemoniales Verhalten als unangemessen und beziehungszersetzend empfinden. Und wenn er die Vielfalt gelebter Beziehungen um sich herum ebenso bewusst und unvoreingenommen wahrnimmt, wird er früher oder später auch eine liberalere Haltung gegenüber Männern mit anderen sexuellen Orientierungen entwickeln[3].

Was wie eine allzu idealistische Sicht der Dinge klingt,

konnte die Hebamme Sandra Connor und ihre Kollegen* von der LaTrobe University in Victoria in Australien mit wissenschaftlichen Fakten untermauern: Das Männlichkeitsverständnis hat sich in den letzten 30 Jahren von hegemonialen Eigenschaften tatsächlich deutlich entfernt[4]. Die australischen Forscher* analysierten 33 internationale Studien aus den Jahren 1990 bis 2019, in denen mit Männern darüber gesprochen worden war, wie sie ihr Mannsein wahrnehmen und interpretieren. Die Männer berichteten mehrheitlich, wie sie mit Männlichkeitsvorstellungen anderer Kulturen und Subkulturen sowie mit queeren Menschen umzugehen gelernt hätten, warum sie Frauenfeindlichkeit ablehnten und ein egalitäres Miteinander der Geschlechter als selbstverständlich ansahen – auch wie sie ihre eigene Partnerschaft umsetzten. Dabei zeigte sich auch, dass für diese Männer Fürsorglichkeit sowie emotionale und körperliche Innigkeit eine wichtige Rolle spielten – das alles sind signifikante Unterschiede zum hegemonialen Männerverständnis. Connor und Kollegen* rückten damit zwei Eigenschaften in den Fokus, die für ein neues Vaterbild von Bedeutung werden sollten: Partnerschaftlichkeit und Fürsorge.

Partnerschaftlichkeit umsetzen

Das Thema Männlichkeit trieb selbstverständlich auch unsere CENOF-Forschung um. Als wir die Teilnehmer unserer Studien zu ihrem Männerbild befragten, gaben sie bereitwillig Auskunft. Sie erklärten, dass Männlichkeit für sie etwas mit Tatendrang und Entschlossenheit zu tun habe und dass es wichtig sei, Willensstärke und Beharrlichkeit zu entwickeln. Und sie redeten viel über Herausforderungen, Bewältigung, Leistung und Verantwortung, die sie zu dem gemacht hätten, was sie heute seien.

Es steht außer Frage, dass dieses Verständnis von Männlichkeit hervorragend in der Arbeitswelt funktioniert und gut für Sonderzulagen, Prämien und überhaupt für die Karriere ist. Aber verträgt es sich auch mit einer Partnerschaft? Viele Männer hierzulande scheinen jedenfalls davon überzeugt, dass es in ihr Männerbild passt, wenn sie für ihre Familie Verantwortung übernehmen und sich den Herausforderungen des Alltags stellen.

Eine Befragung des Allensbacher Instituts für Demoskopie sorgte diesbezüglich schon im Jahr 1993 für Aufsehen[5]. Damals wurden Männer und Frauen gefragt, ob es noch »männlich« oder einfach nur »sympathisch« sei, wenn (1) ein Mann zusammen mit seiner Frau plant, was eingekauft oder im Haushalt gemacht werden soll; (2) ein berufstätiger Mann, dessen Frau ebenfalls voll berufstätig ist, die Hälfte der Hausarbeit übernimmt; (3) ein Mann sich auch um kleine Kinder und um Babys kümmert, sie füttert und wickelt und (4) ein Mann abends die Kinder betreut, damit die Frau ausgehen kann. Zur großen Überraschung bewertete die Mehrzahl der Männer diese Szenarien als »männlich« und ganz und gar im Einklang mit ihrem Bild von einem Mann.

Im Gegensatz dazu fand die Mehrheit der Frauen, die damals ebenfalls befragt worden waren, die genannten Szenarien eher wenig »männlich«. Auch wenn manches dafür spricht, dass die Männer diese Bekenntnisse etwas zu leichtfertig abgegeben, letztlich aber kaum umgesetzt haben: Trotz dieser Widersprüchlichkeiten ließen die Aussagen der Männer bereits ein aufkommendes neues Partnerschaftsverständnis erkennen, die die nachfolgenden Allensbacher Umfragen in den Jahren 2015 und 2021 erneut demonstrierten[6, 7].

Bei diesen Befragungen, die im Auftrag der Bundesregierung durchgeführt wurden, ging es vor allem um den Arbeitsmarkt und die jeweiligen beruflichen Perspektiven von Paaren, die Eltern geworden waren. Wie nicht anders zu erwarten, gingen nach der Geburt des Kindes so gut wie alle Väter weiterhin ihrer Arbeit nach. Für die Berufsbiografien der Mütter stellten Geburt und Elternzeit jedoch markante Einschnitte dar. Die Umfragen ließen dabei eines klar erkennen: Wenn Väter bereit waren, die erneute Berufstätigkeit ihrer Partnerinnen dadurch zu unterstützen, dass sie sie bei der Kinderbetreuung und der Familienarbeit entlasteten, entschieden sich die Mütter für eine vollständige Rückkehr in den Beruf. Unter diesen Voraussetzungen knüpften gerade Mütter, die besser ausgebildet und zuvor in leitenden Positionen gewesen waren, nach der Elternzeit zumeist vollumfänglich an ihre frühere Berufstätigkeit an.

Die Umfrageergebnisse zeigten aber auch: War es zu keinem vollzeitlichen Wiedereinstieg der Mütter in den Beruf gekommen, lag das nicht zwangsläufig an einer mangelhaften Partnerschaft. Öffentliche Kinderbetreuungsangebote und gute Möglichkeiten des Arbeitgebers, Familie und Beruf miteinander zu vereinbaren, erwiesen sich oftmals als entscheidend.

Darüber hinaus vertrat etwa die Hälfte der befragten

Eltern ohnehin die Ansicht, dass derjenige Elternteil von ihnen weiter berufstätig sein sollte, der das höhere Einkommen erzielte. Hatte vor der Geburt des Kindes der Vater die Familie als Haupternährer versorgt (43 Prozent der Familien) oder war das Einkommen der Partner gleich hoch (46 Prozent), lief die Entscheidung danach in der Regel auf die Vollzeitarbeit des Vaters hinaus. Rund zwei Drittel der Mütter entschieden sich für eine Teilzeittätigkeit, die anderen kehrten nicht oder erst nach einiger Zeit wieder in die volle Berufstätigkeit zurück.

Wie aber entschieden sich jene 11 Prozent der Familien, in denen die Mütter vor der Geburt des Kindes die Familienernährerinnen gewesen waren? Hätten hier nicht konsequenterweise die Väter ihre Berufstätigkeit reduzieren oder gar den Beruf zeitweilig aufgeben müssen? Wie sich zeigte, war das jedoch nur selten auch wirklich der Fall. Vielmehr übernahmen sie trotzdem die Ernährerrolle, auch wenn dies für ihre Familien finanziell nachteilig war.

Welche Gründe gab es für diese Entscheidung? Befürchteten die Väter einen Karriereknick? Konnten sie das alte Bild des Ernährers nicht loslassen? Oder respektierten sie auf diese Weise die Bedürfnisse ihrer Partnerin, die erst mal nur Mutter sein wollte? Auch wenn die Befragungen darüber keinen unmittelbaren Aufschluss gaben, machten sie doch deutlich, dass die Partnerschaftlichkeit am Ende immer nur so aussehen kann, wie sie den Bedürfnissen *beider* Partner entspricht. Väter und Mütter kommen so zu Entscheidungen, die für sie als Paar passend sind.

Vor diesem Hintergrund nahmen die Soziologinnen Ute Klammer und Christina Klenner im Jahr 2004 das

Alltagsleben von Familien mit jungen Kindern unter die Lupe[8]. Dabei entdeckten sie eine unglaubliche Vielfalt an Möglichkeiten, wie Eltern ihr Familienleben organisierten. Kein Arrangement glich dem anderen. Es ging dabei weniger um gut durchdachte Auffassungen von Partnerschaft, Kindererziehung und Familienleben – es ging in der Regel schlicht darum, die Notwendigkeiten des Alltagslebens zu meistern. Die Arrangements waren jeweils abhängig von den beruflichen Ambitionen und den Arbeitsbedingungen beider Partner, von den Betreuungsmöglichkeiten der Kinder, von den Großeltern-Einsätzen oder anderen privaten Unterstützungsnetzwerken der Familie sowie von den Wohnbedingungen. Die Studie von Klammer und Klenner zeigte eines sehr deutlich: Wenn beide Partner berufstätig waren, lief das Alltagsleben auf die gegenseitige Unterstützung und ein solidarisches Miteinander hinaus. Selbst junge Männer, die sich ansonsten dazu bekannten, gegen Emanzipation, Frauenförderung und Feminismus zu sein, beteiligten sich ausgiebig an der Familienarbeit, wenn ihre Partnerinnen voll berufstätig waren[9].

Doch auch die gut funktionierenden Arrangements erwiesen sich mit kleinen Kindern immer wieder als ausgesprochen störanfällig und zerbrechlich. Wenn beispielsweise die Kita vorübergehend schloss oder die Großeltern in den Urlaub fuhren, mussten sie mühsam angepasst werden. Wurde das Kind dann noch krank, waren es in aller Regel die Mütter, die die Betreuung übernahmen und nicht zur Arbeit gingen. Die partnerschaftlich ausgehandelten Absprachen bleiben dann schnell auf der Strecke.

Immer wieder belegen Umfragen, dass es kaum Väter

gibt, die sich wegen eines erkrankten Kindes von der Arbeit freistellen lassen. Wie ist das zu erklären? An den möglichen Einkommensverlusten allein kann es eigentlich nicht liegen. Fühlen sich Väter dieser Herausforderung vielleicht einfach nicht gewachsen? Halten sie sich für unentbehrlich im Beruf? Oder stellen sich die Mütter selbst von vornherein auf diese Ausnahmesituation ein und nehmen sie als ihre Aufgabe wahr? Es könnte aber auch sein, dass es die Kinder sind, die eher nach der Fürsorge ihrer Mütter verlangen und ihren Vätern in diesem Punkt weniger zutrauen. Was immer es ist: Das Fürsorgeverhalten von Frauen und Männern, Müttern und Vätern, sollte genauer unter die Lupe genommen werden.

Männliche Fürsorge bewerten

Fürsorglichkeit ist heute immer noch stark mit der Mutterrolle verknüpft. Dagegen werden Männer oft als Defizitwesen hingestellt, die angeblich schon mit einem eingeschränkten Emotionsrepertoire auf die Welt kämen und daher mit jedweder Fürsorgeaufgabe fremdelten. Betrachtet man die Geschlechterforschung der letzten 50 Jahre, die unzählige psychologische Unterschiede zwischen den Geschlechtern geprüft und zusammengefasst hat, ist an diesem Vorurteil offenbar tatsächlich etwas dran[10]: Jungen sind demnach von Geburt an risikobereiter, dominanter und auch weniger ängstlich als Mädchen. Und ja, schon sehr früh im Leben sind Jungen im Vergleich zu Mädchen im Durchschnitt emotional weniger ausdrucksfähig und weniger empathisch. Sie entwickeln verbale Fähigkeiten später und sind ungeschickter in der sprachlichen Kommunikation. Mädchen lernen dagegen frühzeitig, Gefühle zu thematisieren, ihr Innerstes zu offenbaren und hellhörig für die Signale anderer zu sein. Dies alles ist von Vorteil für den Umgang mit Kindern und alten Menschen, die auf Fürsorge angewiesen sind. Und es ist überhaupt gut für die Betreuung von Babys und Kleinkindern, die ihre Mitteilungsfähigkeit erst entwickeln müssen, um ihre Bedürfnisse verständlich zu machen.

Fürsorge muss für ein kleines Kind fühlbar sein, wie der weiche Körper, an den es sich gern anschmiegt, und so hörbar wie die Stimme, die es sanft umgibt. Fürsorge muss jedoch vor allem dann da sein, wenn sie gebraucht wird – prompt und zuverlässig. In diesem Sinne wird die Fürsorglichkeit von Müttern seit mehr als 70 Jahren in der entwicklungspsychologischen Forschung nach ganz elementaren Kriterien erfasst. Diese Kriterien sind: Ist eine Mutter gegenüber ihrem Kind aufmerksam genug? Deutet sie das Verhalten und die Signale des Kindes richtig? Und reagiert sie darauf angemessen und prompt?

Dieselben Fragen hat man in den letzten Jahren auch in Bezug auf die Väter gestellt. Und wie schneiden Väter im Vergleich zu den Müttern dabei ab? Die aktuellste Antwort liefert eine Metaanalyse von annähernd 100 Forschungsstudien, die die Entwicklungspsychologin Audrey-Ann Deneault von der University of Calgary in Kanada gemeinsam mit weiteren Kollegen* erst unlängst vorgelegt hat. In diesen Studien wurden sowohl Mütter wie auch Väter dabei gefilmt, wie sie sich dem Spiel ihrer Kleinkinder widmen. Ob im freien Spiel oder bei Spielaufgaben wie Puzzle-Legen, Turm-Bauen oder Bauernhof-Aufstellen, bei beiden Eltern wurde das Ausmaß ihrer Fürsorglichkeit bewertet[11].

Wie die Zusammenfassung der 100 Studien ergab, verhielten sich die Väter im Durchschnitt *weniger* fürsorglich als ihre Partnerinnen. Während die Mütter schnell und sicher zur Stelle waren, wenn das Kind etwas brauchte, waren die Väter viel zögerlicher und haderten auch mit ihren Reaktionen. Wussten sie nicht so recht, wie sie ihr Kind unterstützen konnten? Für diese augenfällige Diskrepanz lieferten Deneault und Kollegen* einige Erklärungen: Fürsorglichkeit sei ein zentrales Moment des Mutterseins und werde von der Gesellschaft erwartet und bestärkt. Mütter seien in der Regel jedoch auch deshalb sensitiver als Väter, weil sie bereits die Fürsorge ihrer eigenen Betreuung in der Kindheit empfänglicher aufgenommen hätten. Vor allem aber könnten Mütter schon in der Elternzeit vielfältige Erfahrungen mit ihren Kindern sammeln und lernten das kindliche Verhalten entsprechend besser kennen als die in der Regel berufstätigen und oft abwesenden Väter.

Kinder scheinen die Unterschiede in puncto Fürsorgekompetenz genau zu kennen, wenn sie im Krankheitsfall oder bei anderen kritischen Ereignissen zuerst nach der Mutter rufen – und so wird klar, dass eine Mutter, wenn sie in dieser Situation gebraucht wird, ihrem Kind auch zur Verfügung stehen will. All das bedeutet jedoch nicht, dass Väter in kritischen Familiensituationen keine Rolle spielen. Was aber sind ihre spezifischen Kompetenzen, und wie entwickeln Männer überhaupt ihr Vaterverhalten und die Vorstellungen vom Vatersein?

Häufig wird beklagt, junge Männer würden kaum gute reale Modelle kennen, sie seien im Grunde »vaterlos« aufgewachsen und hätten folglich von ihren Vätern keine Orientierungshilfen fürs Leben mitbekommen. Auch außerhalb ihrer Familien seien diese Hilfen weitgehend ausgeblieben, da die Bildungseinrichtungen ihrer Kindheit und Jugend mit Erzieherinnen, Kindergärtnerinnen und Lehrerinnen vorrangig weiblich dominiert gewesen seien. Doch behindern solche Voraussetzungen und Erfahrungen allen Ernstes die Herausbildung der männlichen Identität? Wie belastend kann es sein, wenn Jungs vorrangig mit ihren Müttern und weiteren Frauen aufwachsen?

Sehr belastend, hätte Sigmund Freud gesagt, der Wiener Arzt und einflussreiche Theoretiker der Psychologie des letzten Jahrhunderts. Bei seiner Beschäftigung mit der Seele des Menschen und der Ausarbeitung der Psychoanalyse interessierte ihn unter anderem auch die Geschlechtsentwicklung. Freud leitete seine Theorien aus der therapeutischen Praxis her, in der seine Patienten* aus der Wiener Gesellschaft zumeist über sexuelle Fantasien berichteten. Ein Leben lang war er beispielsweise davon überzeugt, dass die männliche Identitätsentwicklung damit beginnt, dass ein Junge im Kleinkindalter seinen Penis entdeckt. Der Penis löse, laut Freud, daraufhin eine bis dahin unbekannte Erregung aus und wecke sexuelle Begierden [Libido], die der kleine Junge dann auf seine Mutter projiziere, mit der er sich eng verbunden fühle. Gleichzeitig kämen negative Gefühle gegenüber dem Vater auf, der von dem Jungen nun als Rivale empfunden werde und entsprechend feindselig und bedrohlich erscheine.

Sigmund Freud benutzte für diesen vermeintlich sexuellen Grundkonflikt den Begriff des »Ödipus-Komplexes«, nach dem König aus der griechischen Sage, der seinen Vater tötete und anschließend seine Mutter heiratete – eine spannende Geschichte, die Freud mit seiner genialen theoretischen Gestaltungskraft an die Gegenwart anpasste. Bei Freud fordert der Junge den Vater allerdings nicht zum Kampf heraus, sondern sucht ihn auf, um sich mit ihm zu identifizieren, ihm ähnlich und damit ebenbürtig zu werden. Dabei übernehme er die Werte, Überzeugungen und Einstellungen seines Vaters. Auf diese Weise, so Freud, werde der Ödipus-Komplex gelöst, die Beziehung zur Mutter werde distanzierter, und es entstehe eine stabile männliche Identität. Würden die sexuellen Konflikte jedoch nicht gelöst, so würden die angstauslösenden Erregungen ins Unbewusste verdrängt – sie verunsicherten und störten dann die männliche Identitätsentwicklung ein Leben lang[12].

So weit, so gut. Wer hat nicht schon davon gehört, dass ein kleiner Junge am liebsten seine Mutter heiraten wollte? Allerdings würde heute wohl niemand befürchten, dass ein so herziges Bekenntnis einen sexuellen Konflikt offenbart, der die spätere Männlichkeitsentwicklung beeinträchtigt. Denn sosehr die Wissenschaft auch darum bemüht war: Den Ödipus-Komplex konnte sie für keinen Zeitpunkt der kindlichen Entwicklung nachweisen. Er hat sich bis heute jeder wissenschaftlichen Überprüfung entzogen und damit als irreal erwiesen[13, 14].

Wenn Mütter und Väter die Identitätsentwicklung ihrer heranwachsenden Jungs doch nicht auf diese Weise prägen, wie dann? Und was wirkt sonst noch auf diesen Prozess ein? Zweifellos spielen viele Einflüsse vor allem außerhalb der Familie eine Rolle, seien es Männer aus dem Verwandten- und Nachbarschaftskreis, aus Bildungsinstitutionen, Sportvereinen und den Medien. Vor allem aber sind es die Kumpel und Freunde, die auf die Identitätsbildung nachhaltig einwirken. Manche Wissenschaftler* meinen sogar, der Freundeskreis sei dabei von viel größerer Bedeutung, als es die Eltern je hätten sein können[15].

Zu denen, die dem heutigen Männlichkeitsverständnis einige Einsichten abgerungen haben, gehört die Sozialpädagogin und Psychologin Katja Nowacki, Forschungsleiterin des CENOF-Teams in Dortmund. Sie analysierte zunächst mit großem Interesse unsere spontanen Gespräche mit den Vätern der CENOF-Forschung, um im Anschluss daran mit drei weiteren Kolleginnen eine gezielte Onlinebefragung zu lancieren[16]. Junge Männer im Alter zwischen 13 und 28 Jahren aus allen sozialen Schichten Deutschlands nahmen an der Befragung teil. Die Fragen zielten auf drei Aspekte der Geschlechtsidentität[17], allen voran auf die sogenannte *Geschlechtstypikalität* (»Ich halte mich für einen typischen Jungen / Mann«). Daneben wurde nach der *Zufriedenheit* mit dem eigenen Geschlecht gefragt (»Ich mag es, ein Junge / Mann zu sein«) sowie nach dem sozialen *Anpassungsdruck*, der durch Männlichkeitsvorstellungen ausgelöst werden kann, die bereits etabliert sind beziehungsweise vom Freundeskreis vertreten werden – ist es doch für junge Menschen überaus wichtig, dazuzugehören und angenommen zu werden (»Ich kann mir vorstellen, dass meine Freunde ein Problem damit hätten, wenn ich mich mit typischen Mädchen- oder Frauensachen beschäftigen würde«).

Nowacki und ihr Team nahmen obendrein noch Fragen auf, mit denen die Beziehungen zu Mutter, Vater und Freunden erfasst wurden (»Meine Mutter / mein Vater / meine Freunde akzeptiert / akzeptieren mich so, wie ich bin«). Die Bewertungen der Fragen zwischen 1 (= stimmt überhaupt nicht) und 4 (= stimmt ganz genau) wurden später den Onlinevorlagen entnommen und in Beziehung zueinander gesetzt.

Die Ergebnisse haben Nowacki und ihr Team vor Kurzem in einem Buch veröffentlicht[18]: Wenn junge Männer gute Beziehungen zu ihren Vätern hatten, bestätigten sie weitaus öfter, dass sie mit ihrer männlichen Identität sehr zufrieden waren. Dieses Resultat war nun nicht wirklich überraschend. Auch nicht, dass die jungen Männer mit ihrem Männerbild entspannt umgingen, wenn es auch von ihren Freunden akzeptiert wurde. Ganz und gar überraschend waren jedoch die Ergebnisse zu den Einflüssen der Mütter. Junge Männer mit guten Beziehungen zu ihren Müttern schätzten sich häufiger als typisch männlich ein und waren überhaupt in Gänze mit ihrer männlichen Identität viel zufriedener als jene, deren Beziehungen zu ihren Müttern belastet waren.

Die Fürsorge einer Mutter stellt demnach nicht zwangsläufig ein Hindernis für die Herausbildung der Männlichkeit dar. Sie muss jedoch von der Akzeptanz getragen sein, dass Jungs in vieler Hinsicht anders sind als Mädchen.

Waren die Unterschiede als Kinder noch relativ klein, zeigt sich ihr Anderssein spätestens in der Pubertät. Beim Einfühlen in diese Veränderungsprozesse können Väter eine große Hilfe sein. Kennen sie doch die körperlichen und psychischen Wandlungen hin zum jungen Mann aus eigener Erfahrung, können diese verständlich machen und ihrer Partnerin helfen, sie mit Umsicht zu begleiten. Aber was für Veränderungen sind das genau? Und was bedeuten sie für die spätere Partner- und Vaterschaft?

Seitdem die sozialen Wissenschaften das Zusammenspiel von Anlage und Umwelt, von Biologie und sozialen Einflüssen als miteinander verschränkt und als biopsychosoziale Einheit betrachten, beginnt man nach und nach besser zu verstehen, inwieweit körperliche Vorgänge die Psyche prägen. In der Pubertät wird das besonders deutlich. Während dieser Zeit findet eine Reihe von neurobiologischen Veränderungen statt, die das übersteigerte Konfliktverhalten, die unmotivierten Emotionsausbrüche, das überhöhte Risikoverhalten und die extreme Schläfrigkeit erklären. Das Gehirn wird regelrecht umgebaut, und die körperliche Entwicklung wird durch die intensivierte Ausschüttung von Hormonen zur geschlechtlichen Reifung geführt. Bei Männern fällt dann der Blick auf das Testosteron. Zwar kommt Testosteron auch bei Frauen vor, bei Männern findet es sich jedoch in einer sehr viel höheren Konzentration – und ist vor allem eng mit der männlichen Psyche und dem Verhalten und Erleben des Mannes verbunden.

Testosteron entmystifizieren

Testosteron ist das wichtigste männliche Geschlechtshormon. Es ist mit seiner anabolen Wirkung für das Wachstum und den Aufbau der Muskelmasse verantwortlich, beeinflusst die Knochendichte und sorgt für die Spermienproduktion – es wird deshalb mit Stärke und Männlichkeit verbunden.

Da Testosteron im Hoden produziert wird, entstand bereits in der Antike der Mythos, der Verzehr von Pferdehoden steigere Mut und Männlichkeit, aber auch die sexuelle Leistungsfähigkeit. Im Paris des 19. Jahrhunderts propagierte Charles Édouard Brown-Séquard diese Wirkungen. Der bekannte Neurologe und Physiologe verkündete im Juni 1889 vor der Französischen Biologischen Gesellschaft, seine Manneskraft sei nunmehr im Alter von 72 Jahren wiederhergestellt. Er habe sich wiederholt ein flüssiges Extrakt aus den Hoden von Hunden und Meerschweinchen gespritzt und fühle sich seither so kräftig und aktiv wie in jungen Jahren.

Was dieses Extrakt konkret beinhaltete, war damals allerdings noch unbekannt. Dies gipfelte in der Folgezeit in zahlreichen Versuchen, anstelle eines Hodenextrakts gleich das gesamte Organ einzusetzen. Unzählige Hoden von hingerichteten Straftätern, aber auch von Schaf- und Ziegenböcken, Hirschen und Ebern wurden transplantiert, um vor allem Störungen der männlichen Sexualfunktion zu beseitigen. Aber auch andere schwerwiegende Erkrankungen wie Altersdemenz, Diabetes, Epilepsie sollten beim Mann auf diese Weise kuriert werden.

Unterdessen wurde vielerorts nach den Inhaltsstoffen der Hodenextrakte geforscht. Im Jahr 1935 konnte dann erstmals Testosteron synthetisiert und verabreicht werden. Es verfügt über eine Eigenschaft, die nicht jedes Hormon besitzt: Es kann die Barriere zwischen Blut und Hirnsubstanz, die sogenannte Blut-Hirn-Schranke, passieren und damit direkt in das Gehirn gelangen. Dort wird es dann von Rezeptoren im Hypothalamus und der limbischen Region aufgenommen, die die Emotionen regulieren. Über diesen direkten zentralnervösen Weg ermöglicht Testosteron sexuelle Erregung, Erektion und Sex. Das Hormon steigert außerdem Angriffslust und Aggressivität des Mannes und vermindert im gleichen Zuge Empathie und Fürsorglichkeit[19]. So bedeutsam und sinnvoll diese Wirkungen unter evolutionären Gesichtspunkten auch sein mögen, werfen sie doch zugleich die Frage auf, wie sie sich mit einer erfüllenden Partner- und Vaterschaft vertragen. Verhindert Testosteron am Ende womöglich, dass ein Mann auch ein liebevoller Partner und Vater sein kann?

Testosteronschwankungen aufklären

Im Frühsommer 2016 begleitete mich Bernhard Piskernik, der Datenmanager unseres CENOF-Verbundes, nach Ann Arbor / USA an die dortige University of Michigan zu einem internationalen Meeting. Eine Gruppe von Wissenschaftlern* hatte uns dorthin eingeladen, um die Väterforschung aus ihrer Nische herauszuholen und weiter voranzutreiben. Die Initiatorinnen, Brenda Volling (University of Michigan) und Natasha Cabrera (University of

Maryland), machten gleich bei der Eröffnung deutlich, was das ihrer Meinung nach hieß: Die Wissenschaftscommunity werde künftig keine Forschungsstudien zu Eltern, Elternschaft und Elternverhalten mehr akzeptieren, sofern diese nicht auch Väter einbezogen hätten.

Über die Wirkung von Testosteron waren zu diesem Zeitpunkt bereits unzählige Studien durchgeführt worden. Das ist heutzutage auch gar nicht so schwer, da das Hormon ohne großen Aufwand aus Speichelproben analysiert werden kann. So wusste man unter anderem, dass Testosteron am Morgen vermehrt ausgeschüttet wird und im Verlauf des Tages absinkt, dass die Werte mit zunehmendem Alter immer niedriger werden und dass Männer mit einem eher korpulenten Körperbau und einem Body-Mass-Index (BMI) über der Altersnorm eher niedrige Testosteronwerte aufweisen. Und nicht zuletzt war bereits bekannt, dass das Hormon vor allem während sportlicher Aktivitäten und beim Sex produziert wird. Man staunt, wie schnell die Werte dabei in die Höhe schnellen, egal für welchen Mann und in welchem Alter.

Das hormonelle System rund um das Testosteron unterstützt den männlichen Körper dabei, sich an vielfältige physische Anforderungen anzupassen, die Energie verbrauchen. Es überzeugt dabei vor allem durch seine Dynamik. Zu dieser Erkenntnis haben Beobachtungen geführt, die der Biologe John Wingfield mit seinen Kollegen von der University of Washington im Jahr 1990 veröffentlicht hat.

Das Team hatte herausgefunden, dass bei monogamen Vogelarten der Testosteronspiegel während der Paarungszeit hoch ist, jedoch heruntergeregelt wird, wenn dann der

Nachwuchs versorgt werden muss. Biologen* sprechen seither auch beim Menschen davon, dass ein Mann Energie entweder verbraucht, um Nachkommen zu zeugen (Paarungsinvestition) oder um Beziehungen zu pflegen, die er bereits zu Partnerin und Kindern unterhält (Elterninvestition). Dementsprechend sollten höhere Testosteronwerte es ihm ermöglichen, eine Partnerin geduldig zu umwerben und sich der Konkurrenz zu stellen. Niedrige Testosteronwerte dagegen sollten ihn befähigen, verlässlich und fürsorglich dazu beizutragen, dass sich der Nachwuchs gut entwickelt.

Diese allgemeinen Annahmen müssten sich dann in folgender Weise in das Leben eines Mannes übersetzen lassen: Männer, die nach einer Partnerin suchen, sollten höhere Testosteronwerte haben als Männer, die bereits in Partnerschaften leben. Und Männer, die in Partnerschaften ohne Kinder sind, sollten höhere Testosteronwerte haben als Männer in Partnerschaften mit Kindern.

Auf dem erwähnten Meeting der Väterforscher* in Ann Arbor sahen wir uns nun die unzähligen Testosteronwerte von Männern an, die bereits gemessen und entsprechend ihrer Partner- und Familiensituation miteinander verglichen worden waren. Unsere Betrachtungen entsprachen exakt den Vermutungen: Die höchsten Testosteronwerte fanden sich bei den alleinstehenden Männern und die niedrigsten bei den Vätern[20].

Väter, die jetzt womöglich befürchten, dass ihre Libido schwindet und Körperkraft wie Durchsetzungsvermögen zu schwächeln beginnen, können allerdings ganz entspannt bleiben. Der Biopsychologe Lee Gettler von der University of Notre Dame in den USA war allen voran derjenige, der den massivsten Einspruch gegen diese Deutung einlegte: Auf keinen Fall würde eine Vaterschaft die Männlichkeit beeinträchtigen! Es sei mittlerweile erwiesen, dass ein Testosteronspiegel das sexuelle Verlangen eines Mannes kaum beeinflusse. Konkret gesprochen: Ein Hormonspiegel über dem Normwert führt zu keiner Steigerung der Libido. Auch gegenteilige Befürchtungen hätten sich nicht bestätigt. Solange das Testosteron nicht weit unter die Normwerte fiele, würde die Liebeslust eines Mannes von den Testosteronschwankungen weitgehend unberührt bleiben. Aufgedeckt hätten diese Erkenntnisse umfängliche Untersuchungen, die die nächtlichen Erektionen, die vollzogenen Geschlechtsakte und überhaupt die sexuelle Zufriedenheit der Männer akribisch registriert und mit den vorhandenen Testosteronwerten in Beziehung gesetzt hatten[21].

Auch Vermutungen, wonach Männer mit einem hohen Testosteronspiegel kaum an festen Partnerschaften interessiert seien und eher zu sexueller Abwechslung neigen, könne er nicht bestätigen. In seinen Forschungsstudien war sogar das Gegenteil der Fall: Männer mit höheren Testosteronwerten zu Beginn der Studie waren bei der zweiten Befragung nach vier Jahren sogar häufiger liiert und hatten eher Kinder als jene Männer, bei denen am Anfang der Studie geringere Testosteronwerte vorlagen[22].

Das Fazit unserer Diskussionen über den Zusammenhang von Testosteron und Vaterschaft lautete daher: Bei der Wirkweise dieses Hormons geht es im Grunde um biologische Anpassungsprozesse, die es den Männern ermöglichen, verschiedene Lebensaufgaben erfolgreich zu bewältigen. Diese flexible Physiologie wird für Herausforderungen gebraucht, die sich für einen Mann im Laufe seines Lebens ändern. Ein hoher Testosteronspiegel fördert demnach Verhaltensweisen, die der Suche nach einer Partnerin dienen. Mit der Zeugung eines Kindes verändert sich jedoch die Situation. Damit der Mann sich nun auch an der Kinderbetreuung beteiligt, sollten seine Testosteronwerte fallen. Andernfalls wäre er vermutlich zu rabiat und ruppig, um ein behutsamer Vater sein zu können.

Sinkende Testosteronspiegel interpretieren

Lee Gettler zeigte sich davon überzeugt, dass Männer schon relativ früh in der Menschheitsgeschichte auch in die Kinderbetreuung einbezogen wurden. Und wäre dies nicht mindestens schon seit Jahrtausenden für das Überleben der Kinder notwendig gewesen, hätte es keinen evolutionären Grund gegeben, einen gezielten Abfall des Testosterons auszubilden. Diese Überzeugung stützt sich auf Forschungsarbeiten, die Gettler und sein Wissenschaftsteam von der University of Notre Dame auf der philippinischen Insel Cebu Anfang der 2000er-Jahre durchgeführt haben und die sie über Nacht berühmt machen sollten.

Das Leben der Menschen auf Cebu ist nachhaltig von der Nähe zum Äquator und dem damit verbundenen tropischen Klima mit Dauertemperaturen um die 27 °C, hoher Luftfeuchtigkeit und hoher Regenwahrscheinlichkeit geprägt. Alles dreht sich bei den Filipinos um die Familie. In der Regel besteht diese aus einem Ehepaar, drei oder mehr Kindern sowie weiteren Familienmitgliedern, die alle unter einem Dach leben. Die Nächte verbringen sie auf Schlafmatten, die am Tag weggeräumt werden.

Als in den Jahren 2005 und 2009 eine flächendeckende Gesundheitsbefragung in Cebu und Umgebung durchgeführt wurde, ergriffen Gettler und Team sofort die Gelegenheit, zusätzliche Informationen einzuholen und die Filipino-Männer um Speichelproben zu bitten. Die Befragung wurde vor allem um Informationen erweitert, bei denen es um den Alltag der Männer in ihren Familien ging: Wie wichtig sind ihnen Kinder? Auf welche Weise und wie viele Stunden am Tag kümmern sie sich um sie? Und schlafen auch sie mit den Kindern auf einer gemeinsamen Matte, wie es oft auf Cebu zu beobachten ist?

Die Ergebnisse waren bemerkenswert eindeutig: Mit jeder Stunde, die sich die Filipino-Väter um die Kinder kümmerten, verringerten sich ihre Testosteronwerte. Mehr noch: Väter, die sich regelmäßig eine Schlafmatte mit ihrem Kind teilten, wiesen weitaus geringere Testosteronwerte auf als diejenigen Väter, die zwar im selben Raum wie die Kinder, aber allein auf einer eigenen Matte schliefen. Das direkte väterliche Engagement der Filipino-Väter und ihre große Zuneigung zu ihren Kindern hatten sich damit unübersehbar in ihrer Physiologie niedergeschlagen. Vor allem aber war es die körperliche Nähe zu den Kindern, die die These belegte, dass väterliche Liebe mit nur wenig Testosteron auskommt[23].

Väterliche Physiologie komplexer bewerten

Lassen sich in unserer westlichen Welt ähnlich markante Zusammenhänge zwischen der Zuwendung eines Vaters zu seinem Kind und seiner Physiologie feststellen? Womöglich ist die Erklärung, dass ein von Zuwendung geprägtes Vaterverhalten generell mit einem niedrigeren Testosteronspiegel verbunden ist, doch zu schlicht? Das niedrige Testosteron könnte nur einen sehr oberflächlichen Eindruck von einem physiologischen System hinterlassen, das eigentlich einer weit größeren Komplexität des Lebens standhalten muss. Wie würde dieses System beispielsweise reagieren, wenn ein Kind den Vater nicht nur emotional, sondern auch körperlich und mental beansprucht? Bei dieser Frage kommt man nicht umhin, weitere Hormone unserer Physiologie ins Spiel zu bringen, wie etwa das Cortisol, das für Aktivierung und Stressbewältigung steht.

Wir waren mit unserer CENOF-Forschung fest entschlossen, diesen Zusammenhängen auf den Grund zu gehen. Dazu konnten wir auf ein umfangreiches Datenmaterial zurückgreifen, das wir im Wiener CENOF-Team zusammengetragen hatten – inklusive 300 Speichelproben der Väter, die später der Feststellung von Testosteron und Cortisol dienten.

Zu unserem Team gehörte Markus Bauer, der seine Masterarbeit über die Physiologie der CENOF-Väter schrieb, die später zum Ausgangspunkt einer breit angelegten internationalen Debatte über die physiologischen Grundlagen der Vaterschaft wurde[24]. Welche Fakten aber konnte unser

Team neben den Testosteron- und Cortisolwerten für diese Debatte präsentieren? Von jedem Vater war die Qualität der Bindung zu seinem Kleinkind bekannt. Sie gingen aus den Beobachtungen hervor, die unser Team gemacht hatte. Dafür wurde die Interaktion von Vätern und ihrem Nachwuchs zwei Stunden beobachtet: Suchte das Kind die Nähe und forderte Hilfe, wenn es nicht weiterkam, und reagierte der Vater darauf angemessen[25]. Außerdem war ein Fragebogen verteilt worden, mit dem die Väter selbst eingeschätzt hatten, ob sie ihrem Kind auch dann zur Verfügung stünden, wenn es sich ängstigt oder traurig oder unsicher ist, oder ob sie diese Situationen dann doch eher ihren Partnerinnen überlassen würden[26]. Zudem hatten die Väter im Laufe einer Woche auf einer Handy-App angegeben, ob und wie lange sie mit ihrem Kind getobt, gespielt oder einfach nur gekuschelt hatten[27].

Unsere Ergebnisse knüpften weitgehend an die Filipino-Väter auf Cebu an. Hatten diese doch gezeigt, wie die körperliche Nähe eines Vaters zu seinem Kind und die Vertrautheit beim nächtlichen Schlafen auf einer gemeinsamen Matte den Testosteronspiegel herunterregelten, so fanden wir in unserer Studie ähnliche Zusammenhänge: Je stärker die Bindung eines Vaters zu seinem Kind war und je öfter er sein Kind emotional unterstützte, desto stärker ging das väterliche Testosteron zurück. Auch das Kuscheln sorgte für den erwarteten Rückgang des Testosterons.

Daneben konnten wir jedoch auch Neuartiges entdecken: Toben und Spielen ließen das Testosteron ansteigen. Hier wurde schlicht Energie gebraucht. Deshalb wurde auch vermehrt Cortisol ausgeschüttet, das eher in

Tobespielen und weniger in Kuschelsituationen gemessen wurde.

So scheint sich zu bestätigen, dass es in der Physiologie eines Vaters keineswegs nur um anhaltende Reduktionen von Testosteron geht, wenn sich ein Vater mit seinem Kind beschäftigt. Im Grunde genommen geht es darum, ein physiologisches System, das viele Herausforderungen bestehen muss, mit weiteren Hormonen flexibel zu halten.

Werdende Väter im Blick haben

Man muss allerdings auch wissen, dass die Physiologie eines Mannes bereits während der Schwangerschaft der Partnerin stark gefordert wird. Immer wieder wird davon berichtet, dass werdende Väter an sich selbst so etwas wie Schwangerschaftsanzeichen beobachten, die als Couvade bekannt sind. Morgendliche Übelkeit und Entkräftung am Nachmittag werden bei diesen Männern in einigen indigenen Völkern wie den Gusii in Kenia, den Luo in Uganda oder den Garifuna in Honduras sogar mit ganz besonderer Aufmerksamkeit bedacht – und selbst in unserem Kulturkreis ernst genommen[28].

Hinter den Befindlichkeitsstörungen vermutet man, genau wie bei werdenden Müttern, Hormonveränderungen. Ein Forschungsteam um die kanadische Biologin Anne Storey von der Queen's University in Kingston hat sich mit diesem Phänomen besonders ausführlich befasst. Storey hat werdende Mütter und Väter zu verschiedenen Zeitpunkten vor und nach der Geburt des ersten Kindes ausgiebig beobachtet und untersucht: Die Paare wurden nach ihrem Wohlbefinden und den körperlichen Symptomen befragt, und es wurde ihnen Blut abgenommen, um die wichtigsten Hormonwerte zu messen, allen voran Testosteron, dazu das weibliche Pendant Estradiol, wie auch Cortisol und das für die Milchproduktion zuständige Prolaktin.

Wie vermutet hatten einige Männer über den Schwangerschaftsverlauf hinweg ähnliche Beschwerden wie ihre Partnerinnen: Sie nahmen an Körpergewicht zu, hatten regelmäßige Heißhungerattacken und unterlagen Stimmungsschwankungen, wie sie für schwangere Frauen typisch sind. Männer mit eher geringen Testosteronwerten litten darunter am meisten.

In Testsituationen, in denen sie Filmausschnitte von Neugeborenen anschauten und deren Geschrei ausgesetzt waren, reagierten sie besonders empfindlich. Kurz vor der Geburt fand man erhöhte Konzentrationen von Cortisol in ihrem Blut, überraschenderweise aber auch Prolaktin, das nicht nur mit der Milchbildung von werdenden Müttern in Zusammenhang steht, sondern auch das Pflegeverhalten ankurbelt[29]. Nach der Geburt des Kindes bildeten sich bei den frischgebackenen Vätern jedoch schon bald all die hormonellen Veränderungen zurück[30].

So zeigt sich, dass die Schwangerschaft einer Frau auch dem werdenden Vater gesundheitlich ziemlich zusetzen kann. Die Couvade des Mannes ist dennoch keine Krankheit, sondern eine Anpassung an die Vaterschaft, so wie die Schwangerschaft eine Anpassung an die Mutterschaft ist. Anthropologen* glauben, dass hinter der Couvade ein uralter Funktionsmechanismus steckt, der mit der Schwangerschaft der Frau auch gleichzeitig die Fürsorge des Mannes um Mutter und Kind in Gang setzt. Und wenn das Kind dann da ist, ist es genau diese Fürsorglichkeit, die vonnöten ist.

In das Zentrum des heutigen Männlichkeitsverständnisses sind zwei wichtige Eigenschaften gerückt, die auch für ein neues Vaterbild von Bedeutung sind: Partnerschaftlichkeit und Fürsorge. Während sich die Partnerschaft vor dem Hintergrund der Vorstellungen und Lebensbedingungen des jeweiligen Paares entfaltet und variiert, ergeben sich bei der Fürsorglichkeit geschlechtsbezogene Differenzen. Väter reagieren oftmals weniger sensitiv auf die Bedürfnisse ihrer Kinder als Mütter. Ihre Physiologie passt sich gleichwohl den Erfordernissen des Vaterseins an, was sich vor allem in sinkenden Testosteronwerten niederschlägt und sie zu behutsamen Vätern werden lässt.

KAPITEL 4

KOMPETENTE VÄTER WERDEN

»Nun, als ich Vater geworden war, begriff ich Gott. Er ist ganz und überall in der Welt.«

Honoré de Balzac (1799–1850)

Vater zu werden gehört zu den aufregendsten Erfahrungen im Leben eines Mannes. Ein Kind bringt mehr Bedeutung in das eigene Leben. Es gibt ihm einen tieferen Sinn, der aus dem Gefühl der Verantwortung erwächst, für dieses Kind da zu sein. Die Vorstellung, es künftig in seiner Entwicklung zu begleiten, macht glücklich und zufrieden – sie kann aber auch Sorgen und Befürchtungen wecken: Werde ich ein guter Vater sein? Wie wird das Kind meinen Alltag verändern? Wird es meine Freizeit beschneiden oder gar die Beziehung zu meiner Partnerin beeinträchtigen?

Seit einigen Jahren schon interessiert sich die Väterforschung dafür, wie Männer, die Väter werden, mit dieser lebensverändernden Erfahrung umgehen und was das für sie bedeutet. Und obwohl sich die Forschung mit eindeutigen Antworten durchaus noch schwertut, scheint eines doch sehr klar zu sein: In unserer Gesellschaft wollen

Männer auch kompetente Väter sein. Sobald sie von ihrer Vaterschaft erfahren und spätestens wenn das erste Ultraschallbild da ist, interessieren sie sich für alles, was mit der Schwangerschaft und der Geburt eines Kindes zusammenhängt. Es ist von daher inzwischen normal geworden, dass sich werdende Väter den Vorsorgeuntersuchungen und Geburtsvorbereitungskursen anschließen – und auch bei der Geburt des Kindes dabei sind.

Das alles bedeutet: Diese Männer wissen, dass nach der Schwangerschaft und der Geburt kaum etwas so bleibt, wie es einmal war. Die Vaterschaft wird ihr gesamtes Leben umkrempeln, und sie werden alsbald vor Aufgaben stehen, in die sie erst hineinwachsen müssen. Den meisten von ihnen dürfte zudem klar sein, dass ihnen das nicht allein gelingen wird, sondern dass sie auf die Kooperation mit ihrer Partnerin angewiesen sind. Als Paar müssen sie sich gemeinsam mit ihrer zukünftigen Rolle als Eltern auseinandersetzen und ihre Vorstellungen miteinander in Einklang bringen.

Wie es einem Paar gelingen kann, in gemeinsamer Verantwortung ein Kind großzuziehen, hat der Forschungsmethodiker und Statistiker Mark Feinberg vom Pennsylvania State College in den USA in einem Modell der gemeinsamen Elternschaft dargestellt. Dafür analysierte er unzählige Eltern-Umfragen, Mütter-Väter-Interviews und Paar-Porträts.[1].

Konkret benennt Feinberg fünf Themenbereiche, die für das Gelingen einer gemeinsamen Elternschaft relevant sind: Allen voran ist es die Arbeitsteilung in Haushalt und Kinderbetreuung (Thema 1 = division of labour), gefolgt von klaren Absprachen im Umgang mit dem Kind (Thema 2 = child-rearing agreement). Zudem sind Aushandlungsprozesse wichtig, die ein ausgewogenes Familienklima sichern (Thema 3 = management of family dynamics). Diese Ausgewogenheit wird dabei durch positive Kommunikation und gegenseitige Unterstützung aufrechterhalten (Thema 4 = support). Auf dieser Basis kann das Paar dann das Engagement des anderen beurteilen und wertschätzen, wobei im Fall konkurrierender Haltungen zwischen den Partnern unsachliche Kritik, Schuldzuweisungen und Herabsetzungen vermieden werden sollten. Es geht schließlich darum, sich gegenseitig zu unterstützen, sich den gemeinsamen Alltagsanforderungen zu stellen und dazuzulernen. Es braucht die Solidarität des Elternpaars (Thema 5 = solidarity), um sich gegenseitig zu unterstützen, sich gemeinsam den neuen Alltagsanforderungen zu stellen und dazuzulernen. Jedenfalls macht Feinbergs Modell deutlich: Bei der gemeinsamen Elternschaft zählen eben nicht nur die Erfahrungen mit dem Kind, sondern insbesondere auch das Bewusstsein dafür, dass und wie sich die Partnerschaft unter den neuen Umständen entwickelt.

Vaterschaft vorausplanen

Wie planen Paare, die ein Kind erwarten, die gemeinsame Elternschaft konkret? Und wie stellen sich die künftigen Väter auf diese Situation ein? Diesen Fragen ist ein Forschungsteam aus vier Wissenschaftlerinnen der University of Jyväskylä in Finnland erst unlängst nachgegangen. Die Paare, die sie dafür zu ausführlichen Gesprächen einluden, blickten auf einen ähnlichen Bildungsweg zurück, lebten in einer egalitären Partnerschaft schon einige Zeit zusammen und erwarteten nun ihr erstes Kind. Sie alle waren gerade dabei, Vorstellungen über ihr künftiges Familienleben zu entwickeln[2].

Die werdenden Väter plädierten für eine faire Arbeitsteilung mit definierten Aufgabenzuweisungen im Haushalt und bei der Betreuung des Kindes. Sie hielten es auch für möglich, sogar wünschenswert, die Elternzeit so aufzuteilen, dass nach den ersten Monaten der Stillzeit das Baby von ihnen allein betreut würde. Des Weiteren verlangten sie feste Absprachen darüber, was dem Kind erlaubt werden sollte und was nicht, um in den wichtigsten Alltagsfragen ein einheitliches Elternverhalten zu garantieren. Für die künftige Familiendynamik erwarteten sie, dass das Kind die Partnerschaft bereichern und stärken würde. So würde das Paar nach der Geburt noch enger zusammenrücken. Die gegenseitige Unterstützung und Solidarität sei dann jedoch entscheidend: Schon bei der Geburt wollten die künftigen Väter ihrer Partnerin zur Seite stehen. Nach der Geburt planten sie, vielfältige Alltagsaufgaben zu übernehmen, um für Mutter und Kind optimale Rahmenbedingungen zu schaffen. Bei ihrem häuslichen Einsatz wollten sie jedoch auf keinen Fall den Anschluss an die Kinderbetreuung verpassen, für die ihre Partnerinnen dann bereits Erfahrungen gesammelt hätten. Im Übrigen sei es nicht zielführend, ständig abzuklären, was der andere im Ausgleich für welche Aktivität tue. Schon gar nicht könne es darum gehen, die eigene Freizeit zu erhalten, während der andere sich um das Kind kümmere. Die Solidarität in der

Partnerschaft sei damit ein besonders hohes Gut. Die werdenden Väter ahnten offenbar, dass die Aufgabenteilung vor der Geburt sich zwar einvernehmlich regeln lässt, dass ihre konkrete Umsetzung jedoch schwierig werden könnte, sobald das Baby da ist.

Wie realistisch sind diese Vorstellungen und werden sie in dieser Art auch in anderen europäischen Ländern geäußert? Auch hier knüpfen viele Männer die gleichen hohen Erwartungen an ihr künftiges Vatersein. Sie sind fest entschlossen, ihre Rolle als Väter aktiv in eine gemeinsame Elternschaft einzubringen und sich von Anfang an gleichwertig für den Nachwuchs zu engagieren. Dennoch zeigt die internationale wie nationale Väterforschung eine eklatante Kluft zwischen diesen Vorstellungen und ihrer Umsetzung[3]. Spätestens mit der Geburt des Kindes offenbart sich nämlich, dass es nicht selbstverständlich ist, wenn ein Mann seine Vaterschaft so engagiert lebt, wie er es sich ursprünglich vorgenommen hat.

Geburt erleben

Erst mit den 1970er-Jahren wurde es in Deutschland üblich, dass ein Mann bei der Geburt seines Kindes dabei war. Die Studenten- und die Frauenbewegung sorgten damals dafür, dass das Verhältnis der Geschlechter in Bezug auf Sexualität, Schwangerschaft, Geburt und Kinderbetreuung neu diskutiert wurde. Waren jahrhundertelang bei einer Geburt fast ausschließlich Frauen zugegen, Hebammen und sogenannte Doulas als Geburtsbegleiterinnen, so sah man nun auch viele Männer im Kreißsaal. Dass ihnen das ermöglicht wurde, haben sie nicht zuletzt den Errungenschaften der modernen Geburtshilfe zu verdanken: Die Geburt eines Kindes hat längst den Schrecken von einst verloren, als sie für eine Gebärende noch mit einem hohen Überlebensrisiko verbunden war. In Europa lag die Sterblichkeitsrate von Müttern bei der Geburt zuletzt nur noch zwischen 0,2 und 0,5 Prozent[4]. Dementsprechend gilt eine Geburt heute als ein natürliches Ereignis, das im Normalfall keine medizinischen Eingriffe erfordert. Und so hat die moderne Geburtshilfe die starren Hygieneregeln aufgegeben – die einst tristen Kreißsäle in sanfte Farben getaucht und die Türen auch für die Partner der werdenden Mütter geöffnet.

Im Kreißsaal wünschen sich Paare eine Betreuung, bei der sie ausreichend informiert und in medizinische Entscheidungen einbezogen werden. Die werdenden Mütter erhoffen sich vor allem eine möglichst natürliche, sanfte und schmerzarme Geburt in Anwesenheit eines Partners, der sie dabei unterstützt. Dessen liebevolle Begleitung soll dazu beitragen, die Schmerzen zu ertragen, die durch die Geburtswehen entstehen, und die Verkrampfungen zu lösen, die sich zwischen den Kontraktionen einstellen.

Können Geburtsverläufe tatsächlich auf diese Weise gemildert werden? Aus medizinischer Sicht liegen keinerlei belastbare Fakten dafür vor, dass sich durch die Anwesenheit von Vätern im Kreißsaal das Geburtsgeschehen spürbar verbessern oder entspannen würde. Selbst nach einer systematischen Auswertung von über 600 internationalen Studien ließ sich nicht belegen, dass sich durch die anwesenden Väter die Geburtsdauer verkürzt hätte – und schon gar nicht, dass gängige medizinische Eingriffe vermieden und weniger Medikamente eingesetzt worden wären oder dass weniger Periduralanästhesien und weniger instrumentale und operative Entbindungen vorgenommen werden mussten[5]. Von daher gab es für die Geburtshilfe bisher wenig triftige und rein medizinische Gründe, die geburtsbegleitenden Partner gezielt zu instruieren und ihre Rolle präzise zu bestimmen[6].

Die werdenden Väter hoffen dagegen, dass sie das Geburtsgeschehen positiv beeinflussen können. Sie wollen für ihre Partnerin eine emotionale Hilfe und Stütze während der vielen Stunden sein, die eine Entbindung anhält. Die Gebärende können sie beispielsweise sanft massieren, beim Veratmen der Wehen unterstützen und vor allem zwischen ihr und dem medizinischen Personal vermitteln. Vermittlungen sind für Gebärende besonders dann wichtig, wenn ohne große Erklärung plötzlich in das Geburtsgeschehen eingegriffen werden soll und unerwartete Maßnahmen, wie etwa ein Kaiserschnitt, anstehen. So kann sich der geburtsbegleitende Partner für die Wünsche seiner Partnerin starkmachen, Fragen stellen und für sie einstehen, wenn sie sich unter der Geburt kaum noch äußern kann. Er kann damit vermeiden, dass sie Ängste entwickelt und einen Kontrollverlust erlebt, der später zu manifesten Befindlichkeitsstörungen führen kann. Nachhaltig kann der werdende Vater so zur emotionalen Gesundheit seiner Partnerin beitragen.

Geburtserleben verarbeiten

Um das Geburtserleben der Paare im Kreißsaal besser einschätzen zu können, rief Anke Rohde am Zentrum für Geburtshilfe und Frauenheilkunde des Universitätsklinikums Bonn Anfang der 2000er-Jahre eine bedeutsame Studie ins Leben[7]. Die Medizinerin hatte mit ihren Forschungsarbeiten zu psychischen Belastungen und Befindlichkeitsstörungen von Müttern während und nach der Geburt bereits auf sich aufmerksam gemacht. Nun nahm sie die Väter in den Blick und füllte damit eine Forschungslücke aus: Bislang war überraschend wenig darüber bekannt, wie der Geburtsprozess von einem Mann erlebt wird. Ebenso wenig wusste man, welche Auswirkungen diese Erfahrungen im Nachhinein auf die Vaterschaft haben könnten.

Rohde und Team konnten Väter schon zwei bis drei Tage nach der Geburt davon überzeugen, ihre Geburtserfahrungen mitzuteilen. Dafür wurden ihnen Listen vorgelegt, die die unterschiedlichsten Beschreibungen von Gefühlszuständen enthielten[8]. Diese Listen waren bereits in Forschungsstudien mit werdenden Müttern erfolgreich erprobt worden. Jetzt aber standen die werdenden Väter, ihre Zufriedenheit sowie ihre Enttäuschungen rund um die Geburt im Fokus. Wie war es ihnen ergangen? Was empfanden sie, als sie im Kreißsaal der Geburt ihres ersten Kindes entgegenfieberten? Rohde und ihr Team fragten nach Anspannung und Erschöpfung, Kontrolle, Angst und Zeitempfinden.

Später brachte die Auswertung der Befindlichkeitslisten vielschichtige Gefühlsfacetten zutage: Die Väter waren von dem Geburtserlebnis erfüllt und beeindruckt. Die Ankunft ihres Kindes war für sie ein ausgesprochen bewegender Moment. Das Vaterglück hatte die Stunden der Anspannung schnell vergessen lassen. Viele Väter erlebten mit der Geburt den bisher intensivsten Gefühlsausbruch ihres Lebens, waren aber zugleich so überwältigt, dass sie die freudigen Erregungen kaum richtig wahrnehmen konnten. Das Geburtserleben versetzte sie in einen nachhaltigen Zustand der Euphorie – etwa zwei Dritteln der befragten Väter erging es so[9].

Ein Drittel der Väter kämpfte dagegen mit ambivalenten Empfindungen. Für sie war es kaum auszuhalten gewesen, ihre Partnerin unter den heftigen Schmerzen der Geburtswehen leiden zu sehen. Nicht selten fühlten sie sich deshalb hilflos und verzweifelt. Wenn sie doch etwas für ihre Partnerin tun konnten, erlangten sie wieder eine gewisse Kontrolle über sich und die Situation zurück. Sobald aber medizinische Eingriffe nötig wurden, stiegen Stress und Nervosität wieder an, und die Sorgen um Frau und Kind wurden unerträglich. Derartige Erfahrungen hatten mit den ursprünglichen Erwartungen an die Geburt nun gar nichts mehr zu tun. Diese Väter litten deshalb stärker unter Erschöpfung, Ängstlichkeit und Ohnmacht als Väter, deren Erwartungen sich mit einer unkomplizierten Entbindung erfüllt hatten[10].

Leider sind negative Geburtserfahrungen bei Vätern keine Seltenheit. In den klassischen Geburtsvorbereitungskursen werden Paare offensichtlich nicht ausreichend mit den Schattenseiten des Geburtsgeschehens vertraut gemacht. Denn eins ist ebenfalls klar: Nicht nur Mütter können nach der Geburt eine ernst zu nehmende Befindlichkeitsstörung erleiden, auch Väter sind immer öfter davon betroffen. Wenn dieses Tief innerhalb der ersten zwei Monate nicht abklingt, kann sich daraus eine sogenannte posttraumatische Belastungsstörung (PTBS) entwickeln. Während etwa 4 Prozent der Gebärenden eine PTBS bekommen und sich diese Zahl auf bis zu 18 Prozent erhöhen kann, sollte es schon im Vorfeld der Geburt zu Komplikationen gekommen sein[11], sind es nach aktuellen Analysen durchschnittlich 10 Prozent der werdenden Väter, die nach der Geburt des Kindes an einer PTBS erkranken[12]. Die betroffenen Mütter wie Väter fühlen sich fremd im eigenen Leben, ziehen sich zurück oder verlieren das Interesse an Dingen, die ihnen früher wichtig waren.

Im der Abteilung Public Health der Aarhus Universität in Dänemark haben Sarah Pedersen und ihre Kollegen* mit an einer PTBS erkrankten Vätern ausführlich über ihre Probleme gesprochen. Danach zogen die Betroffenen es typischerweise vor, auf Distanz zu Mutter und Kind zu gehen. Sie stürzten sich in die Arbeit, lenkten sich ab oder gingen gar fremd. Mit diesem Verhalten verletzten sie allerdings nicht nur ihre Partnerschaft, sondern behinderten auch die Beziehungsentwicklung zu ihrem Kind[13].

Leider neigten an PTBS erkrankte Väter auch dazu, ihr eigentliches Befinden zu verleugnen und sich entweder gar nicht oder zu spät Hilfe zu suchen. Das Bewusstsein für diese Problematik ist in den letzten Jahren zum Glück gestiegen, und so sind Fachkräfte, die die Familien nach der Geburt betreuen, heute mehr denn je angehalten, nicht nur auf das Befinden der Mütter zu achten, sondern auch die Väter in den Blick zu nehmen und ihnen gegebenenfalls professionelle Hilfe zu vermitteln[14].

Partnerschaftskrisen bewältigen

Wenn das Baby nach Hause kommt, beginnt für die neue Familie eine Zeit voller Herausforderungen. Das Neugeborene nimmt nun die ganze Fürsorge der Mutter in Anspruch. Schon durch das Stillen ist es nahezu symbiotisch mit ihr verbunden. Die ersten Monate nach der Geburt stellen deshalb für viele Mütter eine enorme psychische und körperliche Anstrengung dar. Während die Frauen oft empfindsam und müde sind, haben die Väter häufig das Gefühl, von ihrer Partnerin nicht mehr wahrgenommen zu werden.

Kein Wunder, dass bereits in den 1950er-Jahren die ersten wissenschaftlichen Arbeiten darauf hinwiesen, wie belastend die ersten Monate nach der Geburt eines Kindes für die frischgebackenen Eltern sein können[15]. Seither gibt es unzählige Forschungsberichte, wonach sowohl die Partnerschaftsqualität als auch die Partnerschaftszufriedenheit der jungen Paare mit dem ersten Kind rapide sinkt. Eigentlich sollte das Kind die Krönung bisheriger Zuneigung und Leidenschaft sein und das Paar noch enger zusammenschweißen, doch die frühere Verbundenheit und Intimität scheinen verschwunden. Streit und Konflikte sind dagegen an der Tagesordnung und treten viel häufiger auf als bei Paaren, die im gleichen Zeitraum ohne Kinder geblieben sind. Der Übergang in die konkret gelebte Elternschaft entpuppt sich jedenfalls als durchaus problematisch[16].

Dieses recht ernüchternde Bild ergab sich besonders anschaulich in einer Studie, die Jay Belsky und Michael Rovine an der Pennsylvania State University in den USA in den 1990er-Jahren durchführten[17]. Die beiden Psychologen hatten Paare besucht, die ihr erstes Kind erwarteten. Danach suchten sie die jungen Eltern erneut auf, als die Kinder 3, 9 und 36 Monate alt waren – und stellten auch Fragen nach der Partnerschaftsqualität. Die Paare sollten jeweils auf einer Skala von 1 bis 7 das Ausmaß an Konflikten, an Liebesverlust und an den Bemühungen bewerten, die die Beziehung zu retten versuchten.

Das Ergebnis: Bei Fragen wie »Haben Sie noch das Gefühl, zu Ihrem Partner zu passen?« oder »Besprechen Sie mit Ihrem Partner, was Sie von ihm erwarten und brauchen?« wurden die Punktwerte über die Zeit immer niedriger, während sie bei Fragen wie »Streiten Sie oft?« stetig zunahmen.

Interessanterweise sah es aber nicht bei allen Elternpaaren so düster aus. Einige Paare schienen überhaupt nicht betroffen zu sein, andere erlebten sogar das Gegenteil. Belsky und Rovine fanden, dass 44 Prozent der Paare eine nachweisliche Verschlechterung ihrer Partnerschaftsqualität durchgemacht hatten. Nicht betroffen waren 35 Prozent. Und 21 Prozent der Paare berichteten sogar Positives: Sie waren mit ihrem Leben zufriedener als zuvor und fühlten sich mit ihrem Partner enger verbunden. Der Weg zu einer gemeinsamen Elternschaft lag unmittelbar vor ihnen.

Was aber ist das Geheimnis dieser zufriedenen Paare? Mit Sicherheit ist es nicht die Abwesenheit von Problemen. Was sie auszeichnet, ist vielmehr ihr Konflikt- und

Problemlösungsverhalten und die Art und Weise, wie sie Krisen angehen. Der US-amerikanische Psychologe und Paartherapeut John Gottman von der University of Washington hat mit seiner Forschung dazu bedeutsame Einblicke geliefert. Über sechs Jahre führten er und sein Team eine Forschungsstudie mit Paaren durch, die ihr erstes Kind großzogen[18]. Dabei fanden sie heraus, dass die Mütter umso zufriedener mit ihrer Mutterrolle waren, je freundlicher und emotional zugewandter die Väter waren und je eindeutiger sie sich zu ihrer Verantwortung für die Familie bekannten. Wenn etwa der Vater gleich nach der Arbeit das weinende Baby durch die Wohnung trug, Ruhe und Gelassenheit ausstrahlte, einen aufmunternden Kommentar machte, zum Scherzen aufgelegt war oder die erschöpfte Mutter liebevoll in den Arm nahm, dann trug das wesentlich zur Familienharmonie bei. Die Botschaft war klar: Wir werden auch die größten Hürden gemeinsam meistern.

Zufrieden aber waren die Mütter keinesfalls, wenn der Vater schon schlecht gelaunt von der Arbeit kam, das neue Familienleben nicht auszuhalten schien und es ständig madig machte. Die betroffenen Paare berichteten dann auch, wie sie den Konflikten möglichst aus dem Weg gingen. Der Mangel an Zeit und Energie in den ersten Monaten nach der Geburt zwinge sie dazu, die Konfliktbearbeitung aufzuschieben. In der Regel nahmen die Väter die Frustrationen ihrer Partnerinnen äußerlich ungerührt zur Kenntnis und verließen das Konfliktfeld still und heimlich. Für manch einen wurde dann der Arbeitsplatz zur vermeintlichen Rettung. Eine solche Flucht mochte zunächst besser sein, als aufeinander loszugehen, aber auf keinen Fall diente sie dazu, die Partnerschaft emotional tragfähig zu halten. Die Probleme mussten früher oder später angegangen werden.

Am Ende der Studie zeigte sich die erfolgreiche Anwendung einer bekannten Regel: Wer die Bedürfnisse und Erwartungen des anderen klar erkennt und offen darüber spricht, trägt zu einer konstruktiven Konfliktlösung bei. So halfen diejenigen Väter, die ihre Zurückgezogenheit aufgegeben hatten und sich den Problemen stellten, ihrer erschöpften Partnerin ihre selbstregulatorischen Kräfte zu aktivieren und die angespannte Situation gemeinsam zu verbessern[19].

Ob ein Paar nach der Geburt des ersten Kindes enger zusammenrückt, hängt also maßgeblich von der Fähigkeit ab, Konflikte anzusprechen und die Qualität ihrer Partnerschaft zu verbessern. Und dies scheint besonders wichtig für eine aktive Vaterschaft zu sein. Einer der bekanntesten Familienpsychologen ist Mark Cummings von der University of Notre Dame in den USA. Er hat im Rückblick auf unzählige seiner Forschungsstudien die These der väterlichen Verwundbarkeit formuliert. Danach ist die Vaterschaft weitaus enger mit der Partnerschaftsqualität verbunden als die Mutterschaft[20].

Vaterglück genießen

Wenn ein Kind Zuneigung, reine Freude und pures Vergnügen auslöst, stellt es auch die emotionalen Bedürfnisse zufrieden, die Väter haben. Dieses Vaterglück ist eine lustvolle und emotional bereichernde Erfahrung. Sie führt dazu, einem Mann die Rolle des Vaters für sein eigenes Kind bewusst werden zu lassen – und lässt außerdem ein Gefühl der Erhabenheit zurück, das über die eigene Existenz hinausreicht.

Um das Vaterglück konkret erfassen zu können, entwarf die Psychologin Anna Sterz an der Universität Aachen eine Aussagenliste zum Glücksempfinden der Väter (wie auch das der Mütter zum Vergleich) mit Aussagen wie »Für mein Kind da zu sein ist sehr bereichernd« oder »Es ist mir eine große Freude, mich mit meinem Baby zu beschäftigen«. Da sie wissen wollte, ob das Glücksempfinden tatsächlich die Partnerschaftszufriedenheit auch dann verbessert, wenn die Stimmung zwischen dem Paar am Boden liegt, setzte sie in ihrer Forschung einen Fragebogen zur Partnerschaftszufriedenheit ein. Paare in Deutschland, Österreich und der Schweiz erhielten diesen Fragebogen noch vor der Geburt des ersten Kindes. Später, als das Kind 6, 12 und 24 Monate alt war, kamen dann die Aussagenlisten zum Vater- und Mutterglück dazu. Die Aussagen mussten jeweils mit Punktwerten zwischen 1 und 6 versehen werden, wobei hohe Punktwerte stark empfundenes Vater- oder Mutterglück signalisierten[21].

Die Bewertungen des Glücksempfindens beider Eltern sowie ihrer Zufriedenheit mit der Partnerschaft wurden aufeinander bezogen und auch wechselweise analysiert. Sie erbrachte ein deutliches Ergebnis: Je glücklicher sich ein Mann als Vater fühlte, desto zufriedener war er auch mit der Partnerschaft. Doch damit nicht genug: Ein glücklicher Vater übertrug seine Zufriedenheit außerdem auf die Partnerin und stärkte damit die Zufriedenheit des Paares insgesamt. Umgekehrt konnten keine gleichwertigen Effekte ausgemacht werden, die von einer glücklichen Mutter ausgegangen wären. Das bestätigt die Vermutung, dass die Art und Weise, wie ein Mann sich als Vater fühlt und erlebt, eng mit der Qualität der Partnerschaft verknüpft ist, während bei Müttern kein entsprechender Zusammenhang festzustellen war.

Im Klartext: Eine Mutter freut sich über ihr Baby unabhängig davon, wie die Stimmung zwischen ihr und dem Vater ihres Kindes ist. Ein Vater aber ist besonders begeistert von seinem Baby, wenn er auch von seiner Partnerin begeistert ist. Die Freude und Zärtlichkeit, mit denen er sich dem gemeinsamen Kind zuwendet, ist zugleich ein Gewinn für die Mutter.

Umgekehrt wirken sich Streit und Unzufriedenheit zwischen einem Paar weitaus negativer auf die väterliche Fürsorglichkeit aus als auf die mütterliche. Die Männer wenden sich dann schneller von Kind und Mutter ab und suchen Trost in anderen Herausforderungen. Oder sie fangen an, mit der Partnerin um die bessere Kinderbetreuung zu konkurrieren. Indem sie herausstreichen, dass sie das Kind besser beruhigen, besser in den Schlaf wiegen, besser füttern können als die Mutter – sie verschärfen auf diese Weise freilich nur die sowieso schon angespannte Situation.

Konfliktbehaftet kann in der ersten Zeit nach der Geburt auch die Sexualität sein. Für die meisten Paare ist es zweifellos wichtig, dass die körperliche Zuneigung auch weiterhin nicht zu kurz kommt. Doch mit der Geburt eines Babys beginnt für viele zunächst eine sexuelle Durststrecke. Weder Schlafmangel noch Babygeschrei sind dem Sex besonders förderlich. Es funktioniert einfach nicht mehr so wie vorher. Solange ein Paar weiß und akzeptiert, dass Sex bis auf Weiteres nicht mehr so oft, so lange und so ungestört möglich ist, muss das nicht der Todesstoß für die Partnerschaft sein. Die Prioritäten haben sich nun mal verschoben, und nicht einfach nur so, sondern als Konsequenz der gemeinsamen Entscheidung für ein Kind.

Im Rahmen unserer CENOF-Forschung gingen wir auch der Frage nach, ob und in welcher Form sich das Glück und die Zufriedenheit von Vätern auf ihre Arbeitsbeziehungen auswirkten. Die Personal- und Organisationspsychologin Petra Klumb, Forschungsleiterin des CENOF-Teams in Fribourg / Schweiz, ließ Väter über ihre Stimmungslage mithilfe einer Handy-App berichten. Auf insgesamt 10 Skalen bewerteten die Väter jeweils von gut bis schlecht, wie enthusiastisch, interessiert, entschieden, angeregt, inspiriert, aufmerksam, aktiv, nachhaltig, stolz und wachsam sie sind – kurz, wie positiv ihre Stimmung ist.

Über eine gesamte Woche setzten die Väter dieses Stimmungsbarometer täglich insgesamt viermal ein: vor der Arbeit, während der Arbeit, nach Arbeitsschluss und vorm Zubettgehen. Und täglich füllten die Väter außerdem zwei Formulare aus, in denen konkrete Aussagen mit Ja oder Nein zu beantworten waren: Zum einen ging es um die Vater-Kind-Aktivitäten (mit Aussagen wie: »… an diesem Abend habe ich mit meinem Kind gespielt / geschwatzt … wir haben gelacht … ich war berührt … ich habe versucht, auch die Gefühle meines Kindes zu verstehen – …«). Zum anderen ging es um die Arbeitsbeziehungen (mit Aussagen wie: »Ich kann mich auf meinen Chef* oder meine Arbeitskollegen* verlassen, wenn ich sie brauche«).

Nun hat Klumb die Ergebnisse veröffentlicht, von denen wir bei CENOF ziemlich überrascht waren. Sie beschrieb die väterliche Stimmung als einen fortschreitenden Prozess, der sich von der Familie auf die Stimmungslage am Arbeitsplatz überträgt. Hatten sich die Vater-Kind-Aktivitäten am Abend positiv auf die väterliche Stimmung ausgewirkt, bestimmte die gute Laune der Väter auch den nächsten Arbeitstag. Dies wiederum wirkte sich positiv auf die sozialen Kontakte am Arbeitsplatz aus. Insbesondere zeigten sich die Vorgesetzten gegenüber den gut gelaunten Vätern zugänglicher und hilfsbereiter als gegenüber den schlecht gelaunten Vätern. Überraschenderweise ließ sich jedoch umgekehrt kein Effekt der väterlichen Stimmung während der Arbeit auf die Stimmung in der Familie feststellen. Mit anderen Worten: Hatte der Arbeitstag die väterliche Stimmung getrübt, wurde dieses Stimmungstief in der Familie ausgeblendet[22].

Handlungsfähigkeit erwerben

Die meisten werdenden Väter haben heutzutage den Anspruch, gut für die neue Rolle gerüstet zu sein. Kann eine Teilnahme an Säuglingspflegekursen wirksam dazu beitragen? Dies war eine der zentralen Fragen, mit denen sich der Familienpsychologe Horst Nickel und sein Team von der Heinrich-Heine-Universität in Düsseldorf schon in den 1980er-Jahren beschäftigten, als sie den Übergang von jungen Paaren zur Elternschaft erforschten[23].

Nickel ließ zwei Gruppen von Vätern vergleichend untersuchen: Die eine Gruppe hatte gemeinsam mit ihren Partnerinnen Säuglingspflegekurse besucht. Die Kontrollgruppe hatte dagegen an keinem Kurs teilgenommen, besaß aber auch keine anderweitigen praktischen Erfahrungen im Umgang mit einem Säugling. Als das Baby dann da war, wurden alle Paare mehrfach besucht und die Väter wiederholt bei der Säuglingspflege videografiert.

Nach Auswertung der Videos zeigte sich, dass die Väter, die die Kurse absolviert hatten, sich zu ihren Babys uneingeschränkt hingezogen fühlten. Sie drückten sie häufig an sich und herzten sie, während sich die Väter der Kontrollgruppe erkennbar unsicherer verhielten. Sie berührten die Babys nur sehr vorsichtig und taten sich schwer, ihnen eine Windel anzulegen. Offensichtlich hatten die Säuglingspflegekurse die Bedenken im Umgang mit einem Säugling weitgehend aus dem Weg geräumt, sodass die Väter, die sie besuchten, eine größere Sicherheit im Umgang mit den Babys hatten. Dieser anfängliche Vorteil war aber schon innerhalb weniger Wochen kaum noch relevant, denn es stellte sich heraus, dass die Väter der Kontrollgruppe inzwischen genauso souverän und entspannt mit ihren Babys umgingen. Es waren letztlich die konkreten Erfahrungen mit dem Baby, die sie zu fähigen Vätern gemacht hatten.

Für die meisten Paare, die ihr erstes Kind bekommen, entwickelt sich nach der Geburt der neue Familienalltag zu einem potenziellen Konfliktfeld. Hatten die Partner sich die alltäglichen Aufgaben bis dahin egalitär aufgeteilt, richtete sich die Aufgabenverteilung nun häufig traditionell aus – sprich, Mütter übernahmen wieder Aufgaben in Küche und Haushalt, die zuvor in den Händen ihrer Partner lagen. Wenn jedoch die Erwartungen derjenigen Mütter, die weiterhin in einer egalitären Partnerschaft leben wollen, nicht erfüllt werden, belastet dies die Zufriedenheit des Paares. Und das wirkt sich dann auf die Vaterschaft negativ aus. Wichtig ist deshalb, dass die neue Schieflage in der Arbeitsteilung dringend angesprochen und beseitigt werden muss. Uns geht es in diesem Zusammenhang jedoch nicht um Aufgabenlisten, wer was übernimmt, sondern darum, dass die Väter in dem Moment und dort zugreifen, wo Unterstützung dringend notwendig wird.

Besonders in den ersten Monaten, wenn das Baby noch gestillt wird, sind praktische Hilfen im Haushalt und bei der Kinderbetreuung geboten. Und was uns dabei interessiert, ist die Frage, wie sich ein väterliches Engagement in dieser Situation nachweislich auswirkt. Interessante Erkenntnisse kommen aus einer Studie, an der fast 4000 Mütter teilnahmen, die im Jahr 2005 in Bayern entbunden hatten[24]. Bereits vier Monate nach der Geburt war die Stillrate dieser Mütter von anfänglich 90 Prozent auf 61 Prozent rapide abgesunken. Waren dafür Stillprobleme der Grund? Überraschenderweise stellte sich heraus, dass die Unterstützung des Vaters eine äußerst wichtige Rolle spielte: War seine Haltung zum Stillen positiv und seine Unterstützung vorhanden, war es mehr als 20-mal wahrscheinlicher, dass ein Baby auch nach dem vierten Lebensmonat weiter gestillt wurde, verglichen mit einem Baby, dessen Vater das Stillen abgelehnt und Mutter und Kind kaum unterstützt hatte[25]. Muttermilch ist bekanntlich die bevorzugte Nahrung für ein Baby, weil sie unter anderem vor Magen-Darm-Infektionen schützt und auch insgesamt das Immunsystem des Babys stärkt. Eine längere Stillzeit ist demnach von Vorteil. Ein Vater, der hierfür sensibilisiert ist und die stillende Mutter nach Kräften unterstützt und entlastet, kann damit bereits in den ersten Lebensmonaten seines Kindes einen wertvollen Beitrag zu dessen gesunder Entwicklung leisten.

Vaterkompetenzen aufbauen

Je mehr Aufgaben die Väter im Haushalt übernehmen, desto aktiver bringen sie sich im Übrigen auch in die Kinderbetreuung ein. Das berichten die US-amerikanischen Familientherapeuten Carolyn und Phillip Cowan von der University of Berkeley. In den späten 1980er-Jahren suchten sie junge Väter und Mütter gleich in den ersten Wochen ihrer Elternschaft auf, um sie danach über 2 Jahre zu begleiten. Dabei stellten die Cowans unter anderem fest, dass die Betreuungszeiten der Väter zwar in den ersten Monaten kaum nennenswert waren, dafür aber bereits nach dem ersten Dreivierteljahr stark anstiegen und über das gesamte zweite Lebensjahr hindurch auf diesem Niveau blieben[26].

Dieser verzögerte väterliche Einsatz lässt sich leicht erklären: Am Ende des ersten Lebensjahres haben die Kleinen in der Regel deutlich längere Wachzeiten, sind mobiler und machen alsbald auch die ersten Schritte. Sie sprechen die ersten Wörter, fangen an, ihre Umwelt zu entdecken, und wollen dies alles nicht nur allein tun. Sie initiieren ihre sozialen Kontakte jetzt zunehmend selbst und entwickeln Bindungen an die Personen, die ihren Entdeckungsdrang begleiten. Das hat nicht zuletzt zur Folge, dass Väter, die nun viel Zeit mit ihren Kleinen verbringen, selbstbewusster werden und sich in der Vaterrolle immer kompetenter fühlen. Die Cowans schilderten deshalb folgerichtig, dass genau diese Väter über eine größere Zufriedenheit mit ihrem Leben berichteten als Väter, die dieses Engagement für ihre Kinder noch nicht aufgebracht hatten.

Was genau aber war die Basis für diese Zufriedenheit? Die Forschungsarbeiten der Cowans zeigten, dass die Herausbildung spezieller Kompetenzen entscheidend war. Das praktische Handeln im Umgang mit dem Kind brachte die Väter in einem Learning-by-Doing-Prozess zwangsläufig dazu, bestimmte Kenntnisse und Fertigkeiten zu erwerben – und die führten wiederum dazu, dass die Väter auch mit völlig neuartigen Situationen flexibel umgehen konnten. Bekam ein Kleinkind etwa plötzlich und unerwartet einen Wutanfall und steigerte sich in eine Trotzhaltung hinein, stellte das die väterlichen Kompetenzen zweifellos auf den Prüfstand. Aber es zeigte sich in einer solchen Situation auch, wie gut ein Vater sein Kind kannte und wie gut er auf das Kind eingestellt war. Konnte er das Kind ablenken oder beruhigen? Oder schaffte er es womöglich schon im Vorfeld, die Trotzreaktion des Kindes abzuwenden? Die zufriedenen Väter aus der Studie der Cowans konnten das. Egal, in welche Situation sie mit ihren Kindern auch hineingeraten waren – am Süßigkeiten-Regal des Supermarkts, an der beliebten Schaukel auf dem Spielplatz oder beim Verkäufer in der Eisdiele –, die Väter hatten gelernt, geschickt und souverän mit derartigen Situationen umzugehen.

Die Frage, ob sich für die Väterkompetenz allgemeine Grundlagen definieren lassen, untersuchte schon vor mehr als 20 Jahren Heinz Walter, Psychologe und Erziehungswissenschaftler an der Universität Konstanz[27]. Als Basis dienten wiederum unzählige Interviews, in denen Väter berichteten, wie sie ihre Vaterschaft im Alltag leben, welche Verhaltensweisen von Bedeutung sind und welche sich davon positiv oder negativ auf ihr Vatersein ausgewirkt haben.

Walter und sein Team fanden danach fünf Grundkompetenzen: (1) Geduld für das Kind aufbringen, (2) eine emotionale Beziehung zu ihm aufbauen und aufrechterhalten, (3) sich angemessen durchsetzen sowie (4) ausreichende Spielräume mit dem Kind aushandeln und (5) seine Entscheidungen unterstützen.

Bei jedem Vater sind diese Grundkompetenzen naturgemäß unterschiedlich stark ausgeprägt. Der eine Vater kann sich viel mit dem Kind beschäftigen und dafür ausreichend Zeit mitbringen. Er kann ihm etwa das Fahrradfahren beibringen, mit ihm unzählige Male das Auf- und Absteigen üben, bis es die nötige Sicherheit erlangt hat. Der Vater kann eine Beziehung liebevoll aufbauen, aber seine Kompetenz kann schließlich daran hapern, dass er sich nicht angemessen durchsetzen kann, wenn er etwa dem Kind verbieten muss, auf bestimmten Straßen mit dem Fahrrad zu fahren.

Ein anderer Vater hat kaum Zeit, in die Betreuung seines Kindes im Detail zu investieren. So versucht er dieses Manko auszugleichen, indem er die verfügbare Zeit auf die Probleme seines Kindes konzentriert und sich diesen geduldig widmet – etwa wenn seine Tochter weint, weil die allerbeste Freundin auf einmal lieber mit einer anderen spielen will. Problemgespräche dieser Art tragen in jedem Fall dazu bei, dass sich die Vater-Kind-Beziehung trotz Zeitmangels entwickelt und festigt.

In einer Serie von Einzelberichten konnten die Forschungsstudien der Cowans vielfältige Umsetzungsmöglichkeiten der fünf Grundkompetenzen aufzeigen[28]. Dabei wurde auch deutlich, gegen welche Hindernisse junge Väter mitunter ankämpfen müssen. So bekamen sie aus dem eigenen familiären Umfeld, aber auch von den Kollegen* immer wieder zu hören, sie sollten doch lieber auf Beruf und Karriere setzen, als sich so ausgiebig in die Kinderbetreuung einzubringen. Das Unverständnis war erst recht groß, wenn die Väter sogar berufliche Aufstiegschancen ausschlugen, um stattdessen mehr Zeit mit ihrem Kind zu verbringen.

Auch eine ambivalente Haltung der eigenen Partnerin konnte den Eindruck vermitteln, als wäre die Väterkompetenz nicht wirklich von hohem Wert: Wenn sich die Väter besonders gut um die Belange ihrer Kinder kümmerten, fühlten sich manche Mütter in ihrer eigenen Rolle verunsichert. Einerseits freuten sie sich über die väterliche Unterstützung, andererseits drängten sie die Partner gern zurück in die Arbeitswelt. Und wenn sich die Väter darauf einließen, wurde ihnen dieser vermeintliche Rückzug prompt wieder zum Vorwurf gemacht.

Es scheint jedenfalls, als würde es den Vätern heutzutage nicht immer leicht gemacht, ihre Väterkompetenzen zu entwickeln. Dabei braucht es mehr denn je Ermutigung und Unterstützung, damit die Väter ihre Fähigkeiten in der Betreuung ihrer Kinder erproben und entwickeln können.

Familie erweitern

Entwickelte väterliche Kompetenzen zahlen sich besonders dann aus, wenn das Paar ein zweites Kind bekommt. In der Regel ist nach der Geburt des ersten Kindes die Mutter die primäre Betreuungsperson, und das Kind ist auf sie fixiert. Anders ist dies bei der Geburt eines weiteren Kindes. Dann ist die Mutter vornehmlich mit dem Baby beschäftigt, und das Erstgeborene steuert in der Regel mehr als bisher den Vater an – und umso intensiver, je besser sich bereits eine gute Vater-Kind-Beziehung herausgebildet hat.

Bekanntlich reagieren Kinder auf die Geburt eines Geschwisterkindes häufig mit emotionaler Unausgeglichenheit, Impulsivität und Hyperaktivität. Sie verlangen damit nach einer Aufmerksamkeit, die sie nicht an das Baby abgeben wollen. Deshalb ist jetzt mehr denn je eine gemeinsame Elternschaft gefordert, die sich durch Kooperation auszeichnet und versucht, die grundverschiedenen Bedürfnisse beider Kinder unter einen Hut zu bringen.

Die Familienpsychologin Brenda Volling von der University of Michigan in den USA wollte vor allem verstehen, wie junge Eltern eine Zweitelternschaft entwickeln. Die Paare, die sie für ihre Forschungsstudien gewinnen konnte, hatten jeweils bereits ein Kind (jünger als 5 Jahre) und lebten nach eigenen Angaben entweder nach Partnerschaftsmodellen mit traditioneller oder egalitärer Aufgabenteilung in Haushalt und Kinderbetreuung. Volling ließ die Paare vor der Geburt des zweiten Kindes Fragebögen ausfüllen und schickte ihnen dieselben Fragebögen ein weiteres Mal zu, als das Baby vier Monate alt war. Sie interessierte sich für die Partnerschaftszufriedenheit und vor allem dafür, wie gut das Paar kooperieren und die Belastungen mit nun zwei Kindern bewältigen konnte. Von daher ging es bei den Fragen auch darum, wie häufig Meinungsverschiedenheiten und Konflikte zwischen dem Paar auftraten[29].

Nach der Geburt des zweiten Kindes bewerteten die Paare anfänglich ihre Kooperation wenig optimal und berichteten erwartungsgemäß auch von Konflikten, die angestiegen waren. Volling war ursprünglich davon ausgegangen, dass egalitäre besser als traditonelle Paare die Herausforderungen der Zweitelternschaft bewältigten. Väter in egalitär ausgerichteten Partnerschaften waren es immerhin bereits nach der Geburt des ersten Kindes gewohnt, sich mit der täglichen Aufgabenverteilung auseinandersetzen und kooperieren zu müssen. Im Gegensatz dazu konnten Väter in traditionell ausgerichteten Partnerschaften weit weniger auf derartige Erfahrungen zurückblicken.

Wie die Untersuchung nun aber überraschenderweise ergab, machte dies alles bei der Zweitelternschaft überhaupt keinen Unterschied: An oberster Stelle stand bei beiden Modellen vielmehr die Qualität der Partnerschaft. Die Paare waren mittlerweile erfahrener und reifer geworden. Ihre allgemeine Zufriedenheit mit der Partnerschaft war weitaus wichtiger als kleine Alltagsdifferenzen und die gegenseitigen Erwartungen, wer von beiden was tun soll und hätte tun müssen. Womöglich gelang es den Paaren deshalb, im besten Sinne eine gemeinsame Elternschaft mit zwei Kindern zu etablieren.

Das Engagement der Väter für die Familie war dabei erneut stark abhängig von ihrer allgemeinen Zufriedenheit mit der Partnerschaft: Hatten sie das Gefühl, sich auf ihre Partnerin verlassen und ihre Zuneigung und Zärtlichkeit uneingeschränkt genießen zu können, mit ihr an einem Ort angekommen zu sein, der Geborgenheit ausstrahlt, dann kooperierten die Väter umso besser – und desto einmütiger agierte das Elternpaar. Demnach scheint es abermals so zu sein, dass es das Paar in einem hohen Maße in der Hand hat, wie sich die Vaterschaft entwickelt.

Wie aber tragen die Väter selbst zu einer zufriedenstellenden Zweitelternschaft bei? Diese Frage untersuchte der Psychologe Kurt Kreppner vom Max-Planck-Institut für Bildungsforschung in Berlin schon in den 1980er-Jahren mit einem aufwendigen Unterfangen: Mit einem kleinen Team besuchte er junge Familien einmal monatlich über einen Zeitraum von zwei Jahren. Die Familien hatten ihr zweites Kind bekommen, als das Erstgeborene etwa vier Jahre alt war. Wenn der Vater von der Arbeit nach Hause kam, führten Kreppner und sein Team Gespräche über den Familienalltag – sie filmten die Interaktionen zwischen den Familienmitgliedern beim gemeinsamen Spiel sowie bei anderen gemeinsamen Aktivitäten[30].

Am Ende der Studie stellte Kreppner fest, dass die Erstgeborenen eine besondere Herausforderung für die Väter waren, weil sie plötzlich Bedürfnisse signalisierten, die aus ihrer Babyzeit stammten: Sie wollten beispielsweise viel mehr körperliche Zuwendungen erhalten als bisher, auf den Arm genommen und getragen werden und Babybrei zum Essen bekommen. Kreppner konnte beobachten, wie die Mehrzahl der Väter in einer geduldigen Art auf diese Bedürfnisse einwirkte. Wenn die Mütter mit dem Baby beschäftigt waren, war das nicht immer einfach. Dann griffen die Väter zumeist regulierend ein und hielten die Kinder zum Aufräumen an, stoppten ihre Spielaktivitäten, forderten sie vor den Mahlzeiten zum Händewaschen und vor dem Zubettgehen zum Zähneputzen auf und führten auch noch andere Kontrollen durch – es schien ihnen damit zu gelingen, das neue Familiensystem zu stabilisieren.

Als dann das Zweitgeborene mit etwa einem Jahr anfing zu laufen, Sprache zu verstehen und Regeln zu befolgen, entwickelte sich das Baby zu einem integrationsfähigen Familienmitglied. Die Mütter konnten sich nun auch dem Erstgeborenen wieder verstärkt zuwenden und die Väter sich intensiver als vorher mit dem Zweitgeborenen beschäftigen. Eine Balance zwischen dem väterlichen und mütterlichen Betreuungsverhalten war vorerst mit beiden Kindern hergestellt. Das Familiensystem konnte sich auf der Basis seiner eigenen Dynamik nun fortentwickeln.

Eine Vaterschaft krempelt das gesamte bisherige Leben eines Mannes völlig um. Gefordert sind deshalb Kompetenzen, die mit der Geburtsbegleitung der Partnerin beginnen, aber vor allem gefragt sind, wenn das Baby nach Hause kommt. Nicht selten entwickeln sich dann Probleme und Partnerschaftskrisen. Für die Väter muss es jetzt vorrangig um die Pflege der Partnerschaft, um Entlastungen im neuen Familienalltag und um Kompetenzen in der Kinderbetreuung gehen. Das Vaterglück wird dabei zum Dreh- und Angelpunkt der gemeinsamen Elternschaft: Es stärkt die Vaterrolle emotional und strahlt auf die Partnerschaft aus. Aber auch konkrete Handlungskompetenzen werden benötigt, die einen flexiblen und souveränen Umgang mit dem Kind ermöglichen. Nicht immer wird es dabei den Vätern leicht gemacht, diese Väterkompetenzen zu entwickeln.

KAPITEL 5

MITEINANDER INS GESPRÄCH KOMMEN

»Die Sprache ist [...] das Mittel, durch welches der Mensch zugleich sich selbst und die Welt bildet.«
Wilhelm von Humboldt (1767–1835)

Wenn Kinder die Sprache für sich zu entdecken beginnen, entsteht eine ganz neue Qualität im Zusammenleben mit ihnen. Dabei erstaunt es schon, wie schnell die Kleinen ihre Muttersprache erlernen. Wie im Flug legen sie während der ersten Lebensjahre einen umfänglichen Wortschatz an und erwerben die grundlegenden Regeln für komplexe Sprachäußerungen. Schon im Alter von drei Jahren können sie die Menschen um sich herum sehr gut verstehen und sich verständlich machen.

Das alles ist schon erstaunlich genug. Noch erstaunlicher wird es, wenn man bedenkt, dass das, was ihnen ihre Eltern oder andere Erwachsenen an Sprache vermitteln, keineswegs immer als Vorbild oder Lernhilfe taugt. Oftmals artikulieren sie missverständlich und verschwommen, oft sind ihre Sätze grammatikalisch nicht richtig oder bis zur Unkenntlichkeit verkürzt. Man kann sich nur wundern, wie ein Kind unter diesen Umständen überhaupt die Sprache lernt.

Es war einer der führenden Linguisten des zurückliegenden Jahrhunderts, Noam Chomsky, der Theorie und Methode entwickelte, um die Vielfalt der Erscheinungsformen der mehr als 6000 menschlichen Sprachen dieser Welt in eine Systematik zu bringen. Diese sogenannte Universalgrammatik nutzte Chomsky auch dazu, um den schnellen Spracherwerb eines Kindes zu erklären. Danach sollte das Kind auf einen angeborenen Spracherwerbsmechanismus zurückgreifen können, der es befähigt, die wichtigsten Regelmäßigkeiten einer menschlichen Sprache umgehend zu erkennen und selbst anzuwenden. Chomsky betonte jedoch stets, dass auch ein angeborener Spracherwerbsmechanismus nicht bedeute, dass man auf die Welt kommt und bereits eine Sprache spricht. Alle Kinder würden jedoch mit derselben Fähigkeit geboren, in nur wenigen Jahren die eigene Muttersprache und mitunter sogar gleich mehrere Sprachen auf einmal sprechen zu können[1].

Aufgrund dieser plausiblen Theorie wurde eine Zeit lang fast vergessen, dass der kindliche Spracherwerb in hohem Maße von seiner Umwelt geprägt wird. Es sind die Mütter und Väter wie überhaupt die umgebende Sprachwelt, durch die das Kind die Bedeutung der Wörter und Sätze in ihrer täglichen Anwendung kennenlernt. Wird es immer wieder mit neuen Begriffen und Satzkonstruktionen konfrontiert und werden die bereits bekannten Worte auf neue Alltagssituationen angewandt, kommt das Sprachlernen erst so richtig in Gang. Und zweifellos macht es da schon einen großen Unterschied, wie ein Kind aufwächst und wie aktiv sich Mütter wie Väter in den Spracherwerbsprozess einbringen[2].

Gesprächsstrukturen aufbauen

Wie und ab wann können Eltern und vor allem Väter einem Kind beim Spracherwerb helfen? Viele wissen gar nicht, dass das Lernen von Sprache gleich nach der Geburt beginnt. Kaum ist das Baby auf der Welt, üben die Eltern mit ihm schon den Dialog. Das hat das Forscherehepaar Hanus und Mechthild Papoušek bereits Ende der 1980er-Jahre aufgedeckt[3]. Im Forschungslabor für Entwicklungspsychobiologie der Universität München werteten die beiden Kinderärzte zunächst anhand von Film- und Tonaufzeichnungen aus, auf welche Weise Mütter mit ihren Säuglingen kommunizieren. Als sie auch die Väter einbezogen, machten sie eine Entdeckung, die sie so nicht erwartet hatten: Die Väter kommunizierten nach dem gleichen Muster wie die Mütter. Auch sie konzentrierten sich auf die Blickkontakte mit ihren Babys, rissen die Augen weit auf, zogen die Augenbrauen nach oben und lächelten das Baby an. Dabei brachten sie ihr Gesicht in das Blickfeld des Kindes und kamen ihm mit dem Kopf so nahe, dass der Augenabstand 20 bis 25 Zentimeter betrug.

Da von allen Sinnen eines Neugeborenen das Sehen am schlechtesten entwickelt ist, sind 20 bis 25 Zentimeter Augenabstand nun genau die Distanz, in der das Neugeborene noch am besten sieht. Interessanterweise nahmen die Väter diesen Abstand sogar auch dann ein, wenn sie unsicher waren, ob das Baby überhaupt dieses Sehvermögen schon besaß.

Die Väter ahmten außerdem die kindlichen Laute ihrer Babys spontan nach, sprachen langsam und melodiös und wiederholten alles in einfacher Sprache mit hoher Tonfrequenz. Wie wir inzwischen wissen, passt diese Sprechweise optimal zum Auffassungsvermögen eines Säuglings – das Baby kann so die Lautstruktur und Sprachmelodie seiner Umgebungssprache optimal aufnehmen. Fängt es dann an zu brabbeln und Laute zu bilden, kann der Vater wie auch die Mutter oder jeder andere Mensch ein interaktionelles Wechselspiel mit dem Baby beginnen, das sich zum Dialog entfaltet. Eines scheint dabei jedoch ungeheuer wichtig zu sein: Damit der Säugling den Dialog aufrechterhalten kann, muss er erkennen, dass es *seine* Aktion war, durch die die nachfolgende Reaktion seines Gegenübers entstanden ist. Deshalb ist es äußerst wichtig, dass prompt reagiert wird: Verschiedene Forschungsteams haben herausgefunden, dass auf die Äußerung eines Babys in weniger als einer Sekunde reagiert werden sollte[4].

Erfolgt die Reaktion verzögert, ist das Baby nicht in der Lage, sie auf seine eigene Äußerung zu beziehen – diese Reaktion erscheint dann wie ein neues Angebot. Und der Dialog ist an diesem Punkt unterbrochen. Dem Baby bleibt so die Erfahrung verwehrt, dass es durch seine Aktion eine Reaktion hervorgerufen hat. Hat das Baby jedoch begriffen, dass es etwas bewirkt und sein Lächeln und Lallen erwidert wird, lächelt und lallt es umso häufiger. Das Ergebnis: Die Kommunikation dehnt sich aus und bekommt durch ihr Hin und Her die typische Struktur eines Dialogs.

Mutter Natur hat es so eingerichtet, dass Väter mit ihren Babys genauso wie Mütter kommunizieren. Und Väter sind darin oftmals sogar spontaner und folgen ihrer Intuition unbekümmerter als so manche Mutter, die es besonders gut machen will. Mütter wollen gern das Baby in eine bestimmte Richtung lenken, etwa dass es wieder so lächelt wie vorhin. Väter gehen zumeist anders vor: Ohne ein bestimmtes Ziel schauen sie einfach, wie das Kind auf sie reagiert, und beobachten neugierig, wie der Reaktionsrahmen des Babys ist. Ihnen ist dabei egal, ob ihre Art der Kommunikation auf andere merkwürdig oder einfältig wirkt – Hauptsache, sie sind in Kontakt mit ihrem Nachwuchs. Damit haben die Väter einerseits recht, andererseits zeigt sich bei genauerer Betrachtung, dass es für sie gar nicht so einfach ist, überhaupt Gelegenheiten zu haben, mit ihrem Baby in Kontakt zu kommen.

Gesprächspartner sein

Dieser Erfahrung ging schon Anfang der 1970er-Jahre eine Forschungsstudie an der Boston University in den USA nach. Die Psychologinnen Freda Rebelsky und Cheryl Hanks hatten dort für einige Aufregung mit einer Studie gesorgt, die sie in Familien mit Neugeborenen durchführten. Dafür brachten sie winzige Mikrofone an den Stramplern der Babys an und nahmen über einen vollen Tag alle Geräusche der Kinder wie auch ihrer unmittelbaren Umgebung auf. Sie begannen zwei Wochen nach der Geburt des Kindes mit diesen Aufnahmen und setzten sie regelmäßig jede zweite Woche bis zum 3. Lebensmonat fort.

Am Ende kam dabei heraus, dass Väter nur zwei bis dreimal täglich mit ihren Babys in Kontakt gekommen waren, und im Durchschnitt nur für insgesamt (!) 37,7 Sekunden. Selbstverständlich gab es große Unterschiede, aber die längste Zeit, in der ein Vater mit seinem Baby überhaupt kommunizierte, waren gerade mal 10 Minuten im Durchschnitt pro Tag[5]. Dagegen bekommt eine Mutter im Allgemeinen viel öfter am Tag die Gelegenheit dazu – allein schon, wenn sie ihr Baby stillt oder ihm die Flasche gibt oder wenn sie ihm die Windeln wechselt.

Mit Sicherheit sind die Kontaktzeiten der heutigen Väter mit ihren Babys im Vergleich zu damals um einiges länger geworden. Wahr ist aber auch, dass die Gelegenheiten, mit so kleinen Kindern im Dialog zu sein, auch weiterhin eher rar sind. Das erklärt sich schon allein daraus, dass ein Baby in den ersten Lebensmonaten in der Regel ungefähr 16 Stunden pro Tag schläft – also gar nicht ansprechbar ist. Die Wachzeiten sind darüber hinaus auch noch über Tag und Nacht in kleine Zeitabschnitte unterteilt, in denen Babys dann bevorzugt gestillt werden. Besser wird es erst am Ende des ersten Lebensjahres, wenn sich die Schlafzeiten auf etwa 13 Stunden verringert haben und die Wachzeiten nur noch durch eine bis zwei kurze Schlafphasen tagsüber unterbrochen werden. Unter diesen Umständen lässt sich der Schlaf-wach-Rhythmus der Kleinen auch besser mit der Anwesenheit der Väter in Übereinstimmung bringen, sofern sie berufstätig sind.

Die Einjährigen plappern in dieser Phase ihrer Entwicklung schon unentwegt. Und ihr Verständnis für ihre Welt und die Sprache haben sich bereits derart entwickelt, dass sie die Abfolge von Dialogen – selbst mit kurzen Unterbrechungen – verstehen. Immer öfter reagieren sie nun, wenn sie angesprochen werden, antworten auf Fragen und drehen sich um, wenn ihr Name gerufen wird. Jetzt kommt es darauf an, sich bewusst auf die sich entwickelnden Sprachkompetenzen des Kleinkindes einzustellen.

Mütter gelten nun als die idealen Gesprächspartnerinnen: Sie reden in einfachen Sätzen, die sie gut und langsamer als sonst aussprechen, und sie werden auch kaum müde, sich regelmäßig zu wiederholen. Mütter übernehmen dann außerdem gern mal Wörter aus der Kindersprache, selbst wenn diese den üblichen Sprachregelungen nicht entsprechen. So sagen sie beispielsweise zu einem Tiger »Katze«, da dem Kind die Katze bekannt und dem Tiger ähnlich ist. Der Grund dafür ist, dass sich die Mütter den Kleinen mit vertrauten Worten unbedingt verständlich machen wollen – sie verzichten deshalb zeitweilig auch mal auf sprachliche Korrektheit[6].

Väter sind dagegen nach wie vor ein Mysterium, wenn man sie als Gesprächspartner ihrer Kleinkinder beschreiben soll – die Forschungslage ist dafür noch zu lückenhaft. Wie oft reden Väter überhaupt mit ihren Kindern, wenn die Kleinen noch am Anfang des Spracherwerbs stehen? Und wie verbreitet sind dann solche Vater-Kind-Gespräche im Familienalltag?

Der Linguist Mark VanDam konnte mit seinem Forschungsteam an der Washington State University im Nordwesten der USA vor Kurzem diese Fragen besser als bisher beantworten. Mit einer bislang einmaligen Technologie wurden Kleinkinder im Alter von zwei und drei Jahren gleich nach dem Aufstehen am Morgen in eine Spezialweste gesteckt, in die kleine Tonaufnahmegeräte eingenäht waren. Diese zeichneten durchgehend die Geräusche des Tages auf, ohne dass die Kinder in ihren Aktivitäten eingeschränkt waren. Bei jedem der teilnehmenden Kinder wurde im Verlauf eines Jahres ein typischer Familientag einmal monatlich ausgewählt – also ein Tag, an dem beide Eltern nicht wie sonst ihrer Arbeit nachgingen. Am Ende der Studie las eine Software für automatische Sprachverarbeitung die Gesprächsmuster aus und listete auf, wer wie oft ein Gespräch begonnen hatte und wie lange es dauerte. Es lagen insgesamt 1900 Gespräche vor. Und Mark VanDam stellte fest, dass es in erster Linie die Kinder waren, die die Gespräche begonnen hatten. Die Kinder richteten sich allerdings weniger an ihre Väter, sondern eher an ihre Mütter. Mutter-Kind-Gespräche traten damit insgesamt häufiger auf als Vater-Kind-Gespräche, und sie dauerten auch länger[7].

Unverständliches überspielen und Brücken bauen

VanDams Studie hat in erster Linie gezeigt, wie sehr das Kleinkind überhaupt daran interessiert ist zu kommunizieren. Es ist die Zeit, in der die Kleinen alle möglichen Gegenstände herbeibringen und wissen wollen, wie sie heißen. Sie haben bereits erkannt, dass Gegenstände einen Namen haben, den ihre Eltern und andere Menschen in Gesprächen benutzen. Die Kinder wollen diese Namen nun auch selbst aussprechen und anwenden. Sie werden nicht müde, auf die Gegenstände zu zeigen und immer wieder nachzuplappern, was sie glauben, gehört zu haben. Die Kinder erwarten aber auch immer öfter, dass man ihnen erklärt, wozu die Gegenstände da sind und was man damit macht.

Man könnte nun vermuten, dass sie sich mit ihrem Wissensdrang stärker an die Väter wenden, aber leider ist dies nicht der Fall. Das hat nicht zuletzt damit zu tun, dass Väter sich zwar präzise ausdrücken, aber dazu tendieren, Begriffe aus der Erwachsenensprache zu verwenden – womöglich rutscht ihnen ab und zu sogar ein Fremdwort raus. Zu diesem Ergebnis kamen jedenfalls eine Reihe von Untersuchungen, die übereinstimmend eine mittlerweile berühmt gewordene These bestätigen. Die renommierte Psycholinguistin Jean Berko-Gleason hat sie schon im März 1975 auf einer Konferenz der Linguisten an der Georgetown University in den USA als Brückenthese zur Diskussion gestellt.

Die Brückenthese besagt, dass Väter ihre Kinder mit einer Sprache konfrontieren, die sie auf die Kommunikation mit fremden Erwachsenen außerhalb der Familie vorbereiten. Weil sie so deutlich im Kontrast zu den vertrauten Mutter-Kind-Gesprächen steht, stellt die väterliche Sprache damit eine wichtige Entwicklungsherausforderung für das Kind dar[8].

Ohne es zu wollen, sind Väter damit zweifellos die schwierigeren Gesprächspartner für ihre Kinder. Kein Wunder also, dass sie auch nicht gleich angesprochen werden, wenn die Kleinen etwas wissen wollen. Väter sind mit ihren Erklärungsversuchen meist einfach zu kurz angebunden und eventuell auch unverständlich. Sollte das

Kind dennoch an den Vater herantreten, aber mit seiner Antwort nichts anfangen können, zeigte sich mit zuverlässiger Regelmäßigkeit, dass die Kleinen dann auf weitere Erklärungen verzichten. Bei ihren Müttern würden sie nachhaken und sehr beharrlich sein.

Allerdings, und hier wird es interessant, wollen sie deswegen den aufgenommenen Kontakt zum Vater nicht gleich wieder verlieren. Was machen sie also? Die Kinder lenken das Gespräch auf etwas anderes: Sie holen etwas Neues herbei, sprechen etwas anderes an oder versuchen auf neue Weise, die Aufmerksamkeit ihrer Väter zu behalten. Oft lenken sie das Gespräch einfach um. Und diese Momente nutzen die Väter nun dazu, um die Situation auszubauen. Sie fangen dann üblicherweise an, mit ihren Kindern herumzualbern, Unfug zu machen oder Fratzen zu schneiden – und darauf lassen sich die Kleinen zumeist überaus gern ein. Es fühlt sich offensichtlich gut an, mit dem Vater im Kontakt zu sein und die spaßigen Momente zu genießen, die für Väter so typisch sind[9].

Mitteilungsfreude erhalten

Könnte es nicht auch sein, dass es Vätern einfach schwerfällt, sich auf das Sprachniveau kleiner Kinder einzustellen? Das Forschungsteam der US-amerikanischen Psycholinguistin Meredith Rowe von der Harvard University ist da allerdings anderer Meinung: Väter können sich sogar sehr gut auf die Kindersprache einlassen. Was sie anders als die Mütter machen? Sie nehmen die Sprache des Kindes gewissermaßen ernst, so wie sie ist. Rowe hat diese Beobachtung insbesondere anhand von Wiederholungen in Vater-Kind-Gesprächen aufgezeigt[10].

Bekanntlich sind Wiederholungen in Gesprächen mit kleinen Kindern eine findige Strategie, die Sprachkompetenz des Nachwuchses ganz beiläufig zu fördern – man wiederholt die eigenen Äußerungen noch einmal, wenn der Eindruck entstanden ist, die Kleinen haben den Sinn noch nicht erfasst. Mütter tendieren aber auch dazu, die *kindlichen Äußerungen* zu wiederholen. Sie greifen die unvollständigen und fehlerhaften Sätze des Kindes auf und setzen sie in der richtigen Form in das laufende Gespräch wieder ein. So als wäre nichts passiert, führen sie das Gespräch dann ganz normal fort und ergänzen es eventuell noch durch eigene Ausführungen: *Papa Arbeit?* »Stimmt. Der Papa ist jetzt in der Arbeit. Aber er kommt ja heute Abend wieder.« *Tommt wieder!* »Er kommt wieder und liest dir dann aus deinem Buch vor.«

Der Vorteil dieser Gesprächsstrategie liegt auf der Hand: Die Kinder hören noch einmal die richtige Form ihrer eigenen Äußerungen, ohne dass sie sich auf Unzulänglichkeiten hingewiesen fühlen. Weil direkte Korrekturen entfallen, bleibt auch die kindliche Mitteilungsfreude erhalten. Allerdings dürfen derlei Wiederholungen nicht überhandnehmen, sonst wird dann doch irgendwann deutlich, dass Sprachkorrekturen im Spiel sind.

Vor diesem Hintergrund hat das Forschungsteam um Rowe nun Vater-Kind-Gespräche analysiert und herausgefunden, dass die Väter umso weniger die Äußerungen ihrer Kinder wiederholten, je besser die kindliche Sprachkompetenz bereits ausgebildet war. Hatte sich das Kind verständlich mitgeteilt, war der Vater zufrieden – das Gespräch hatte seine Funktion erfüllt.

Und selbst wenn der Vater kein Wort verstanden hatte, weil das Kind Kauderwelsch sprach, er aber trotzdem so tat, als hätte er alles verstanden, lernte das Kind etwas über Kommunikation. Nämlich wie es ist, von einem anderen akzeptiert zu werden, der zugewandt und geduldig bleibt und sich darum bemüht, den anderen zu verstehen, und sich mit ihm austauschen will. Ist es nicht schön, wenn der Vater entspannt zuhört und abwartet? In diesen Momenten fühlt sich das Kind von ihm angenommen und bestätigt – es entsteht auf diese Weise ein Vertrauen in die eigenen sprachlichen Fähigkeiten. Und dieses Vertrauen braucht das Kind allen voran, um unbeschwert losplaudern zu können. Es soll ja gerade die Lust am Sprechen entdecken und behalten, und das gelingt besonders gut, wenn unwichtige Unzulänglichkeiten auch mal übergangen werden. Väter scheinen darin großzügiger zu sein als Mütter. Ihnen ist im Allgemeinen die Mittteilungsfreude ihrer Kleinen das Allerwichtigste.

Und noch ein anderes Phänomen fällt beim Spracherwerb auf: Die meisten Kinder im Vorschulalter werden beim Sprechen immer lauter, was schlicht damit zu tun hat, dass ihnen die stimmliche Regulierung noch schwerfällt. Nur langsam entwickeln sie eine Kontrolle über ihre Stimmen, und zwar interessanterweise in dem Maße, wie sie ihre Äußerungen inhaltlich stärker zu reflektieren beginnen. Genau hierbei können Väter sie jedoch unterstützen, indem sie das Gespräch in ruhigere Bahnen lenken und die Kinder dazu anhalten, darüber nachzudenken, was sie eigentlich sagen wollen. Den Kindern an dieser Stelle gelegentlich Fragen zu stellen, erweist sich dabei immer wieder als besonders hilfreich.

Fragen stellen und Wortbedeutungen vertiefen

Väter stellen gern und häufig Fragen. Den wissenschaftlichen Ausgangspunkt dieser Beobachtung bildeten sogenannte Drei-Sack-Spiele mit Zweijährigen, die die Forschungsgruppe von Meredith Rowe ebenfalls wiederholt einsetzte[11]. Dabei handelt es sich um drei kleine Stoffsäckchen, in denen sich ein Bilderbuch, eine Pizza und ein Telefon sowie, im dritten Säckchen, ein Bauernhof mit einem Bauern und seinen Tieren nebst Traktor befindet. Die Väter sollten die Säckchen nacheinander öffnen und mit dem Inhalt jeweils mindestens 10 Minuten mit ihren Kindern spielen. Dabei wurden sie gefilmt. Bei der späteren Auswertung der Videos fiel auf, dass die Väter unglaublich viele Fragen an die Kinder hatten, so als stünden sie in einem Meinungsaustausch und müssten eine Menge von Unklarheiten sachlich klären.

Die Väter stellten größtenteils sogenannte W-Fragen: Wer? Was? Wann? Wo? Warum? Wie? und Wozu? Diese Fragen konnten nicht einfach nur mit Ja oder Nein beantwortet werden, sondern erforderten komplexere Antworten. Für die Zweijährigen, die noch mitten im Aufbau ihres Wortschatzes waren, stellte dies eine ziemliche Herausforderung dar. Sie mussten dann beispielsweise Objekte, Tiere oder Personen benennen (»*Was ist das für ein Tier? Wer fährt den Traktor?«*) oder Orte angeben (*»Wo fährt der Traktor jetzt hin?«*). Oftmals steckte hinter einer W-Frage aber auch eine Bitte um eine Erklärung (*»Warum willst du nicht mit dem Hund spielen?«*).

Rowe demonstrierte überzeugend, dass Väter viel häufiger als Mütter diese Fragen stellten. Vor allem sind W-Fragen perfekt dafür geeignet, ein Kind zum Sprechen zu bringen, es anzuregen, seinen Wortschatz auszuschöpfen und zu vergrößern, aber sich auch zu erklären und zu argumentieren. Womöglich entstehen dabei auch Situationen, die die Kinder an die Grenzen ihrer Sprachfähigkeiten treiben. Den Vätern fiel es in diesen Momenten nicht immer leicht, abzuwarten, bis das Kind endlich zum Punkt gekommen war. Deshalb setzten sie gelegentlich auch Ja-Nein-Fragen ein (*»Ist das der Struppi?«*). Und diese Fragen ließen sich dann sehr einfach beantworten, im Zweifelsfall sogar ohne Worte, etwa mit einem Kopfnicken[12].

Aus all diesen Forschungsstudien ist die Erkenntnis erwachsen, dass der Worterwerb ein sehr komplexer und dynamischer Prozess ist. Wer das verstehen will, muss wissen, dass Wörter mit ihren Bedeutungen nicht einfach nur im Gedächtnis abgelegt werden wie eine Vokabelliste. Sie werden vielmehr im Gedächtnis systematisiert und vernetzt, sodass sie schnell abgerufen und auch durch ähnliche Worte ersetzt werden können, sollte das eine oder andere Wort nicht gleich parat sein.

Im Alter von 24 Monaten haben die Kinder in der Regel 50 bis 200 Wörter gelernt. Danach beginnt die sogenannte Wortschatzexplosion: Schon sechs Monate später sind 300 neue Worte dazugekommen. Danach sind es täglich fünf bis zehn. Väter, Mütter und das gesamte Umfeld des Kindes sind für diese imposante Wortschatzentwicklung entscheidend: In Familien mit einem niedrigen sozialen Status – in denen Väter wie Mütter wenig Einkommen und Bildung haben, wo Bücher kaum eine Rolle spielen – verwenden Kinder in ihrem dritten Lebensjahr durchschnittlich nur halb so viele Worte wie Kinder aus ökonomisch bessergestellten Familien mit höherem Bildungsniveau, die größeren Wert auf sprachliche Kommunikation legen. Ein ähnliches Manko gilt auch für Satzbildung, Länge und Komplexität der sprachlichen Äußerungen[13].

Weniger Worte bedeuten aber nicht nur, dass der Wortschatz dann klein ist, die Sätze kurz sind und eine einfachere Struktur haben. Es geht um die gesamte Architektur des Sprachsystems und darum, wie ausdrucksfähig ein Kind sein kann: Wenn es viele Worte kennt, kennt es auch viele Bedeutungen und Sachverhalte – es kann differenzierter beschreiben, was es beschäftigt. Und weil das auch so wichtig für die Persönlichkeitsentwicklung des Kindes ist, sind Mütter wie Väter – ist die umgebende Sprachwelt – aufgefordert, den kindlichen Spracherwerb zu unterstützen.

Dialoge fortentwickeln

Beim dritten Meeting des CENOF-Verbundes im Januar 2014 in Wien stand eine Frage abschließend im Raum: Haben wir auch die sprachliche Entwicklung der Kinder und ihre Förderung durch die Väter ausreichend in den Blick genommen? Selbstverständlich hatten unsere Studierenden bei ihren Hausbesuchen auch Tests aus der Sprachförderung eingesetzt und damit den Sprachentwicklungsstand eines jeden Kindes beurteilt[14]. Mit spielerischen Testaufgaben bewerteten sie dabei das aktive Sprechen getrennt von passivem Sprachverständnis – entwickelt sich doch das Verstehen einer Sprache stets viel schneller als das aktive Sprechen. Und da die Kluft zwischen diesen beiden Sprachkompetenzen am Anfang der Sprachentwicklung sogar ziemlich groß ist, macht es Sinn, sie getrennt zu erfassen.

Die große Herausforderung bestand für uns nun darin, genauer nachzuweisen, inwieweit der jeweilige Sprachstand der Kleinen – das Sprachverständnis wie das Sprechen – durch väterliche Einflüsse geprägt ist. Schließlich einigten wir uns auf die Idee, Väter dabei zu beobachten, wie sie mit ihren Kleinkindern ein Bilderbuch betrachten. In diesem klar gesteckten, überschaubaren Rahmen hofften wir, genauere Erkenntnisse darüber zu gewinnen, ob und wie Väter die sprachlichen Kompetenzen ihres Kindes herausfordern und fördern.

Sind Väter denn wirklich so wortkarg und unbeholfen, wenn es darum geht, ein Gespräch mit Kleinkindern zu führen? Können sie sich tatsächlich nur schwer von ihren sonstigen Sprachgewohnheiten lösen? Wir waren sofort vom Gegenteil überzeugt, als die ersten Videoaufnahmen zeigten, wie Väter mit ihren Kleinkindern Bilderbücher betrachteten. Welche Lebendigkeit und Begeisterung gingen von diesen Sitzungen aus! Der Vater saß in der Regel gemütlich auf dem Sofa, sein Kind erwartungsvoll neben ihm oder auf seinem Schoß, und dann drehte sich alles um das Buch.

Lukas Teufl, einer der Doktoranden von CENOF, arbeitete mit einer Gruppe von Studierenden an der Auswertung dieser Aufnahmen, die parallel auch von den Müttern angefertigt worden waren. Das Team ging dabei von einer Gesprächspraxis aus, die schon oft bei Erwachsenen im Kontakt mit Kleinkindern analysiert worden war und im Wesentlichen auf fünf Gesprächsstile hinauslief: (1) Sie zeigen und benennen wichtige Gegenstände und (2) beschreiben und kommentieren sie. (3) Auch reagieren sie auf die kindlichen Äußerungen, ergänzen und erweitern sie. (4) Erwachsene fragen zudem nach einzelnen Sachverhalten und erklären sie oder aber (5) wiederholen und ahmen die kindlichen Äußerungen nach.

Wie werden nun diese Gesprächsstile von Vätern im Vergleich zu Müttern angewendet? Während die Mütter sofort anfingen, die Bilder in den Büchern ernsthaft zu kommentieren, auf Einzelheiten zu zeigen und viele Details zu benennen, schlugen die Väter andere Wege ein: Anstatt eigene Kommentare abzugeben, erkundigten sie sich bei den Kindern gleich nach deren Eindruck. Wie schon bei den Drei-Sack-Spielen stellten die Väter viele Fragen – und sie warteten auf die Antworten, um diese dann zu wiederholen. Sie setzten beim Bilderbuchbetrachten aber auch Lautmalereien ein und dachten sich lustige Erzählungen aus, die oft den Bilderbuchinhalt ergänzten oder gänzlich weg vom Bilderbuch und zu neuen Themen führten.

Und was hatte dies nun für Auswirkungen auf die Sprache der Kinder? Ihr Sprachverständnis schien davon zu profitieren, wenn viel kommentiert wurde und ihnen die Sachverhalte verständlich erklärt wurden. Dies war zweifellos eher die Stärke der Mütter. Aber weil die Väter gern wiederholten, verstanden die Kinder sie besonders gut, denn im Grunde waren es ja ihre eigenen Äußerungen. So fühlten sich die Kleinen in ihrem Sprachverständnis absolut bestätigt, was wiederum ihr Vertrauen in die eigene Sprachkompetenz bestärkte. Lukas Teufl und sein studentisches Team stellten noch einen weiteren positiven Einfluss der Väter fest: Ihre vielen Was- und Wer-Fragen, aber auch ihre wortkargen Antworten regten die Kinder dazu an, all ihre sprachlichen Möglichkeiten einzusetzen, um die Dinge gewissermaßen richtigzustellen. Umso mehr die Väter diese ahnungslose Rolle spielten, desto mehr brachten sie die Kleinen zum aktiven Sprechen. Ganz nebenbei trugen sie so dazu bei, dass sich die Kluft zwischen dem passiven Sprachverständnis und dem aktiven Sprechen der Kinder verringerte[15].

Wer die fördernde Wirkung von Bilderbuchbetrachtungen auf die Sprachkompetenzen des Kindes wirklich ernst nimmt, muss allerdings zugeben, dass erst ein regelmäßiger Umgang mit Büchern diese Effekte hervorbringen kann. Und die Nachweise dafür wurden auch erbracht: Wo immer Väter sich regelmäßig auf gemeinsame Bilderbuchbetrachtungen mit ihren Kindern einließen, war das Sprachverständnis und das Sprechen in den ersten Lebensjahren tatsächlich besser entwickelt als ohne diese Regelmäßigkeit[16].

Und noch ein weiterer Effekt ist für Kinder bedeutsam: Je frühzeitiger man mit ihnen Bilderbücher betrachtet, desto öfter verlangen sie danach, und desto länger kann man sie damit beschäftigen. Kurzum, die Kinder lernen Bücher zu schätzen. Das wiederum erhöht die Chance, dass sich die Kinder irgendwann selbst die Bücher vornehmen und so in Eigenregie nicht nur ihre Sprachkompetenzen verbessern, sondern auch ihr Wissen erweitern und vertiefen.

Befindlichkeiten in Worte fassen

Nach dem dritten Lebensjahr wollen sich die Kinder allerdings nicht mehr nur noch mit der gegenständlichen Welt beschäftigen. Sie wollen nun auch verstärkt über ihre innere Welt, ihre Befindlichkeiten, Gefühle, Gedanken und Vorstellungen sprechen. Doch das ist gar nicht so einfach. Schließlich ist die Sprache, die in der gegenständlichen Welt gebraucht wird, mit sichtbaren Objekten, Tieren oder Personen verbunden[17]. Wie aber lassen sich Gefühle, Gedanken und Vorstellungen an Sprache binden?

Wenn Mütter mit ihren Kindern über innere Zustände sprechen, reden sie darüber, wie es zu bestimmten Gefühlen kommen kann und wer oder was sie auslöst. Auf diese Weise lernen ihre Kinder beispielsweise, darüber zu sprechen, wie es war, als sie traurig waren, oder wie es ist, froh zu sein und mit den Freunden spielen zu können – und dass es auch sein kann, dass die Freunde sich ebenso darüber freuen. Kinder lernen auch darüber zu reden, dass sie schon mal Angst bekommen haben, wenn es im Zimmer stockdunkel war – und begreifen, dass es anderen Kindern ebenfalls so ging. Nach und nach können sie sowohl Emotionales (was man fühlen und empfinden kann) wie auch Mentales (was man glauben und begreifen kann) immer besser in Worte fassen[18].

Die bisher einzige Forschungsstudie, in der auch Väter im Gespräch mit ihren Kindern über emotionale und mentale Zustände aufgenommen wurden, wurde von einer Gruppe US-amerikanischer Wissenschaftler* der Universitäten in Washington, Michigan und Davis im Jahr 2008 gemeinsam erarbeitet. Ihnen ging es dabei vor allem darum, im Vergleich von Vater- und Mutter-Kind-Gesprächen herauszufinden, ob Väter mit ihren Kindern anders über emotionale und mentale Sachverhalte sprechen als Mütter – und ob dies bei den Kindern unterschiedliche Wirkungen hinterlässt[19].

Die Grundlage bildeten videografierte Gespräche von Vätern wie Müttern mit ihren drei- bis fünfjährigen Kindern. Die Gespräche bezogen sich auf Bilder mit emotional angespannten Szenarien, so wie sie den Kindern auch aus anderen Büchern vertraut sind: Auf einem Bild etwa sitzt ein Kind in der Küche, während die Mutter am Telefon weint. Auf einem anderen sieht ein Kind aus dem Fenster, wie der Vater mit einem ärgerlichen Gesicht aus dem Haus läuft.

Bevor die Eltern mit ihren Kindern über diese Szenarien sprachen, wurden sie gebeten, dabei Fragen der folgenden Art einzuflechten: »*Wie fühlt sich (was denkt oder glaubt) das Kind auf dem Bild und warum? Wie fühlen sich (was denken oder glauben) die anderen auf dem Bild und warum? Was wird als Nächstes passieren?*«

Die Gespräche wurden transkribiert und aufwendig analysiert. Assistenten* und Studierende zählten über viele Stunden aus, wie oft Emotionales und Mentales von den Vätern oder Müttern zur Sprache gebracht worden waren.

Der Aufwand wurde jedoch belohnt – die Ergebnisse waren überaus aufschlussreich: Wie zunächst vermutet wurde in den Vater-Kind-Gesprächen insgesamt weniger über Emotionales geredet als in den Mutter-Kind-Gesprächen. Während die Mütter ausführlich über Gefühle sprachen und sich darüber mit ihren Kindern austauschten, wer in den Szenarien etwa traurig oder ärgerlich sei und warum, standen bei den Vätern mentale Vorgänge im Vordergrund. Sie sprachen mit ihren Kindern darüber, was in den Szenarien genau passiert sein könnte, warum die Situationen so entstanden seien und was man nun tun müsse, um aus der Misere herauszufinden.

Warum sind Gespräche über derartige Betrachtungen so wichtig? Sie schaffen tatsächlich einen Zugang zur inneren Welt des Kindes. Sie befähigen die Kinder, ihre Gefühle, Gedanken und Vorstellungen zu erschließen, sie in Worte zu fassen und sich mit anderen darüber auszutauschen. Gespräche dieser Art haben deshalb eine immense Bedeutung für die Selbsterkenntnis der Kinder. Plötzlich können sie sich mit ihren Befindlichkeiten befassen und sich gewissermaßen mit ihrem Selbst auseinandersetzen: Wer bin ich? Was denke und fühle ich? Kann ich verstehen, was da passiert? Kann ich mir vorstellen, wie das, was passiert ist, von einem anderen aufgenommen wurde?

Diese Selbsterkenntnis geht mit der Erkenntnis einher, dass die gleichen inneren Befindlichkeiten auch bei anderen Personen, also beispielsweise den Eltern und Freunden, zutreffen können. Die Kinder beginnen damit auch, die Perspektive eines anderen zu übernehmen und ein Verständnis für die Gefühle anderer zu entwickeln. Und sie lernen auch, dass ihre eigenen Vorstellungen und Gefühle unter Umständen mit denen der anderen *nicht* übereinstimmen müssen.

Aber auch darüber kann man sprechen. Kurzum, mit ihren Gesprächen helfen die Väter besonders gut und besser als die Mütter, ihren Kindern verständlich zu machen, was andere Menschen wollen, was sie denken und warum sie etwas tun. Und das geht nun schon weit über ein gut entwickeltes Sprachverständnis hinaus. Sich über die eigene Gedankenwelt hinaus in die anderer Menschen hineinversetzen zu können, ist eine komplexe und anspruchsvolle soziale Fähigkeit. Dank ihr kann der sogenannte kindliche Egozentrismus überwunden werden, der eine natürliche frühe Phase in der Denkentwicklung des Kindes ist. Die Kinder können in dieser Zeit die Welt um sich herum nur aus ihrer eigenen Position verstehen. Sie halten beispielsweise die kleinen Hände vor ihre Augen und gehen offenkundig davon aus, dass sie nicht gesehen werden. Weil sie selbst nichts sehen, leiten sie daraus ab, dass andere Menschen in dem Moment auch nichts sehen. Wird diese egozentrische Entwicklungsphase jedoch überwunden, kann ein Kind Mitgefühl und Kooperationsfähigkeit ausbilden, die es vom Einzelspieler zum Teamplayer werden lassen.

Kinder müssen immer wieder Sprache hören, verstehen und vor allem dazu angeregt werden, selbst zu sprechen, um aktiv und integriert am Leben teilhaben zu können. Kein Kind lernt dies allerdings, wenn es täglich vor dem Fernseher sitzt. Obwohl es dort auch mit Sprache in Berührung kommt, wird ein Kind nicht durch Fernsehen an die Sprache herangeführt, solange das Sprachsystem noch im Aufbau ist.

So haben Frederick Zimmerman und Dimitri Christakis, zwei Kinderärzte der Kinderklinik an der University of Washington in den USA, eindrucksvoll nachweisen können, dass viel Fernsehen die Sprachentwicklung bei Kindern von bis zu drei Jahren nahezu verkümmern lässt. Dabei griffen sie auf eine große Datensammlung einer USA-weiten Studie zurück, bei der das Sprachniveau von über 1000 Kindern zum Zeitpunkt ihrer Einschulung überprüft worden war[20]. Die Jahre zuvor waren ihre Eltern immer wieder danach gefragt worden, wie viel Zeit das Kind täglich vor dem Fernseher verbrachte. Die Schwankungsbreite war groß – im Durchschnitt waren es jedoch schon in den ersten drei Lebensjahren 2,5 Stunden täglich.

Kinder, deren Fernsehkonsum in dieser Zeit noch über diesem Durchschnitt lag, machten wesentlich mehr Fehler, wenn sie bei der Einschulungsuntersuchung einem Wort ein Bild zuordnen sollten. Besonders auffallend aber waren Fehlleistungen, wenn sie Wörter miteinander in Beziehung setzen sollten, wie beispielsweise in dem Satz: »*Das Auto ist schnell, die Schnecke ist …?*« Für die Sprachforschung ist klar: Wenn die Kleinen nur unpräzise Wortbedeutungen erlernen, können sie verschiedene Begrifflichkeiten auch kaum aufeinander beziehen.

Und wie sind diese Fehlleistungen bei hohem Fernsehkonsum vor allem von Kleinkindern genau zu erklären[21]? Die Gründe dafür liegen fraglos im Tempo und der Komplexität der Fernsehsprache, die natürlich nicht auf jedes Kind individuell zugeschnitten sein kann. Sprechen Eltern oder andere Erwachsene mit kleinen Kindern, bemühen sie sich normalerweise darum, das Tempo und die Struktur ihrer Sprache anzupassen und so die Aufnahme- und Verarbeitungsleistung des jeweiligen Kindes zu berücksichtigen. Sie setzen beispielsweise Pausen individuell ein, um zu erreichen, dass ein Kind Schritt für Schritt versteht. All dies kann Fernsehen nicht leisten.

Damit ein Kind sein Sprachsystem angemessen entwickeln kann, hält es die Sprachförderung für das Allerbeste, wenn Eltern auf vielfältige Weise und individuell angepasst mit ihrem Nachwuchs kommunizieren – wenn sie in ihren Familien eine gewisse Sprachkultur entwickeln. Sie sollten mit ihren Kleinkindern häufig Bilderbücher betrachten, ihnen Geschichten erzählen und vorlesen, auch Wort- und Fingerspiele machen und gemeinsam singen.

Für die Sprachforschung stellt sich die Frage, ob sich am Sprachentwicklungsstand eines Kindes tatsächlich nachweisen lässt, dass die Kommunikation auf diese Weise in der Familie geboostert wurde. Immerhin sind die Kinder auch vielfältigen anderen, außerfamiliären Einflüssen ausgesetzt, die auf den Spracherwerb einwirken – sei es im Kindergarten, in der Nachbarschaft oder auf dem Spielplatz.

Die Psychologinnen Jacqueline Sims und Rebekah Coley vom Boston College in den USA haben dazu aus einer großen USA-Studie insgesamt 5450 Familien auswählen und untersuchen können[22]. Auf dieser Basis haben sie überzeugend demonstriert, welchen nachhaltigen Effekt die Sprachkultur in einer Familie auf den Spracherwerb von Kindern ausübt.

Die Familien wurden besucht und befragt, als die Kinder jeweils 10 Monate, zwei, vier und fünf Jahre alt waren. Jedes Mal ging es darum, die sprachlichen Anregungen der Kinder in ihren Familien kennenzulernen und zu dokumentieren. Mütter und Väter berichteten, wie oft sie mit ihren Kindern wöchentlich gesungen oder Bücher angeschaut und wie oft sie ihnen vorgelesen und Geschichten erzählt hatten. Diese Informationen wurden schließlich auf den Sprachentwicklungsstand der Kinder bezogen – ihr Wortschatz wurde getestet, und auch die Qualität der aktiven Sprache wurde danach beurteilt, wie zusammenhängend, flüssig und komplex die Kinder bereits etwas erzählen konnten.

Das Besondere dieser Studie aber war: Neben den US-amerikanischen Familien waren auch viele Familien mit mexikanischem und chinesischem Migrationshintergrund dabei. In einigen Familien wurde nur Spanisch oder Chinesisch gesprochen. Sims und Coley waren vor allem davon überrascht, wie sehr sich die Sprachkultur der Familien trotz der vielen sonstigen kulturellen Eigenheiten der jeweiligen Familien ähnelten: In allen Familien waren die Mütter die Aktivsten; insbesondere sangen sie mit den Kindern mehr als die Väter. In den spanischsprechenden Familien sangen die Väter noch am häufigsten.

Und das Interessanteste: In allen Familien aber beschäftigten die Väter ihre Kinder mit Büchern. Sie plauderten mit ihnen über die Abbildungen, lasen ihnen vor oder erzählten Geschichten. Und je aktiver sie dies taten, desto spürbarer war der Wortschatz angewachsen, und desto besser waren die sprachlichen Ausdrucksmöglichkeiten des Kindes. Viele der Kinder kannten bereits vor der Einschulung einzelne Buchstaben[23].

Somit untermauert auch diese Forschungsstudie eine Erkenntnis, die dem Väterbild spannende und bislang allzu unterschätzte neue Facetten hinzufügt: Wenn Väter den Umgang mit Büchern, das Vorlesen und Erzählen früh und nachhaltig in den Familienalltag integrieren, leisten sie einen wertvollen Beitrag zum Spracherwerb und zur generellen Sprachentwicklung ihrer Kinder. Nicht zuletzt schaffen sie damit eine wichtige Grundlage für einen gelingenden Bildungsweg ihres Nachwuchses.

Auch wenn Väter für Kleinkinder schwierigere Gesprächspartner sind als Mütter, lernen die Kinder doch vor allem, mit ihnen unbekümmert zu sprechen. Und das nicht nur über Dinge und Ereignisse, sondern auch über ihre Gedanken und Vorstellungen. Dem gemeinsamen Betrachten von Bilderbüchern kommt dabei eine zentrale Bedeutung zu. Väter korrigieren wenig und fragen viel. Das fördert das Vertrauen des Kindes in seine eigene Sprachfähigkeit, weckt aber auch Vertrauen in sein allgemeines Verständnis für den Dialog und überhaupt dafür, wie man kommuniziert.

KAPITEL 6

WENN VÄTER SPIELEN

»Im echten Manne ist ein Kind versteckt: Das will spielen.«
Friedrich Nietzsche (1844–1900)

Kinder scheinen unbedingt spielen zu müssen. Nirgendwo sind sie so konzentriert und ausdauernd wie beim Spiel. Das kann körperlich herausfordernd sein, aber auch die gesamte Vorstellungs- und Gefühlswelt in Anspruch nehmen. Zeitvergessen tauchen die Kinder dann in eine eigene Welt ein und bringen dafür eine erstaunliche Fantasie mit. Die Vermutung liegt jedoch nahe, dass diese Kinderwelt viel mit der Welt zu tun hat, in der die Kinder aufwachsen. Erwachsene können deshalb über das Spiel dem Kind Wissen über unsere Kultur nahebringen und seine Entwicklung fördern – und besonders interessant ist es, herauszufinden, welche Rolle die Väter dabei spielen.

Gegen Ende des 19. Jahrhunderts hat Karl Groos, ein deutscher Philosoph und Psychologe, eine Theorie formuliert, nach der das Spiel vor allem die Funktion besitzt, das Kind auf das weitere Leben vorzubereiten[1]. Schon im Tierreich trainiere, laut Groos, das Tierjunge eine Reihe von Verhaltensmustern, die ihm sein späteres Überleben sicherten. Das Kätzchen, das ein rollendes Wollknäuel erfasst, es loslässt und wieder einfängt, übe beispielsweise das Handwerk des Mäusefangens. Es wären diese und andere Spiele, die ihm die Gelegenheit böten, das ererbte Instinktverhalten zu ergänzen. So würde das Kätzchen später denjenigen Anforderungen gerecht werden können, die durch einfache Instinktabläufe nur schwer zu bewältigen seien.

Sind diese Überlegungen auch auf unsere Kinder anwendbar? In gewisser Weise schon – allerdings ist die Welt, in die sie hineingeboren werden, sehr komplex und von sozialen Beziehungen stark geprägt. Es ist eine vornehmlich kulturell organisierte Welt, in der die Erwachsenen auf das umfangreiche Wissen ihrer Vorfahren zurückgreifen und ihr Zusammenleben organisieren[2]. Von daher kann auch das Kinderspiel keineswegs auf wenige einfache Verhaltensmuster beschränkt bleiben – es ist anspruchsvoller, vielschichtiger und auf vielfältige Weise sozialbezogen.

In seinen ersten Lebensmonaten spielt ein Baby dennoch zunächst gern allein. Sobald die Wachzeiten länger werden, nimmt es die Gegenstände und Personen um sich herum immer aufmerksamer wahr. Es erfasst Farben, Formen und Größen und wie sie sich im Licht und in der Bewegung verändern. Sobald es dann seine Motorik gezielter steuern kann, geht das Spielen los: eine Tätigkeit, die dem Vergnügen und der Entspannung dient und über lange Zeit anhalten kann, allein aus Freude an ihrer Ausübung. Das Baby führt Hände und Füße gezielt zum Mund, fängt an, kräftiger zu strampeln, probiert zunehmend mehr und immer neue Bewegungen, baut sein Bewegungsrepertoire aus und untersucht – zumeist mit Händen und Mund – die Gegenstände seines Umfelds.

Allerdings haben die Kinder schon nach dem ersten Dreivierteljahr keinen richtigen Spaß mehr am spielerischen Alleingang. Sie wollen ihre Welt gemeinsam mit anderen erkunden und geben sich alle Mühe, die Aufmerksamkeit ihrer Eltern auf die Gegenstände zu richten, die sie selbst interessieren – seien es die bunten Holzklötzchen, die man aufeinanderstapeln kann, oder kleine Becher, die sich ineinanderstecken lassen. Bei allem, was sie auf diese Weise ausprobieren, nehmen sie sehr genau wahr, wie wir Erwachsenen auf sie und ihr Spiel reagieren.

Wir können etwa die Farben der Becher und die Abbildungen darauf benennen und den Kleinen zeigen, wie wichtig Größe und Reihenfolge der Becher sind, um sie ineinanderstecken zu können. Und in diesen Momenten spielt ein Kind nicht nur mit uns, es nimmt unsere Sprache wahr und erfährt etwas über die Eigenschaften unserer Welt und unserer Kultur. So können wir ihnen und uns selbst keinen größeren Gefallen tun, als uns auf ihre spielerischen Entdeckungen und Abenteuer einzulassen und gleichzeitig ihr Weltwissen zu fördern.

Kinderspiele ernst nehmen

Kinderspiele beziehen sich auf die Kultur, in die das Kind hineingeboren wurde, und können deshalb grundverschieden aussehen. Über zwei Jahrzehnte hat der Entwicklungspsychologe Jaipaul Roopnarine von der Syracuse University in den USA das Spielen von Kindern in vielen Ländern der Welt untersucht, darunter auch in Afrika, Indien und der Karibik[3].

Als Grundlage seiner Forschung dienten die jährlichen Befragungen der UNICEF, die in mehr als 100 Ländern die Lebens- und Betreuungsbedingungen von Kindern erfassen. An ausgewählten Orten unserer Welt haben Roopnarine und seine Teams unzählige Kinder beim Spielen beobachtet und mit ihren Eltern Gespräche darüber geführt, was sie sich für die Zukunft ihrer Kinder wünschen und welche Fähigkeiten ihnen dafür wichtig seien.

So waren auch ihre Einstellungen zum Spiel extrem unterschiedlich: In den Entwicklungsländern wurde das Spielen in der Regel als zufälliges Geschehen angesehen und als unbedeutend abgetan. Vor allem empfanden es die Väter zumeist als ziemlich lächerlich, mit einem Kind spielen zu sollen. Die Kinder ahmten allerdings gern die Tätigkeiten ihrer Väter oder anderer Erwachsener nach, die sie im Alltag beobachteten. Dies sah dann weniger wie Spielen, sondern eher nach Lebensschulung aus, etwa wenn sie mit Geräten, Werkzeugen und gelegentlich sogar mit Jagdwaffen, scharfen Messern und Macheten zu hantieren lernten. Beispielsweise durften in Malawi schon zweijährige Kleinkinder mit 40 Zentimeter langen Macheten neben ihrer Mutter an der Feuerstelle sitzen und ihr helfen, das Gemüse zu zerkleinern – was die These bestätigt, dass Spielen eine Vorbereitung auf das spätere Leben ist.

In den westlichen Industrieländern sahen die Kinderspiele erheblich anders aus. Viele Tätigkeiten in unserer Welt lassen sich nicht mehr so einfach beobachten und nachahmend einüben – oder werden als zu gefährlich für

Kinder eingestuft. Selbst wenn in den Küchen hierzulande das Essen zubereitet wird, wird man keinem Kleinkind ein scharfes Messer in die Hand geben – zu groß ist die Angst, dass es sich verletzen könnte. Viel häufiger überlässt man ihnen das Smartphone. Als ständiger Begleiter der Eltern ist es für den Nachwuchs besonders interessant – so wischen die Kleinen geschickt über das Display, schauen die Fotogalerie durch oder rufen die Großeltern per Videofunktion an. Ist das die Vorbereitung der Kinder auf ihr späteres Leben in unserer Welt?

Nun, bei allem rasanten und unabsehbaren Wandel in unseren Ländern ist kaum zu glauben, dass konkrete Fertigkeiten, die in der Kindheit antrainiert werden, für das Erwachsenenalter noch Vorteile bringen. Vielmehr dürften allgemeine Fähigkeiten gefragt sein, die wir üblicherweise mit dem gesunden Menschenverstand verbinden. Anpassungs- und Problemlösungskompetenz, kreatives Denken und Schlagfertigkeit, Willensstärke und Selbstwirksamkeit, Emotionalität und Lebensfreude können sich am besten im Spiel entfalten, das damit unverzichtbar wird. Kein Wunder, dass es in den westlichen Industrieländern als wichtig angesehen wird, dass Kinder spielen.

Nur sieht die Realität in vielen Familien dann doch anders aus. Die US-amerikanische Soziologin Annette Lareau von der University of Pennsylvania hat Anfang der 2000er-Jahre von einer erschreckenden Ungleichheit in der Lebenswirklichkeit von Kindern in den USA berichtet[4]. Danach liegt es vor allem an der ökonomischen Situation und der Bildung der Eltern, ob den Kindern genügend Raum zum Spielen gegeben wird: Während Familien mit hohem und mittlerem Einkommen nachdrücklich in Freizeit und Spiel ihrer Kinder investieren, sind ökonomisch benachteiligte Familien fast ausschließlich damit beschäftigt, die Grundbedürfnisse ihrer Kinder zu erfüllen. Ans Spielen denkt da kaum jemand. Bei den bessergestellten Familien gibt es dies allerdings ebenfalls, wenn auch aus anderen Gründen: Manche von ihnen laufen Gefahr, die freie Zeit fürs Spielen völlig zu verplanen. Doch wann immer ein Kind am Spielen gehindert wird, wird eine Chance verpasst, seine Persönlichkeitsentwicklung ganzheitlich zu fördern.

Emotionen ausleben

Ende der 1970er-Jahre begannen die Psychologen Michael Lamb (University of Wisconsin) und Ross Parke (University of Illinois at Urbana-Champaign) in den USA damit, die Rolle der Väter beim Spiel mit ihren Babys von ihren frühesten Anfängen an zu untersuchen. Die beiden Pioniere der Väterforschung hatten die tradierten Vorstellungen infrage gestellt, wonach Väter für den Umgang mit Babys kaum geeignet seien. Die Erfahrungen mit ihren eigenen Kindern hatten sie bereits vom Gegenteil überzeugt. Sie waren fest entschlossen, die Wirkung von Vätern auf Babys wissenschaftlich präzise zu dokumentieren.

Konkret beobachteten Lamb und Parke junge Eltern mit etwa acht Monate alten Babys im Alltag und interessierten sich für die Spielsituationen, die im Laufe des Tages spontan entstanden. Diese Situationen videografierten sie, um anschließend beurteilen zu können, wie sich Väter im Vergleich zu Müttern verhielten[5].

Es zeigte sich, dass Mütter sehr geschickt darin waren, den Blicken des Babys nachzufolgen. Sie erfassten so das Interesse des Kindes an einem bestimmten Spielzeug – etwa an einer Rassel oder einem Kuscheltier – und nutzten diese Gegenstände dann für das gemeinsame Spiel. Die Väter bewiesen dagegen ein besonderes Geschick darin, die Kinder zum Weiterspielen zu motivieren, wenn sie das Interesse am Spiel verloren hatten. Sie änderten einfach die gesamte Spielsituation. Anders als die Mütter, die mit weiteren Spielzeugen versuchten, das Spiel fortzuführen, wechselten die Väter nun zu einer völlig anderen Art der Anregung. Sie holten dafür jedoch kein neues Spielzeug herbei, sondern wandten sich dem Kind ganz unmittelbar zu: Sie kitzelten und liebkosten die Kinder, schnitten Grimassen oder imitierten Geräusche. Unübersehbar gelang es ihnen dadurch, die Kinder im besten Sinne zu unterhalten und ihre Aufmerksamkeit zu erhalten. Diese vielen körperbezogenen Impulse, die Väter bereits bei ihren Babys einsetzen, gelten seither als *das* Unterscheidungsmerkmal im Spielverhalten von Vätern und Müttern.

Auch für ältere Kinder ist es toll, vom Vater in die Luft geworfen und wieder aufgefangen zu werden – setzt das doch eine enorme Hochstimmung in Gang. Aber mit zunehmender Höhe kommt dann doch irgendwann die Angst, die jedoch kein Grund zur Sorge sein muss. Bemerkt der Vater, dass die Stimmung kippt, ist er beim nächsten Mal einfach vorsichtiger – das Kind nimmt das umsichtige Handeln wahr und vertraut ihm umso mehr. Ein Vater erhält in diesen Momenten die Chance, Vertrauen aufzubauen und zu stärken.

Ähnliche Regulationstechniken zeigen sich auch bei Rauf- und Tobespielen, nämlich wenn der Vater das Kind plötzlich schnappt, an den Beinen packt, es dreht und kopfüber hängen lässt. Dann steht die Welt momentan auf dem Kopf und bringt das Kind zum Erstaunen – aber dann schießt das Blut ins Gesicht, und Hitze steigt unangenehm auf. Es ist jetzt an dem Vater, die Position des Kindes zu normalisieren und die Freude am Toben wiederherzustellen. Letzten Endes wird auch hier die gleiche Dynamik deutlich: Die Väter heizen das Spiel an, greifen jedoch in den kritischen Phasen gewöhnlich regulierend ein. Droht die Situation zu eskalieren, unterbrechen sie, schwächen die Intensität ab und beenden das Spiel[6].

So haben diese Spiele ihre ganz eigene Dynamik, die nicht zuletzt die Beziehung zwischen Vater und Kind stärken können. Allen voran sind viele Wissenschaftler* jedoch davon überzeugt, dass die wilden Spiele gut für die Entwicklung des kindlichen Emotionssystems sind. Mit ihnen werden die Kinder sicher durch ein Wechselbad der Gefühle geführt. Sie erleben unterschiedliche Emotionen – Freude und Respekt, Lust und Angst – und erfahren gleichzeitig, dass sich diese Gefühle regulieren lassen, selbst wenn sie für einen Moment so stark auflodern, dass sie kaum auszuhalten sind.

Sich körperlich austoben

Den Besonderheiten der Vater-Kind-Spiele wollten wir auch in unserer CENOF-Forschung auf den Grund gehen. Insbesondere ging es uns darum, die Väter in weniger wilden und eher moderaten Bewegungsspielen zu sehen, aber auch die Mütter in den gleichen Situationen zu beobachten, um eine Vergleichbarkeit mit den Vätern herstellen zu können. Würden sich die Kinder unterschiedlich verhalten, je nachdem, ob Vater oder Mutter mit ihnen tobten?

Um die Spielforschung auf diese Weise neu zu beleben, brauchten wir Spiele, die für die Kinder und ihre Eltern relativ unbekannt waren. Wir bildeten mit unseren Studierenden eine Arbeitsgruppe und sammelten Spielideen – interessant und robust sollten diese Spiele sein, die Materialien verschiedene Proportionen und Texturen haben und attraktiv und vielfältig in den Farben und Formen sein. So entwickelten wir mehrere Spiele für Klein- und Vorschulkinder, von denen eine Auswahl in unserer Väterforschung eingesetzt wurde[7].

Dazu gehörte ein sogenanntes *Regelspiel*. Dabei handelte es sich um ein Hütchenspiel für Kleinkinder: Es erfreute sich als »Wilde Beere« bei den Kleinen großer Beliebtheit. Die Eltern versteckten eine Beere unter einem von drei Hütchen und verschoben die Hütchen dann vor den Augen der Kinder – und das Kind sollte den Vorgang stoppen und schließlich auf das Hütchen zeigen, unter dem es die Beere vermutete.

Für die Vorschulkinder war das *Konstruktionsspiel* »Bau auf« vorgesehen. Dabei sollten die Eltern gemeinsam mit dem Kind aus Leichtmetallleisten, Rädern und Schrauben irgendetwas zusammensetzen. Der Kreativität waren keine Grenzen gesetzt, und so kamen die fantasievollsten Produkte heraus: Manche Kinder kreierten Fahrzeuge, andere große Türme oder Fantasiegebilde.

Als *Bewegungsspiel* wählten wir das »Flugzeug« aus. Dabei hoben Vater oder Mutter das Kind an den Armen und Beinen der gleichen Körperseite in die Luft. In dieser Position sollte das Kind aus einer Ecke des Raums kleine Bälle vom Boden aufnehmen, um sie – nach ein paar Drehungen und nachgeahmten Flugbewegungen und Fluggeräuschen – in einer anderen Ecke wieder abzuwerfen.

Für die älteren Kinder wurde als Bewegungsspiel ein »Pferde-Polo« entwickelt, bei dem die Kinder auf dem Rücken von Mutter oder Vater kleine Bälle in ein bereitstehendes Tor mit einem Holzschläger stoßen sollten.

Egal, um welche Art von Spiel es sich handelte: Die Unterschiede im Verhalten der Mütter und Väter waren deutlich sichtbar. Die Väter unterbrachen den Spielverlauf sehr viel öfter als die Mütter und sorgten generell für mehr Bewegung. So taten sie bei der »Wilden Beere« so, als hätte ein Wind die Hütchen plötzlich umgeblasen – die versteckte Beere wurde sofort sichtbar und die Lösung auf diese Weise schnell herbeigeführt.

Vor allem aber agierten die Väter bei den Bewegungsspielen signifikant aktiver als die Mütter. Die Kinder waren davon sichtlich begeistert, auch wenn manche Väter das »Flugzeug« so heftig durch den Raum flogen oder sich beim »Pferde-Polo« in ein so störrisches und wildes Pferd verwandelten, dass es den Kleinen unheimlich wurde. Dennoch lachten und jauchzten sie und konnten nicht genug bekommen. All diese Eindrücke ließen den Schluss zu, dass die Kinder die ungewöhnlichen Abläufe im Spiel mit dem Vater nicht nur tolerierten, sondern von ihnen durchaus sehr angetan waren[8].

Unsere Erfahrungen mit diesen Vater-Kind-Spielen diskutierten wir in einem Symposium in Gold Coast in Queensland in Australien, das wir 2018 mit der australischen Familienpsychologin Jennifer StGeorge von der University of Newcastle organisiert hatten[9]. StGeorge gab dort einen Überblick über den Forschungsstand der Bewegungsspiele und stellte fest, dass Rauf- und Tobespiele die Spitzenreiter unter diesen Spielen sind, was sowohl ihre Beliebtheit als auch ihre Häufigkeit betraf. Faktisch kämen diese Rauf- und Tobespiele jedoch kaum bei Babys und Kleinkindern vor, eher bei Kindergartenkindern und jungen Schulkindern – werden oft mit jungen Vätern und nur selten mit Müttern gespielt, wie auch eher die Söhne und weniger die Töchter daran beteiligt sind[10].

Was während der Rauf- und Tobespiele dann allerdings abliefe, empfand StGeorge als irritierend: Sich gegenseitig zu Boden schleudern, Jagen und Packen, Boxen und Treten sollten eigentlich zum Spektrum aggressiver Verhaltensweisen gehören. Mit Blick auf unsere eigenen Untersuchungen kamen wir jedoch zu dem Schluss: Solange solche intensiven Rauf- und Tobespiele lustvoll durchgeführt werden, handelt es sich selbstverständlich um Spiele, die auch ihre Funktion in der kindlichen Entwicklung erfüllen.

Verhaltensprobleme abfedern

Die Diskussion um die Rauf- und Tobespiele warf deshalb die grundsätzliche Frage auf: Brauchen Kinder diese Spiele überhaupt? Und welchem Zweck könnten sie dienen? In Kindergärten und Grundschulen werden sie kaum geduldet. Zwar werden dort sportliche Aktivitäten angeboten und unter pädagogischer Aufsicht durchgeführt – sie sind jedoch keine wirklichen Alternativen. Kinder brauchen Möglichkeiten, sich auch mal nach eigenen Bedürfnissen körperlich austoben und die Grenzen ihres Verhaltens testen zu können. Rauf- und Tobespiele mit den Vätern können diese Lücke füllen. Sie sind wichtig für die spätere Fähigkeit, die eigenen Verhaltensweisen auch an schwierige Situationen anpassen zu können und dabei zu helfen, ein vernünftiges Maß an Gelassenheit und Ausgeglichenheit zu finden.

Der kanadische Gesundheitspsychologe Joseph Flanders von der McGill University in Montreal ist da jedoch ganz anderer Meinung. Er hat vor einigen Jahren eine heiße Debatte angestoßen, in der er diese wilden Spiele in ein sehr kritisches Licht rückte: Flanders hatte Väter mit Kindern im Alter von 2 bis 5 Jahren umfängliche Fragebögen ausfüllen lassen und die Väter nach 4 Sachverhalten gefragt: (1) wie oft sie pro Woche mit ihren Kindern wild herumtoben, (2) wie stark sie dann die Situation anheizen, (3) wie aggressiv sie ihr Kind im Allgemeinen einschätzen würden – ob es beispielsweise dazu neige, andere Kinder zu schlagen oder zu beißen, und (4) wie ausgeglichen ihr Kind insgesamt sei – ob es die eigenen Gefühle im Griff habe und sich empathisch gegenüber anderen verhalten könne.

Anhand dieser Befragungsergebnisse gelangte Flanders zu einer folgenschweren Aussage: Väter, die sehr häufig mit ihren Kindern toben und dazu neigen, die Situation auch noch stark anzuheizen, hätten Kinder, die weitaus aggressiver und weniger empathisch als andere Kinder seien[11].

Viele Wissenschaftler* äußerten schnell Zweifel an dieser Aussage und kritisierten die Qualität der Studie. Immerhin handelte es sich dabei ausschließlich um Selbstauskünfte der betroffenen Väter, die ein entsprechend subjektives und womöglich verzerrtes Bild der Situation zeichnen konnten. Und tatsächlich konnte eine Wiederholungsbefragung das Ergebnis *nicht* bestätigen.

Aufgrund der Bedeutung des Themas wurden Studien zur Wirkung von Rauf- und Tobespielen schließlich mit verbesserten Forschungsmethoden an unterschiedlichen Wissenschaftsstandorten neu aufgelegt. Und diesmal bezog man auch externe Informationsquellen mit ein: Beispielsweise wurden die Spiele nun gefilmt und die väterliche Dominanz durch Forschungsassistenten* bewertet, wie auch das kindliche Verhalten durch das pädagogische Personal in Kindergärten und Grundschulen beurteilt wurde – also ebenfalls extern und unabhängig von den beteiligten Vätern.

Interessanterweise lieferten diese Nachfolgestudien nun das genaue Gegenteil[12]: Danach ließen häufige Erfahrungen mit wilden Bewegungs-, Rauf- und Tobespielen die Kinder sogar sozial kompetenter erscheinen. Sie waren weniger aggressiv und ausgeglichener im Umgang mit anderen Kindern und wurden im Kindergarten wie in der Grundschule als verträglicher und beliebter als die meisten anderen Kinder eingeschätzt. Es besteht daher kein Zweifel, dass Väter sehr wohl mit Rauf- und Tobespielen wirksam zur sozialen Entwicklung ihrer Kinder beitragen.

Im Rahmen unserer CENOF-Forschung kam auch die Frage auf, ob Raufen und Toben in dieser Hinsicht womöglich gerade für frühgeborene Kinder bedeutsam sein könnten. Diese Kinder sind in der Regel ängstlicher als andere Kinder ihres Alters. Sie meiden deshalb Herausforderungen, die anstrengend sind und ihnen zu waghalsig erscheinen. Unsere Vermutung war nun, dass regelmäßige und umsichtig durchgeführte Bewegungsspiele diese Kinder dazu bringen könnten, diese Situationen letztendlich lustvoll zu erleben – und damit ihrer niedrigen Angstschwelle entgegenzuwirken.

Tatsächlich sahen wir uns in unseren Vermutungen bestätigt, als wir uns die Bewegungsspiele »Flugzeug« oder »Pferde-Polo« von Vätern anschauten, die mit Kindern spielten, die zu früh auf die Welt gekommen waren. Denn diejenigen der frühgeborenen Kinder, die mit großem Eifer lustvoll und wild gespielt hatten, wurden auch im Kindergarten als wenig ängstlich bewertet und schienen sich den alltäglichen Herausforderungen selbstbewusster zu stellen[13]. Kurz nach der Veröffentlichung dieses Ergebnisses verwies eine niederländische Veröffentlichung darauf, dass ein bewegungsintensives Vaterverhalten die Ängstlichkeit vieler Kinder reduzieren könne – besonders bei jenen, die bereits von Geburt an ängstlicher als andere sind[14].

Es ist verständlich, wenn Eltern von ängstlichen Kindern dazu tendieren, ihnen möglichst viele Belastungen abzunehmen und Aufregungen zu ersparen. Unsere Forschung legt jedoch nahe, dass gerade diese Kinder von moderaten Bewegungsspielen profitieren – diese Spiele könnten helfen, Ängstlichkeit, Rückzug und andere Blockaden in der Persönlichkeitsentwicklung abzubauen. Väter und Mütter, die mit ihren frühgeborenen Kindern auch rangeln und toben und die Kinder dabei nicht überfordern, können damit guten Gewissens sein, dass das im Interesse ihres Nachwuchses ist.

Kindliche Spielfantasien verstehen

Neben den Bewegungs-, Rauf- und Tobespielen dominieren Fantasie- und Rollenspiele den Alltag von Kindern in der Vorschulzeit – und es geht dort weitaus ruhiger, überlegter und besonnener zu. In diesen So-tun-als-ob-Spielen versetzen sich die Kinder in die Rollen von Menschen, die sie kennen oder beobachtet haben, und schaffen sich so eine eigene imaginäre Welt. Und es ist spannend und faszinierend zu beobachten, wie kreativ sie dabei unsere reale Welt nachstellen.

Der Erziehungswissenschaftler Wolfgang Einsiedler von der Universität Nürnberg-Erlangen hat sich gefragt, ob die Kinder umso kreativer sind, je mehr Spielzeug ihnen zur Verfügung steht.

In einer viel beachteten Studie[15] stattete Einsiedler deshalb eine Gruppe von drei- bis sechsjährigen Kindern mit spartanischen Materialien aus, die im Wesentlichen aus Holzplatten, Holzwürfeln und Stangen bestanden. Zusätzlich gab es fünf Playmobil-Spielfiguren, um ein Rollenspiel zu ermöglichen. Eine Vergleichsgruppe konnte dagegen auf die umfänglichen Materialien aus den Playmobil-Sets *Bauernhof* und *Campingbus* zugreifen.

Im Ergebnis ließen sich keine Unterschiede in der spielerischen Kreativität der Kinder feststellen. Das bestätigt die Theorie, wonach Fantasie- und Rollenspiele hauptsächlich durch die natürliche Vorstellungswelt der Kinder geprägt sind. Es sind die Gedanken, Vorstellungen, Vermutungen und Fiktionen, die die Kleinen zu ihrer erstaunlichen Kreativität bringen. Kreativität in Fantasie- und Rollenspielen ist folglich keine Sonderbegabung – sie ist die natürliche Antwort eines Kindes auf seine täglichen Erlebnisse und Entdeckungen und deshalb bei allen Kindern zu beobachten.

Unter diesem Blickwinkel betrachtete der weltweit bekannte Kulturwissenschaftler Lev Vygotskij am Psychoneurologischen Institut in Kharkiv / Ukraine die kindlichen Fantasie- und Rollenspiele bereits in den 1930er-Jahren. Seine für die damalige Zeit ungewöhnliche These besagte, dass sich die Psyche eines Kindes in seiner – zumeist spielerischen – Auseinandersetzung mit der Umwelt entwickle und nur marginal etwas mit der biologischen Reifung zu tun habe, wie es die vorherrschende Wissenschaftsmeinung behauptete[16].

Zu dieser These war Vygotskij zweifellos auch vom Spiel seiner beiden Töchter Gita und Asya inspiriert worden. Es faszinierte ihn, wie die Kinder die sozialen Vorgänge und Beziehungen ihrer Umwelt spielend nachbildeten. Gita und Asya liebten Rollenspiele und schienen dabei jedes Mal die typische Impulsivität eines Kindes abzulegen. Sie wirkten vielmehr ungewöhnlich absichtsvoll und zweckbestimmt und zeigten Verhaltensweisen, die weder ihrem Alter noch ihrem sonstigen Alltagsverhalten entsprachen. Kurzum: Die Mädchen schienen plötzlich erwachsen zu sein. Sie verwandelten sich in Personen mit verantwortungsvollen Aufgaben. Gita war nun eine Ärztin in der Notaufnahme einer Klinik. Asya tat so, als würde sie als Kellnerin in einem Restaurant die Gäste bedienen. In ihrer imaginären Welt war für die beiden Mädchen die dafür notwendige Ausstattung kein Problem. Normale Alltagsgegenstände wurden einfach umgedeutet: Ein Bleistift wurde so zu einem Fieberthermometer, ein Pappdeckel zu einem Fladenbrot, die vorhandenen Puppen und Plüschtiere waren nun Patienten und Restaurantgäste. In diesen Szenarien zeigten die Kinder bereits, wie groß ihr Verständnis von ihrer Kultur war – und wie gut sie die unterschiedlichen sozialen Rollen und Vorgänge bereits kannten.

So einfach und konkret das alles aussah – aus Sicht Vygotskijs waren hier dennoch abstrakte Denkprozesse am Werk. In der Weise, wie seine Töchter die Rollen anderer übernahmen und nachspielten, setzten sie sich selbst an die Stelle dieser Personen und machten sie zum Ziel ihrer eigenen Handlungen. Nur so konnten sich die Töchter in die Vorstellungswelt einer Ärztin und einer Kellnerin hineinversetzen und sie nachbilden.

Noch ein anderer Gesichtspunkt war für die Fantasie- und Rollenspiele von Gita und Asya bezeichnend: Sie liefen nach Regeln ab, die sich aus den jeweiligen Rollen ergaben. Und weil diese Rollen zumeist aus der Welt der Erwachsenen stammten, boten sich auch für ihren Vater oder andere erwachsene Personen entsprechende Möglichkeiten, sich in das Spiel einzubringen. Und so wie es damit aussah, konnten zusätzliche Hinweise und Erörterungen ein spielendes Kind dazu bringen, seine Vorstellungen zu überdenken und sein kulturelles Wissen zu erweitern[17]. Die interessante Frage ist freilich: Wollen die Kinder das auch? Sollen ihre Väter und Mütter mitspielen?

Kulturelles Lernen unterstützen

Unstrittig ist, dass Kinder in Fantasie- und Rollenspielen weitgehend ungestört eine eigene Spielrealität entwickeln wollen. Entsprechend müssen etwaige Mitspieler – erst recht Erwachsene – darauf achten, den Spielablauf möglichst wenig zu unterbrechen oder ihn gar zu kritisieren. Es gilt, das Spiel einvernehmlich zu entwickeln, soll das Kind davon profitieren.

Für einvernehmliche Spielabläufe interessierte sich der Psychologe Eric Lindsey von der Penn State University in den USA bereits Ende der 1990er-Jahre. Im Rahmen seiner Forschung lud er Klein- und Vorschulkinder zuerst mit der Mutter, dann mit dem Vater (und umgekehrt) in eines der Spiellabore seiner Universität ein, verteilte unterschiedliche Spielzeug-Sets (ein Küchen-Set, einen Fuhrpark mit vielen Fahrzeugen oder Puppen und Tiere) und bat die Eltern, mit dem Kind so zu spielen, wie sie es auch zu Hause täten. Lindseys Interesse richtete sich dabei nicht so sehr darauf, welche konkreten Spielszenarien sich entwickelten, sondern darauf, wer die jeweilige Spielhandlung initiierte (Vater, Mutter oder Kind) und welche Reaktionen sich daraus ergaben. Auf dieser Basis errechnete Lindsey später einen Punktwert, der das Maß an Einvernehmlichkeit beim Spiel abbildete: Je höher dieser ausfiel, desto harmonischer war das Spiel verlaufen[18].

Die Ergebnisse waren für Väter wie Mütter gleich, was letztlich belegt, dass Väter sehr wohl in der Lage sind, sich dem spielenden Kind anzupassen und unterzuordnen.

Diesen Befund konnte Lukas Teufl, Doktorand im Wiener CENOF-Team, auch im Rahmen unserer Forschung bestätigen. Dazu nahm er sich noch einmal die Videoaufnahmen vor, die Väter wie Mütter bei unseren CENOF-eigenen Spielen mit ihren Kindern zeigten. Drei Aspekte interessierten ihn in erster Linie: Wie vertraut spielten Väter mit ihren Kindern? In welchem Maße stimmten sie sich bei konkreten Spielaktivitäten ab? Und inwieweit verfolgten sie gemeinsame Ziele?

Wie sich herausstellte, waren die Spiele der Kinder mit ihren Vätern tatsächlich auf demselben einvernehmlichen Niveau wie die mit ihren Müttern[19]. Die Väter demonstrierten damit, dass sie die gleichen Fähigkeiten wie ihre Partnerin einbringen, wenn es darum geht, die Spielfantasien ihrer Kinder mitzutragen, ihr Wissen zu fördern und ihnen grundsätzlich beim kulturellen Lernen zu helfen. Die Väter hatten damit nachgewiesen, dass sich ihr Spielrepertoire nicht darin erschöpft, bei Tobe- und Bewegungsspielen die Intensität zu bestimmen und womöglich auszureizen – sie machten sehr wohl auch bei Fantasie- und Rollenspielen eine gute Figur.

Denkentwicklung stimulieren

Will man das kindliche Denken mithilfe von Fantasie- und Rollenspielen fördern, ist es gut, auf ein paar grundlegende Prozesse zu achten. Daniil Elkonin, einer der langjährigen Assistenten von Vygotskij, beschrieb in den 1980er-Jahren am Psychologischen Institut in Moskau vier grundlegende Mechanismen im Denken junger Kinder bei Fantasie- und Rollenspielen. Sie zeigen, wie Bedeutungen übertragen,

Handlungsabsichten entwickelt, Handlungsstrategien abgeleitet und Perspektiven übernommen werden[20].

Erinnern wir uns an das Spiel von Gita und Asya, den Töchtern Vygotskijs: Wenn Gita beispielsweise einen Bleistift als Fieberthermometer benutzte und Asya einen Pappdeckel als Fladenbrot servierte, fand die Übertragung einer Bedeutung statt – den jeweiligen Gegenständen wurde eine neue Bedeutung im Spiel verliehen. Handlungsabsichten ließen sich erkennen, wenn Gita das Fieberthermometer nahm, um bei einem Patienten Fieber zu messen, oder Asya Stift und Zettel in der Hand hielt, um eine Bestellung für das Essen aufzunehmen. Indem sie beide daraufhin auch Maßnahmen ergriffen und den kranken Patienten ins Krankenhaus einwiesen oder die Essensbestellung in der Küche aufgaben, leiteten sie Handlungsstrategien ab. Schließlich nahmen Gita und Asya bei all diesen Vorgängen die Perspektive der Beteiligten ein. Denn um ihre Rollen weiter sinnvoll ausfüllen zu können, musste sich die Ärztin in die Lage ihrer Patienten versetzen und die Kellnerin in die ihrer Gäste.

Laut Elkonin bieten Fantasie- und Rollenspiele den Kindern die Gelegenheit, komplexe Denkprozesse einzuüben und zu entfalten. Insofern ist es nur logisch, dass diese Spiele mit zunehmender Denkentwicklung absichtsvoller, strategischer und abstrakter werden. Dass dieser Prozess ein ganz zentraler Teil der Persönlichkeitsentwicklung des Kindes ist, liegt auf der Hand. Folglich ist das Interesse groß, diese Prozesse vonseiten der Eltern oder anderer Erwachsenen zu unterstützen.

Eine Gruppe von US-amerikanischen Wissenschaftlern*

um die Entwicklungspsychologin Catherine Tamis-LeMonda von der New York University hat sich im Jahr 2010 jedoch gefragt, ob auch in sozial benachteiligten Familien Mütter und vor allem aber auch die Väter die Denk- und Sprachentwicklung ihrer Kinder durch Spiel fördern könnten. Über das sogenannte Head Start Program, das umfassende Hilfsangebote für sozial und ökonomisch benachteiligte Kinder und ihre Familien bereitstellt[21], konnten die Wissenschaftler* Familien mit Kindern im Alter von zwei bis drei Jahren dafür gewinnen, während eines Hausbesuches vor einer Videokamera zu spielen. Die Spielzeug-Sets – etwa eine Farm mit Tieren – wurden ihnen zur Verfügung gestellt. Im Anschluss an das jeweilige Spiel, das getrennt mit der Mutter und dem Vater gefilmt wurde, ließ Tamis-LeMonda das abstrakte Denken der Kinder sowie ihre Problemlöse- und Planungsfähigkeit überprüfen[22]. Außerdem wurden die Videos eingehend gesichtet und das väterliche wie auch das mütterliche Verhalten bewertet.

Tamis-LeMonda erzählte später, wie nervös sie und ihr Team zu Beginn der Studie waren. Endlich würden sie auch mit Vätern arbeiten können, die sich bisher ihrer Forschung entzogen hatten. Dass diese Väter positiv auf die Entwicklung ihrer Kinder einwirken könnten, hielt man bis dahin für unwahrscheinlich, wenn nicht gar abwegig. Man ging schlicht davon aus, dass sie aufgrund der nachteiligen Erfahrungen aus ihren Herkunftsfamilien und ihren eklatanten Bildungsdefiziten signifikant schlechter darin seien, sich in die Welt eines Kindes hineinzuversetzen – verglichen mit Vätern, die einen höheren sozialen Status und eine bessere Bildung aufweisen. Es schien kaum vorstellbar, dass diese Väter ein Spiel anregen könnten, von dem die Kleinen profitierten[23].

Das Wissenschaftsteam machte sich mit Eifer an die Auswertung der Videos. Sie wollten möglichst genau bestimmen, wie überkontrolliert, uninteressiert und missmutig-ärgerlich, aber auch wie einfühlsam, wertschätzend und stimulierend die Väter im Spiel gewesen waren. Im Grunde genommen zeigte sich, dass man die Fähigkeiten dieser Väter, ihre Kinder bei der kognitiven und sozialen Entwicklung spielerisch zu fördern, nicht länger unterschätzen darf. Es war beeindruckend, zu sehen, wie einige Väter ihre Kinder bewundernd kommentierten, sich dabei behutsam mit ihren eigenen Ideen einbrachten und sie gemeinsam mit den Kindern umsetzten. Unzweifelhaft ließ sich nachweisen, dass es genau diese Verhaltensweisen waren, die im Zusammenhang mit einer erfolgreichen Denkentwicklung des Kindes standen – und dies sogar unabhängig davon, wie stark die Mütter bereits das Denken der Kinder prägten.

Selbstwirksamkeit und Motivation stärken

Auch sogenannte Konstruktions- und Regelspiele sind der Entwicklung von Kindern förderlich. Sie sprechen in besonderer Weise das kindliche Bedürfnis an, die eigene Wirksamkeit zu erproben, etwas selbstständig durchzuführen sowie Probleme zu lösen – und darin eventuell auch besser als andere zu sein. Kinder entwickeln relativ früh eine Vorstellung vom eigenen Ich. Sie wollen dann alles selbst machen und begeistern sich an der Vorstellung, etwas aus eigener Kraft zu schaffen.

Schon in den 1970er-Jahren hat der bekannteste Kleinkindpädagoge der damaligen Zeit, Jerome Bruner, mit Wissenschaftlern* der University of Oxford in Großbritannien gezeigt, dass die Problemlösefähigkeiten von Kindern durch Konstruktionsspiele nachhaltig verbessert werden[24]. In einer seiner Forschungsstudien sollten Kinder im Alter von drei bis fünf Jahren eine Belohnung aus einer weit entfernt liegenden Schachtel herausholen. Allerdings kamen sie an diese Schachtel nicht direkt heran – ihnen wurden kurze Stäbe und Schraubzwingen zur Verlängerung der Stäbe ausgehändigt.

Drei Kindergruppen sollten nun die Aufgabe erledigen: Der ersten Gruppe wurde lediglich die Aufgabe erklärt, der zweiten wurde darüber hinaus vorgeführt, wie sich die Aufgabe lösen lässt, und der dritten Gruppe überließ man zunächst die Stangen zum Ausprobieren und erklärte erst später die Aufgabe. Im Ergebnis zeigte sich, dass die letzte Gruppe nur wenige weitere Hinweise brauchte, um die Aufgabe schlussendlich zu lösen. Die Kinder der beiden anderen Gruppen waren dagegen auf sehr viel mehr Anleitung während ihrer eigenen Bemühungen angewiesen.

Was heißt das nun? Konstruktionsspiele erlauben es einem Kind, Lösungswege auszuprobieren und die Lösungsprinzipien weitgehend selbst zu entdecken. Dieses entdeckende Lernen ist allerdings besonders effizient, wenn es zusätzlich umsichtig begleitet wird. Und genau hier können sich Väter hervorragend einbringen, selbst wenn sie nur als aufmerksame Beobachter danebenstehen und die Aktionen ihrer Kinder kommentieren. Es motiviert die Kinder, wenn ihre Väter sich die Zeit nehmen, zu sehen, wie aktiv und wirksam sie sind – und wie sie an einer Sache auch dann dranbleiben, wenn es erst mal nicht gelingen will.

Auch in Regelspielen geht es um Selbstwirksamkeit und Motivation. Wie der Name schon sagt, ist ein solches Spiel durch ein Regelwerk geprägt, das zumeist einen Wettbewerb organisiert und ein Ziel festlegt. Eines der bekanntesten Regelspiele hierzulande ist »Mensch ärgere Dich nicht«. Damit ein solches Spiel funktioniert, müssen die Spieler die Regeln nicht nur verstehen, sondern auch akzeptieren, dass sie den Wettbewerb bestimmen und einzuhalten sind – für Kinder ist dies ein Entwicklungsprozess.

Heinz Heckhausen, einer der führenden deutschen Psychologen der Nachkriegszeit, wurde bereits in den 1960er-Jahren mit seiner Forschung zum kindlichen Wettbewerbsverhalten bekannt. Er zeigte erstmals, dass das Regelverständnis nicht selbstverständlich ist, sondern vom Kind erst erworben werden muss. In einer seiner berühmt gewordenen Studien über den kindlichen Wetteifer ließ er Kinder im Alter zwischen zwei und fünf Jahren gegen einen Erwachsenen antreten. Sie sollten so schnell wie möglich einen Turm um die Wette bauen. Bei einem Durchlauf von mehreren Versuchen konnte der Erwachsene den Erfolg und Misserfolg der Kinder manipulieren: Wenn er sich absichtlich ungeschickt anstellte und viel zu langsam war, gewann das Kind – wenn er jedoch Ernst machte, verlor es.

Den jüngeren Kindern war der Wettbewerb – ob mit oder ohne Erfolg – völlig egal. Ihnen war nur wichtig, dass sie den Turm allein bauen durften. Nach dem dritten Lebensjahr aber schien sich ein Verständnis für die Regeln zu entwickeln. Die Kinder strengten sich nun nicht nur an, möglichst schnell fertig zu werden, sondern begriffen am Ende auch, wer gewonnen und wer verloren hatte. Als Gewinner waren sie fröhlich und plapperten drauflos, als Verlierer wirkten sie dagegen niedergeschlagen und schwiegen. Ihre Motivation weiterzuspielen sank dann merklich, und manche brachen den Wettbewerb sogar ganz ab[25]. Welche Schlüsse kann man aus dieser Studie ziehen? Und welche Möglichkeiten haben besonders Väter, auf das Regelverständnis und die kindliche Motivation einzuwirken?

Julius Kuhl, Forschungsleiter des CENOF-Teams in Osnabrück sprach über die Leistungsmotivation von Vorschulkindern auf unserem Symposium im spätsommerlichen September 2015[26]. Wenn Kinder nur gewinnen wollen, so Kuhl, entwickeln sie ein unangemessenes Wettbewerbsverhalten. Man muss ihnen vermitteln, dass es ganz normal ist, mal zu gewinnen und mal zu verlieren – und dass nicht das Endergebnis zähle, sondern die eigenen Anstrengungen. Es komme darauf an, sich ein Ziel zu setzen und zu versuchen, es zu erreichen.

Genau darin sind Väter offenbar besonders gut. Nach unseren Beobachtungen haben sie nicht nur eine Vorliebe für Regelspiele, sie achten im Vergleich zu Müttern auch mehr auf die Regeln und sanktionieren Regelverstöße konsequenter. Bei »Mensch ärgere Dich nicht« darf beispielsweise jeder Spieler nur einmal würfeln. Einzig wenn man eine Sechs würfelt, darf man gleich noch einmal, was den Spieler dann natürlich schneller weiterbringt. Würde ein

Kind nun eine Fünf würfeln, sie aber als eine Sechs ausgeben, würden Väter meist durchgreifen und das auf keinen Fall zulassen, während Mütter diese kleine Schummelei auch mal wissentlich übersehen würden. Väter haben damit oft eine größere Wettbewerbsmotivation und strengen sich selbst ernsthaft an, um auch mal zu gewinnen, was bei den Müttern eher seltener der Fall ist. In erster Linie kann man über diese Spiele sagen, dass die Kinder mit ihren Vätern zumeist besser als mit ihren Müttern Ausdauer und Durchhaltevermögen trainieren, Fairness begreifen, ihre eigene Selbstwirksamkeit erleben und lernen, Frustrationen auszuhalten.

Väter haben eine Vorliebe für wilde Rauf- und Tobespiele, die gut für die Entwicklung des Körpergefühls und der Emotionsregulation des Kindes sind. Aber auch bei Fantasie- und Rollenspielen, die die Möglichkeit eröffnen, die Denk- und Sprachentwicklung des Kindes zu unterstützen und das kulturelle Lernen zu fördern, machen Väter eine gute Figur – sie passen sich dem spielenden Kind an, sind wertschätzend und ordnen sich den Spielideen unter. Wetteifern Vater und Kind in Regelspielen miteinander, entwickelt das Kind eine gesunde Wettbewerbsmotivation, lernt Siege zu erkämpfen, aber auch Niederlagen zu akzeptieren und Enttäuschungen wegzustecken.

KAPITEL 7

WIE EINE BINDUNG ZUM VATER ENTSTEHT

»Es gibt nichts Wichtigeres in der Kindheit als den Schutz des Vaters.«
Sigmund Freud (1856–1939)

Wir beginnen unser Leben mit innigen Beziehungen, die uns an nur wenige Menschen binden. Für das Aufwachsen sind sie unentbehrlich. Und man darf davon überzeugt sein, dass sie das Fundament sind, auf das wir unser gesamtes Leben aufbauen. Wie entstehen Bindungen? Und wie die zum Vater? Und sind Bindungen tatsächlich so wichtig, dass sie das Schicksal unseres Lebens bestimmen?

Für die grundlegende Erforschung der Bindung erlangte John Bowlby, ein britischer Kinderpsychiater, weltweite Anerkennung. Er entdeckte in den 1940er-Jahren, dass Neugeborene über angeborene Verhaltensmuster verfügen, mit denen sie versuchen, die Mutter an sich zu binden. Dazu zählen etwa Klammern, Anschmiegen, Schreien, Lächeln, vermutlich auch Gurren, Brabbeln und Saugen. Die Mutter soll und wird Nahrung liefern. Und diese Nahrung ist überlebensnotwendig, doch ist sie nur ein Nebenprodukt der

Bindung. Ein Baby ahnt: Wenn die Mutter nicht da ist, gibt es auch keinen Schutz vor Gefahren. Und weil die Mutter vor allem Schutz und Sicherheit bedeutet, stellt ihre Nähe eine äußerst wichtige Überlebensstrategie dar. Ist die Nähe verlässlich und die Beziehung sicher, entwickelt das Kind sichere Bindungserfahrungen und damit das Vertrauen, das ihm später in unbekannten Situationen helfen wird, allein zurechtzukommen[1].

Schon wenige Jahre nach Bowlbys Entdeckung fragten sich bereits einige Bindungsforscher*, wieso dieses wichtige Schutzsystem nur an die Mutter gekoppelt sein soll. Evolutionsgeschichtlich müsste eine so grundlegende Überlebensstrategie mehrfach abgesichert sein, schon allein, weil es zu riskant gewesen wäre, das Überleben des Nachwuchses nur an eine Person zu knüpfen. Es müssen also auch andere Bindungspersonen für das Kind infrage kommen – und darunter zählen selbstverständlich auch die Väter.

Doch welche Bedeutungen haben Bindungserfahrungen eines Kindes auch für sein späteres Leben? Und in welcher Weise wirken sie sich aus? Der US-amerikanische Persönlichkeitspsychologe Jeffrey Simpson von der University of Minnesota vermutete, dass sie auch die Persönlichkeitsstruktur von Erwachsenen geprägt haben könnten – jenseits der genetischen Grundlagen, die stets ins Feld geführt wurden. Simpson ließ so vor ein paar Jahren Fragebögen von einer Gruppe junger Erwachsener ausfüllen, die die fünf bekanntesten Dimensionen der Persönlichkeit erfassen. Seine Fragebögen fragten nach den sogenannten Big Five: Extrovertiertheit, Offenheit, Verträglichkeit, Gewissenhaftigkeit und der Grundstimmung – oder genauer, der emotionalen Labilität. Der Clou dieser Forschungsstudie bestand allerdings darin, dass die Befragten bereits 30 Jahre zuvor im Hinblick auf ihre Bindungserfahrungen beurteilt worden waren. Man wusste also, wer von ihnen sichere Bindungserfahrungen in der Kindheit gemacht hatte und wer nicht[2].

Simpson und sein Team stießen bei ihrer Auswertung der Fragebögen auf genau jene Zusammenhänge, die auch andere Wissenschaftler* insgeheim schon vermutet hatten: Es stellte sich tatsächlich heraus, dass die frühe Bindungssicherheit mit einer positiven Lebenshaltung im Erwachsenenalter verbunden war. Offensichtlich unterstützt sie umgängliche, gewissenhafte und optimistische Eigenschaften des Erwachsenseins.

Im Umkehrschluss demonstrierte Simpson mit dieser Studie aber auch: Je unsicherer die frühkindlichen Bindungserfahrungen gewesen waren, desto deutlicher war eine pessimistische Grundstimmung und eine gewisse Unverträglichkeit festzustellen. Bei den betroffenen Erwachsenen war eine geradezu ablehnende Lebenshaltung zu spüren, die ein Miteinander mit anderen Menschen und deren Unterstützung ziemlich erschwerten. Kann es deshalb sein, dass in außerordentlich kritischen Lebensphasen – wenn alles zusammenzubrechen droht – es für diese Erwachsenen sehr viel schwerer ist, das Leben zu bewältigen?

Mit dieser ungeheuer komplexen Frage starteten die Entwicklungspsychologen Alan Sroufe und Byron Egeland von der University of Minnesota in den USA schon Mitte der 1970er-Jahre eine umfangreiche Forschungsstudie, die als Minnesota-Längsschnittstudie Berühmtheit erlangen sollte. Sroufe und Egeland begleiteten Babys über mehr als 30 Jahre bis ins Erwachsenenalter. Ihr Ziel war es, zu untersuchen, welchen Einfluss die frühen Bindungserfahrungen auf die Art und Weise haben, wie sich jemand entwickelt und später sein Leben bewältigt. Um zu verstehen, wie wir unser Leben meistern und wie uns die frühen Beziehungserfahrungen dabei helfen oder hemmen, gingen in den 1980er-Jahren auch zwei deutsche Längsschnittstudien in Bielefeld und Regensburg an den Start, die von dem deutschen Forscherehepaar Karin und Klaus Grossmann ins Leben gerufen wurden und über 20 Jahre dauern sollten[3].

All diese Längsschnittstudien waren ambitioniert und äußerst sorgfältig durchgeführt. Sie benutzten eine riesige Bandbreite von Untersuchungsmethoden, die detailliert, umfangreich und in dichter Folge entlang des Lebenslaufs verwendet wurden. Beobachtungen, Fragebögen und Teste wie auch Interviews wurden eingesetzt – und physiologische Messungen der Herztätigkeit und Cortisol-Ausschüttung dokumentierten den Umgang mit Stress. Die Untersuchungen fanden an allen möglichen Orten statt: zu Hause, in den Testräumen der Universitäten, in Kindergärten, Schulen, Jugendclubs und Freizeiteinrichtungen. Die Qualität der Betreuungs-, Lern- und Freizeitorte wurde genauso beschrieben wie viele Verhaltens- und Persönlichkeitsaspekte der Eltern und anderer wichtiger Bindungs-, Betreuungs-, Lehr- und Kontaktpersonen der Kinder und Heranwachsenden.

In ihrer Endkonsequenz konnten diese Studien eindrücklich belegen, wie nachhaltig der Einfluss eines herzlichen und liebevollen Elternhauses im Unterschied zu einem unterkühlten und abweisenden ist. Zum einen zeigte sich, wie sichere Bindungen nachgewiesenermaßen einen großen Einfluss auf viele Kompetenzbereiche ausübten, die sich im Laufe eines Lebens ausbilden. Zum anderen fiel es Erwachsenen mit sicheren Bindungserfahrungen signifikant leichter, sich auf neue Herausforderungen kurzfristig einzustellen, mit tief greifenden Veränderungen oder kritischen Ereignissen im Verlauf des Lebens zurechtzukommen, Belastungen in den Griff zu kriegen und die psychische Gesundheit zu erhalten.

Die Bindungssicherheit gilt daher als Schutzfaktor und besagt: Je verlässlicher die Bindungsbeziehungen eines Kindes in seiner Familie sind, je stabiler sie zu Mutter und Vater ausgebildet sind, desto besser ist das Kind für die Herausforderungen des Lebens gerüstet. Dabei ist die Sicht auf kindliche Bindungserfahrungen, die auch den Vater einschließen, relativ neu.

Bindungen zum Vater entschlüsseln

Noch vor 50 Jahren stand kaum etwas über die Vater-Kind-Beziehung in den gängigen Lehrbüchern der Kinderpsychologie. Die Beziehung eines Kleinkindes zu seinen Spielzeugen und Kuscheltieren wurde lang und breit diskutiert, aber seine Beziehung zum Vater kaum angesprochen. Schon 1974 empörte sich der Entwicklungspsychologe Joseph Campos an der University of Berkeley in den USA über diesen Umstand und war einer der Ersten, der die Beziehung eines Kindes zu seinem Vater ins rechte Licht zu rücken versuchte. Insbesondere wollte er wissen, ob der Vater eine gleichberechtigte Bindungsperson neben der Mutter sein kann.

Campos ließ dazu beide Eltern von Kindern im Alter von 10 bis 16 Monaten in einem Testraum seines Instituts Platz nehmen, in dem schon jemand aus seinem Team saß. Die anwesenden drei Erwachsenen sollten weder sprechen noch anderweitig auf sich aufmerksam machen, sondern lediglich freundliche Blicke mit dem Kind tauschen, das etwa 2,5 Meter entfernt vor ihnen auf dem Teppich platziert wurde. Die ganze Situation und wie sie sich weiterentwickelte, wurde gefilmt. Anhand der Video-Aufnahmen ließ Campos dann auswerten, zu wem sich die Kleinen zuerst auf den Weg machten, wie lange sie dortblieben und ob sie Körperkontakt suchten. Aus Vergleichsgründen wurde diese Situation später nur mit dem Vater wie auch nur mit der Mutter wiederholt, in der aus dem Team von Campos auch jeweils zwei Mitglieder unterschiedlichen Geschlechts mitmachten[4].

Die Auswertung ergab, dass Väter die Funktion einer Bindungsperson zweifelsfrei erfüllten. Wenn die Kinder nur mit dem Vater und den beiden Fremden im Raum waren, krabbelten sie geschwind zum Vater, blieben in seiner Nähe und hielten sich an ihm fest. Wenn daneben auch die Mutter anwesend war, war der Vater jedoch chancenlos und die Mutter die klare Favoritin: Für sie machten sich die Babys sogar noch schneller auf den Weg und blieben auch länger bei ihr als beim Vater.

Das alles erscheint sehr einleuchtend – ist es doch die

Art und Weise, wie uns die Kinder von der großen Bedeutung der Bindungsbeziehungen in ihrem Leben überzeugen. Die Präferenz für die Mutter ist dabei nichts Ungewöhnliches. Die Bindungsforschung hat gezeigt, wie ein Kind im Laufe des ersten Lebensjahres ein Sicherheitssystem ausbildet, das die jeweilige Bindungsperson entscheidend mitgestaltet. Und wenn Mütter mehr Zeit mit ihren Kindern verbringen und deren Bedürfnisse prompt und erwartungsgerecht erfüllen können, warum dann den Vater ansteuern, wenn die Mutter auch verfügbar ist?[5] Darin eine Zurückweisung des Vaters zu sehen, wäre völlig verfehlt.

Campos belegte mit seiner Studie etwas weitaus Wichtigeres: Ist das Kind verunsichert – wie es in seinen Testsituationen zweifellos der Fall war –, werden die eigenen Eltern gegenüber anderen Menschen bevorzugt. Die Nähe und Aufmerksamkeit der Eltern helfen dem Kind dann, die Unsicherheit zu überwinden und sich zu entspannen.

Fraglos sind derartige Vorgänge überall in der Lebenswirklichkeit von Kindern zu finden, wie etwa beim dreijährigen Paul, Sohn unseres Nachbarn, der den letzten Sommer mit seinem Vater an der Ostsee verbrachte. Als ein Mann in einem Eisbärenkostüm am Strand auftauchte und Eis verkaufte, bekam Paul einen Riesenschreck. Schreiend kletterte er in den Strandkorb – im sicheren Schutz seines Vaters beäugte er nun vorsichtig diese merkwürdige Gestalt. Als der Eisbär dann auch noch den Kopf abnahm, erschrak Paul erneut: Hatte der etwa schon einen Menschen gefressen? Der Vater nahm ihn nun fest in den Arm und begann, mit dem Eisbären zu plaudern. Schnell beruhigte sich Paul und spielte schließlich wieder fröhlich im Sand.

Die Bindungsbeziehung zwischen ihm und seinem Vater sorgte für ein grundlegendes Gefühl der Sicherheit. Dieses Gefühl ermöglicht es Paul, von einer Sicherheitsbasis aus sein Umfeld zu erkunden und sogar die bedrohliche Situation auszukundschaften, die ihn ursprünglich so geängstigt hatte[6].

So erhellend Campos' Studie auch war, sie ließ einen wichtigen Aspekt außer Acht, der in der Bindungsforschung seither deutlich mehr Aufmerksamkeit erfahren hat: Längst nicht alle Eltern sind in der Lage, ihrem Kind das Gefühl von Sicherheit zu geben. In diesem Fall sind die Kleinen auf sich selbst angewiesen. Sie bilden dann sogenannte unsichere Bindungen aus, die in zwei Varianten auftreten, einer ambivalenten und einer vermeidenden.

In einer unsicher-ambivalenten Bindungsbeziehung unternimmt das Kind zwar noch den Versuch, die Nähe seiner Bindungsperson zu suchen, wenn ihm eine Situation zu bedrohlich erscheint. Sollte jedoch in einem solchen Fall der Vater die Gefühlslage des Kindes nicht verbessern können, lehnt das Kind jede weitere Zuwendung ab. In der Regel deutet dieses Verhalten darauf hin, dass der Vater zuvor als unzuverlässig erlebt und das Kind enttäuscht hatte – und das Kind ihm dementsprechend nicht mehr uneingeschränkt vertraut.

Ähnliche Enttäuschungen spiegeln sich sogar noch stärker in unsicher-vermeidenden Bindungsbeziehungen wider, nur dass das Kind einen solchen Vater oder eine andere Bindungsperson gleich von vornherein meidet. Und nicht nur das: Sollte der Vater dem Kind in einem Moment helfen wollen, in dem es sich geängstigt hat – wie Paul vor dem Eisbären –, würde es den Vater sogar regelrecht zurückweisen: Das Kind würde ihm den Rücken zuwenden, auf Distanz gehen und mit aller Macht versuchen, die eigene Verunsicherung und Ängstlichkeit selbst zu regulieren.

Verständlicherweise wusste die Bindungsforschung mit derartigen vermeidenden Verhaltensweisen zunächst nichts anzufangen: Hatte so ein kindliches Verhalten denn überhaupt noch etwas mit Bindung zu tun? Paradoxerweise kann eine Vermeidung jedoch tatsächlich Nähe stiften. Wenn Kinder ihre Ängstlichkeit nicht zeigen, muss der Vater auch nicht darauf eingehen. Und genau das hält die Nähe zu ihm aufrecht. Würden die Kleinen ihren Gefühlen freien Lauf lassen, weinen und jammern, zöge sich der Vater zurück, so wie er es schon oft getan hat. Umso mehr versuchen die Kinder, cool zu erscheinen. Das aber tut ihnen letztlich überhaupt nicht gut. Die Folgen derart unterdrückter Gefühle zeigen sich nachweislich in erhöhten Pulsfrequenzen[7]. Würde die Vater-Kind-Beziehung jedoch Sicherheitsgefühle vermitteln, ließe sich der Gefühlsstau vermutlich recht schnell auflösen. Der Vater würde sich dem Kind aufmerksam zuwenden und ihm liebevoll helfen, die Ängstlichkeit zu überwinden. Dasselbe gilt natürlich für all jene Mütter und Bezugspersonen, die es an zuverlässiger Zuwendung vermissen lassen und dadurch eine sichere Bindung verhindern.

Unzählige Alltagserfahrungen, positive wie negative, prägen jedenfalls die Qualität der kindlichen Bindung. Die Kinder speichern diese Erfahrungen in ihrem Gedächtnis, und das schon in den ersten Monaten. Lange Zeit dachte man, dass das Gedächtnis in den ersten drei Lebensjahren lückenhaft sei und lediglich Bruchstücke der Erlebnisse speichere, die frühen Erinnerungsspuren würden sich ansonsten im Nichts verlieren. Inzwischen wissen wir jedoch, dass auch ein Kleinkind, das noch keine drei Jahre alt ist, sehr wohl Erinnerungen hat und dass dieses Erinnerungsvermögen sein Denken und Fühlen beeinflusst. So weiß das Kind unter anderem sehr genau, welche Bezugsperson sich ihm gegenüber als zugewandt und zuverlässig erwiesen hat – und welche nicht.

Zweifelsohne wird das Gedächtnis immer wieder mit neuen Erfahrungen angereichert. Diese können die Erinnerungen bestätigen, sie infrage stellen und verbessern, aber auch verwerfen[8]. Es ist einfach wichtig, sich klarzumachen, dass die Beziehung zu unseren Kindern täglich bestätigt oder Veränderungen unterworfen wird. Und diese Dynamik eröffnet immer wieder Chancen, missglückte oder konfliktbehaftete Beziehungsprozesse in eine neue, bessere Richtung umzulenken oder positiv verlaufende Prozesse weiter zu festigen.

Bindungen messbar machen

Um all die Wirkungen untersuchen zu können, die von Bindungsbeziehungen ausgehen, müsste man Bindungen auf irgendeine Weise messbar machen. Wie aber sollte man eine so komplexe Verhaltensstruktur mit der nötigen wissenschaftlichen Genauigkeit erfassen und beschreiben?

Dieser Aufgabe stellte sich Mary Ainsworth, eine kanadische Psychologin, die bereits in den 1950er-Jahren mit John Bowlby in London über die Mutter-Kind-Bindung zu forschen begann. In den USA, an der Johns Hopkins University in Baltimore, entwickelte sie Ende der 1980er-Jahre ein Verfahren, das eine Bindungsbeziehung schon früh im Leben eines Kindes erfassen kann – die sogenannte *Fremde Situation*. Das Verfahren wird nach wie vor benutzt, muss allerdings in einem Labor mit Videokamera aufgezeichnet werden. Die Aufnahmen machen es dann möglich, kleinste Details darüber zu sammeln, wie sich die Bindung eines kleinen Kindes ausdrückt – wie es Nähe herstellt oder sie zurückweist, zufrieden und ausgelassen oder abweisend und unwillig wird.

Konkret handelt es sich bei der *Fremden Situation* um eine 20-minütige Testsituation, die für Kinder im ersten Lebensjahr konzipiert wurde[9]. In einer strikten Abfolge von dreiminütigen Episoden wird das kindliche Bindungsverhalten herausgefordert. Dabei werden die Kleinen in dem Testraum und unter Teilnahme einer völlig fremden Person von ihrer Bindungsperson kurzzeitig getrennt und anschließend wieder mit ihr zusammengebracht. Die Bindungsperson – in diesem Fall der Vater – wird zweimal aus dem Testraum geschickt. Das Kind bleibt beim ersten Mal mit der fremden Person zurück, beim zweiten Mal bleibt es ganz allein. Kehrt der Vater zurück, zeigt sich, ob und wie ihn das Kind als Sicherheitsbasis nutzt: Wird es dem Vater entgegenlaufen, ihm nahe sein und sich eventuell auch anschmiegen wollen? Und wird es danach wieder fröhlich spielen können oder vielleicht doch nicht zur Ruhe kommen und aufgewühlt bleiben? Wird es den Vater bei seiner Rückkehr womöglich ignorieren? Inzwischen dürfte klar geworden sein, dass sich hinter diesen Fragen jeweils Hinweise auf eine sichere, unsicher-ambivalente oder unsicher-vermeidende Bindung verbergen[10].

Die *Fremde Situation* erwies sich als ein Meilenstein in der wissenschaftlichen Erfassung des Bindungsverhaltens kleiner Kinder. Einer der Schüler von Ainsworth, der Bindungsforscher Everett Waters von der State University of New York, ging noch einen Schritt weiter. Er war davon überzeugt, dass man die Testräume auch verlassen und die Bindung im Alltag aufspüren könne. Auch ohne ein streng konstruiertes Laborverfahren sollte es möglich sein, das Bindungsverhalten in der natürlichen Umwelt eines Kleinkindes zuverlässig zu bestimmen. Mit einem ausgeklügelten Beobachtungsverfahren – dem sogenannten Attachment Q-Sort, sprich AQS – ließ er die Eltern-Kind-Bindung in ihrer gewohnten Umgebung beobachten[11].

Im Grunde ging es bei Waters' Beobachtungsverfahren darum, eine komplexe Alltagsbeobachtung auf wenige relevante Situationsmomente zu konzentrieren. Er gab 90 verschiedene Situationsmomente vor, die schließlich danach bewertet werden sollten, wie typisch oder untypisch sie für das Kind und seine Bindungsperson sind.

Diese Minisituationen beschreiben in etwa, wie ein Kind – wenn es mit dem Vater beobachtet wurde – dessen Nähe sucht (*»Das Kind zieht es vor, mit dem Vater oder in seiner Nähe zu spielen«*), einen Sicherheitsbedarf anmeldet (*»Wenn der Vater versichert, dass alles in Ordnung ist, dann spielt das Kind mit Dingen, die es ursprünglich vorsichtig oder ängstlich hatten werden lassen«*) oder seine Aufmerksamkeit möchte (*»Wenn das Kind mit einer Sache fertig ist, kehrt es zum Vater zurück, um etwa zu spielen oder Zuneigung und Anregung zu be-*

kommen«) und vieles mehr[12]. Jede Bewertung dieser einzelnen Momente mündet in einen Punktwert der Bindungssicherheit – und je höher er ist, desto ausgeprägter ist die Bindung.

Im Rahmen unserer CENOF-Forschung entschieden wir uns, die Vater-Kind-Bindung mit beiden Verfahren zu messen, der *Fremden Situation* von Ainsworth und dem *AQS-Verfahren* von Waters. Ainsworth' Labormethode wollten wir in unserem Institut durchführen, Waters' Beobachtungsmethode dagegen während der Hausbesuche bei den Familien.

Tina Eckstein-Madry hatte in unserem Team einen enorm ansteckenden Enthusiasmus für den AQS entwickelt, den sie in ihrer eigenen Dissertation erfolgreich eingesetzt und auch Wissenschaftler* aus anderen Instituten erklärt hatte. Sie bot nun AQS-Workshops für unsere CENOF-Teams an.

Zwei Doktorandinnen der CENOF-Forschung, Andrea Witting und Nina Ruiz, führten die *Fremde Situation* durch. Dazu richteten sie die ehemalige kinderpsychologische Beratungsstelle unseres Instituts her, die über einen Test- und einen Beobachtungsraum mit Einwegscheibe verfügte, von dem aus Videoaufnahmen möglich wurden. Jeweils vier bis fünf Elternpaare kamen mit ihren Kleinkindern an den Wochenenden wegen der *Fremden Situation* in unser Institut. Wenn beide Eltern teilnehmen wollten, mussten sie an zwei unterschiedlichen Wochenenden kommen, und Andrea und Nina begannen das Prozedere mal mit dem Vater, mal mit der Mutter.

Vater-Kind-Bindungen bewerten

Bei beiden Methoden der Bindungserfassung konnten wir ungefähr zwei Drittel der Kinder als bindungssicher einstufen, und zwar sowohl zu ihren Müttern als auch zu ihren Vätern[13]. Das bedeutet nicht zuletzt, dass die Kinder mehrheitlich bindungssichere Erfahrungen machten und damit auf ein zuverlässigeres Fundament für eine gesunde Entwicklung zurückgreifen konnten. Dagegen war es für den Rest der Kinder besonders dramatisch, wenn weder Mutter noch Vater diese Sicherheit vermittelt hatten.

Der Entwicklungs- und Neuropsychologe Nathan Fox von der University of Maryland in den USA analysierte schon Mitte der 1980er-Jahre sämtliche Studien, die die *Fremde Situation* mit beiden Eltern durchgeführt hatten. Er stellte dabei eine sechzigprozentige Übereinstimmung in den Bindungsmustern eines Kindes zu Mutter und Vater fest. Konkret waren die Kinder an beide Eltern mit 45,8 Prozent sicher gebunden, aber mit 15,1 Prozent eben auch mit beiden unsicher geblieben. Fox erklärte diese Ergebnisse damals damit, dass Eltern mit der gemeinsamen Betreuung ihres Kindes zumeist ähnliche Ansichten teilten und ihr Betreuungsverhalten entsprechend aufeinander abstimmten. Dabei schien es ihm, als dienten die Mütter den Vätern sogar als Modell, da sie meist mehr Betreuungserfahrung besaßen und das Kind besser kannten[14].

Sollte die Vater-Kind-Bindung am Ende auch in unserer Forschung doch nur eine Kopie der Mutter-Kind-Bindung sein? Gegen diese Schlussfolgerung spricht freilich einiges, darunter auch die Tatsache, dass Väter heute nachweislich viel stärker als noch vor 40 Jahren eine selbstbestimmte Rolle in ihren Familien spielen und deshalb sehr wohl mit ihren eigenen Vorstellungen und Verhaltensweisen an die Betreuung ihrer Kinder herangehen. Und das ist auch gut so. Denn selbst in der Studie von Fox waren 19,7 Prozent aller erfassten Bindungsbeziehungen vonseiten des Vaters sicher, vonseiten der Mutter jedoch unsicher ausgebildet worden. Es ist also von Vorteil, wenn Väter von diesen mütterlichen Modellen abweichen und ihren Kindern die Bindungssicherheit geben können, die für die Mütter schwierig herzustellen war.

Es war uns ein dringliches Anliegen, herauszufinden, wie die Vater-Kind-Bindung entsteht und wo sie ansetzt. Eines ist dabei klar: Die Schlüsselfigur ist das Kind, das sein Bedürfnis nach Schutz und Sicherheit signalisiert. Ob und wie seine Signale beantwortet werden, entscheidet letztendlich darüber, welches Maß an Sicherheit und Vertrauen es entwickeln kann. Im Klartext heißt das: Ein Kind, das Zuwendung und Aufmerksamkeit erfährt, wird eine sichere Bindung an einen Vater entwickeln, wenn er die fürsorgliche Bezugsperson ist. Ein Kind, dessen Signale weitgehend ungehört verhallen, wird nachhaltig verunsichert, erwirbt eine unsichere Bindung und entwickelt zwangsläufig seinen eigenen Schutzmechanismus.

Auch wenn es unwahrscheinlich klingen mag: Der Schutzmechanismus kann darin bestehen, dass ein Kind seine Gefühle nicht mehr wahrnimmt. Wenn es etwa über lange Zeit weinend allein gelassen wird, führt die anhaltende Übererregbarkeit zu einer emotionalen Stumpfheit – das Kind hat den Zugang zu den eigenen Gefühlen verloren. Selbst wenn es dann also nicht mehr weint, bedeutet das nicht unbedingt, dass es ihm gut geht.

Babys finden jedoch schnell heraus, wer sich am besten um sie kümmert. Sie sind von Geburt an mit einem Grundverständnis ausgestattet, das ihnen die Gewissheit gibt, als Menschen auf die Welt gekommen zu sein. Diese sensationelle Entdeckung hat Andrew Meltzoff von der University of Washington / USA gemacht[15]. Er hat damit eine althergebrachte Überzeugung ausgemustert, nach der ein Neugeborenes zunächst nur sich selbst wahrnehmen könne, um Schritt für Schritt sein eigenes Ich von der Außenwelt zu unterscheiden – erst danach könne es die Welt erkunden.

Nach Meltzoff liegt jedoch eine völlig andere Art der Selbsterkenntnis vor: Die Babys ahnen von Anbeginn an, wer sie sind. Sie vertrauen darauf, dass diejenigen, von denen sie betreut werden, genauso wie sie selbst sind. Mehr noch: Sie scheinen bereits zu vermuten, dass ihre Betreuungspersonen nicht irgendetwas tun, sondern absichtsvoll handeln. Infolgedessen können schon Babys die Handlungen erkennen, die für sie bestimmt sind. Weil sie selbst noch unfähig zu derart selbstbestimmten Handlungen sind, nutzen sie alle Möglichkeiten, sich mit Blickkontakt, Mimik und Lauten verständlich zu machen. Über intensives und ausdauerndes Anschauen lesen die Babys die Gesichter ihrer Eltern und lernen, ihre Zuwendungsbereitschaft einzuschätzen[16].

Emotional verfügbar sein

Entsteht die Bindung demnach im Austausch von Angesicht zu Angesicht? Die Erkenntnis, dass Blickkontakte zumindest eine bedeutende Rolle spielen, verdanken wir insbesondere dem Entwicklungspsychologen Edward Tronick von der University of Massachusetts in Boston in den USA, der dazu schon in den 1980er-Jahren eine Versuchsanordnung entwickelte, die weltweit für Furore sorgte – das sogenannte *Still-Face-Experiment*.

Bei diesem Experiment ließ Tronick die Mütter zunächst liebevoll mit ihren drei bis sieben Monate alten Babys kommunizieren. Nach einer Weile wurden die Mütter dann aufgefordert, für ein paar Minuten ein versteinertes, ausdrucksloses Gesicht zu zeigen. Die Babys waren sofort erkennbar irritiert: Zunächst versuchten sie, die Aufmerksamkeit ihrer Mütter zurückzugewinnen, indem sie das Gesicht verzogen, ihre Ärmchen ausstreckten oder quengelten. Dann fingen sie an, jämmerlich zu wimmern, und weinten schließlich herzzerreißend. Die Babys fühlten sich sichtlich unwohl und erlangten ihre Fassung erst wieder, als die Mütter ihre versteinerten Mienen auflösten, ihre Kinder wieder offen und freundlich anschauten und mit ihnen sprachen. In seiner Schlichtheit lieferte das *Still-Face-Experiment* letztlich einen schlagenden Beweis dafür, wie bedeutsam die sichtbare Zuwendung der Mutter für ein Baby ist – und was passiert, wenn sie ausbleibt[17].

Nachdem das *Still-Face-Experiment* weltweite Anwendung in der Mütterforschung gefunden hatte, beschlossen die Entwicklungspsychologin Julia Braungart-Rieker und ihr Team von der University of Notre Dame in den USA, eine Vergleichsstudie mit Vätern durchzuführen. Wie würden die Babys hier reagieren? Da Braungart-Rieker auf neue Erkenntnisse zum Bindungsverhalten hoffte, ließ sie später auch die *Fremde Situation* mit den Vätern durchführen, die am *Still-Face-Experiment* teilgenommen hatten.

Die Studie kam insgesamt zu dem Ergebnis, dass die Zuwendung der Väter jener der Mütter in nichts nachstand: Die Väter betrachteten ihre Babys aufmerksam und liebevoll, achteten auf deren Mimik und reagierten angemessen, sobald die Babys anfingen, sich zu langweilen, oder gestresst erschienen. Und die Babys reagierten erwartungsgemäß positiv auf die Väter. Wie schon bei den Müttern, versetzte auch das plötzlich bewegungslose väterliche Gesicht die Babys in Angst und Schrecken, sie erholten sich jedoch sehr schnell von den Schrecksekunden und waren ansonsten quietschvergnügt.

In der *Fremden Situation* wurden diese Kinder später hauptsächlich als bindungssicher identifiziert. Deutlich schwerer hatten es Babys von Eltern, die die ganze Zeit wenig zuwendend und einfühlsam waren. Diese Babys blieben während des gesamten *Still-Face-Experiments* angespannt und konnten sich angesichts der bewegungslosen Gesichter nur ganz schwer beruhigen. In der *Fremden Situation* wurden sie vielfach als bindungsunsicher erkannt.

Insgesamt lieferten Braungart-Rieker und Team zwei wichtige Erkenntnisse: zum einen die, dass Väter die gleiche Zuwendung aufbringen können wie Mütter. Und zum anderen die, dass zuwendungsbereite Väter und Mütter ihren Babys Sicherheits- und Schutzerfahrungen geben, indem sie grundsätzlich emotional verfügbar sind, sie ermöglichen damit eine sichere Bindung[18].

Zeit einräumen

Jede Bindung ist an Zuwendung gebunden. Und dafür braucht es Zeit. So ist auch die Vater-Kind-Bindung davon abhängig, wie viel Zeit sich ein Vater für sein Kind nehmen kann. Die Bindung ist jedoch vor allem davon abhängig, wie er diese Zeit konkret verwendet.

Einschlägige Studien aus den letzten Jahren zeigen, dass die Zeit, die Väter für die Kinderbetreuung aufwenden, kontinuierlich gestiegen ist. Väter verbringen mit ihren Kindern heute durchschnittlich 68 Prozent der Zeit, die auch berufstätige Mütter für die Betreuung der Kinder verwenden. Noch vor 30 Jahren waren es nur 55 Prozent[19]. Die immer größer werdenden Zeitbudgets, die Väter ihren Kindern widmen, sagen jedoch allein noch nichts über das wahre väterliche Engagement aus – und schon gar nichts darüber, wie sich diese Zeitbudgets auf die Beziehung zum Kind auswirken.

So wollten wir in der CENOF-Forschung unbedingt herausfinden, wie Väter die Zeit für ihre Kinder nutzen und – noch viel wichtiger – wie sie es schaffen, für die Kleinen zu einer Sicherheitsbasis zu werden. Hartnäckig hielt sich bis dahin die Behauptung, dass Väter eher den unterhaltenden Teil der Kinderbetreuung übernähmen, während die Alltagsroutinen an den Müttern hängen blieben. Und während die Mütter stets auf akute Situationen reagierten, wenn das Kind etwa vom Dreirad fällt oder einen Trinkbecher umkippt, würden Väter eher die planbaren und selbstbestimmten Aufgaben erledigen, die sie beispielsweise jeden Samstagvormittag auf den Spielplatz führen[20].

Als wir im April 2017 mit dem Familienpsychologen Geoffrey Brown von der University of Georgia in den USA eine Arbeitsgruppe für die SRCD-Konferenz in Austin in den USA[21] vorbereiteten, sagte er, dass nach seinen Erfahrungen einfach nicht klar sei, was von Vätern konkret erwartet werde. Die Vaterrolle unterliege einer gewissen Beliebigkeit. Väter könnten sich weitgehend aussuchen, wann und wo sie sich in den Familienalltag und die Kinderbetreuung einbringen wollten und wann sie sich raushielten. Während Mütter sich allen möglichen Alltagssituationen stellen müssen, werde dies von den Vätern in der Regel nicht erwartet.

Falls sich Väter dennoch umfänglich engagierten, hieße das, laut Brown, dass sie eine enorme Freude am Vatersein haben müssten. Brown konzipierte deshalb eine Studie, in der er die Väter bei einem kurzen Spiel mit ihren Kindern videografierte und sie später in die *Fremde Situation* holte. Nach einem ausführlichen Interview darüber, was die Väter mit ihren Kindern gewöhnlich machen und was sie selbst dabei fühlen, schätzten Brown und sein Team die Freude der Väter am Vatersein mit einem Punktwert ein. Kriterien dafür waren im Wesentlichen, ob die Väter generell Freude empfanden, wenn sie ihr Kind betreuten, ob sie ein Gefühl für die kindlichen Bedürfnisse entwickelt hätten, ob sie die eigenen Bedürfnisse zugunsten des Kindes zurückstellten und wie unbeschwert sie kritische Situationen bewältigten, die durch das Kind entstanden waren[22].

Wie sich zeigte, spielten die Väter vor der Videokamera mehr oder weniger alle gleich gut, die Bindungen zu ihren Kindern waren allerdings sehr verschieden. Ihre Qualität, so Brown, schien vom Ausmaß der Freude am Vatersein abzuhängen. War die Freude groß, lag auffallend häufig eine sichere Vater-Kind-Bindung vor. Hielt sie sich jedoch in Grenzen, bestand zu den Kindern eher eine unsichere Bindung – selbst dann, wenn die Spieltätigkeit der betreffenden Väter recht gut beurteilt worden war.

Die Freude am Vatersein lieferte somit den zuverlässigsten Hinweis darauf, wie sicher oder unsicher die jeweilige Vater-Kind-Bindung war. Angesichts dieses interessanten Befundes schien es an der Zeit, die Freude am Vatersein anhand der Vater-Kind-Aktivitäten im Alltag genauer zu studieren.

Sich kümmern

Wie aber ließ sich herausfinden, was sich im Alltag zwischen Vater und Kind wirklich abspielt? In einem unserer CENOF-Meetings schlug Bernhard Piskernik, Datenmanager im CENOF-Verbund, eine digitale Erfassungsmethode vor, bei der die Väter über eine Handy-App eine Woche lang Auskunft darüber geben sollten, wo und mit wem sie gerade zusammen sind und was sie jeweils machen. Von besonderem Interesse war dabei die Frage, wie sie die Zeit mit ihren Kindern verbringen.

Bernhard, der sich unverkennbar für die psychologischen Verfahren und Tests bei CENOF engagierte, programmierte auch die Handy-App für die Väter. Sie funktionierte im

Prinzip so: 8- bis 15-mal am Tag klingelte das Handy der Väter zu den unterschiedlichsten Zeiten mit einem sanften Signal, das daran erinnerte, die App zu nutzen. Waren die Väter in dem Moment mit ihren Kindern zusammen, sollten sie kurz eine Reihe konkreter Fragen beantworten: »*Passen Sie gerade auf das Kind auf? Holen Sie es von der Kita ab? Machen Sie ihm etwas zu essen? Baden Sie es? Bringen Sie es ins Bett? Schmusen Sie mit ihm? Toben Sie mit ihm herum? Spielen oder basteln Sie mit ihm? Schauen Sie mit ihm ein Buch an? Schauen Sie gemeinsam Fernsehen?*« Und noch einige Fragen mehr. Waren die Väter jedoch bei der Arbeit und das Kind noch in der Kita, oder hatten die Schlafenszeiten schon begonnen, wurden die Anfragen ausgesetzt, und die App sendete kein Signal[23].

Die Väter mochten diese Apps. Und Bernhard systematisierte einen gewaltigen Datenberg und ordnete ihn akribisch nach den Regeln väterlicher Kinderbetreuung. Am Ende stellte sich heraus, in welch einem unterschiedlichen Ausmaß die Väter in der Kinderbetreuung aktiv geworden waren.

Im Grunde genommen ergab sich ein breites Spektrum, das sich in aktive Väter, durchschnittliche und passive Väter gruppieren ließ. Die aktiven Väter (33 Prozent) übernahmen in der Woche wie auch am Wochenende alle denkbaren Betreuungsaufgaben. Sie holten die Kinder von der Kita ab und gingen mit ihnen auch noch zum Einkauf. Sie machten häufig das Abendessen, badeten sie und brachten sie ins Bett. Tagsüber spielten und tobten sie mit ihnen. In ruhigen Momenten wurde gekuschelt und auch mal der Fernseher angestellt. Vor allem an den Wochenenden wurden dann die Bücher hervorgeholt, die Spielkarten und Brettspiele aus dem Schrank genommen oder die Kleinen zum Basteln und Malen angeleitet. Belief sich das Zeitbudget für das Kind auf zwei Stunden pro Wochentag, war es am Wochenende auf bis zu sechseinhalb Stunden pro Tag angewachsen.

Die passiven Väter (37 Prozent) schienen eher auf ein paar wenige Betreuungsaufgaben spezialisiert zu sein. Entweder holten sie die Kinder von der Kita ab, machten ihnen das Abendbrot oder brachten sie ins Bett. Nur selten ließen sie sich in weitere Alltagsaufgaben einbinden. Wenn die Väter mit ihren Kindern auf den Spielplatz gingen oder mit ihnen zu Hause spielten, dann passierte das vor allem am Wochenende. Ihre Betreuung bestand im Wesentlichen daraus, auf das Kind aufzupassen oder einfach nur da zu sein. Waren die übernommenen Aufträge abgearbeitet, wurde die Kinderbetreuung mehr oder weniger eingestellt, um sie am nächsten Tag mit ähnlichem Programm wieder aufzunehmen.

Die durchschnittlichen Väter (30 Prozent) lagen mit ihrem Zeitbudget fürs Kind zwischen den aktiven und den passiven Vätern. Bis auf wenige Ausnahmen waren ihre Aktivitätsprofile denen der aktiven Väter ähnlich: Sie übernahmen Alltagsroutinen und grundsätzliche Betreuungsaufgaben, ließen sich ebenso häufig aufs Spielen und Toben ein. Sie waren jedoch weit weniger für Beschäftigungen mit Büchern, Spielkarten, Brettspielen oder Bastelmaterialien zu haben. Auch war ihre Kinderbetreuung an den Wochenenden heruntergefahren. Die Familie diente in dieser Zeit als Rückzugsort für die eigene Entspannung und Erholung.

Bindungen eigenständig entwickeln und einsetzen

Nachdem wir mehr Klarheit über das konkrete Engagement der Väter gewonnen hatten, wollten wir herausfinden, wie sich die väterlichen Aktivitäten auf die Vater-Kind-Bindung auswirken. Wir nutzten dazu die AQS-Beobachtungen und bezogen außerdem die Einschätzungen der jeweiligen Mutter-Kind-Bindung mit ein.

Die Ergebnisse waren erstaunlich eindeutig. Die Kinder der aktiven Väter waren in der Regel sicher gebunden. Den Vätern war es mit ihrer breit gefächerten und engagierten Betreuung gelungen, eine starke Vater-Kind-Bindung aufzubauen. Die passiven Väter hatten dagegen wenig Bindungssicherheit zu bieten. Glücklicherweise wurde das Defizit in diesen Fällen zumeist durch die Mütter kompensiert. Die Bindung der Kleinen war umso ausgeprägter zu den Müttern, je weniger sie sich zu ihren Vätern hingezogen fühlten. Die durchschnittlichen Väter entwickelten schließlich die Art von Bindung, wie sie auch die jeweiligen Mütter zu ihren Kindern hatten. Hatten die Kinder eine sichere Bindung zu ihrer Mutter, dann genauso zu ihrem Vater, war die Bindung zur Mutter unsicher, konnte auch der Vater das nicht kompensieren. Die Bindung des Kindes zu ihm blieb ebenfalls unsicher.

Es lässt sich also schlechthin sagen, dass nur die aktiven Väter eine eigenständige und von der Mutter-Kind-Bindung unabhängige Vater-Kind-Bindung entwickelt hatten – mit jeweils eigenen Facetten und Besonderheiten.

Alles in allem konnten wir in dieser Studie eine Menge

neuer Erkenntnisse über die Vater-Kind-Bindung gewinnen, aber auch über das Zusammenspiel der Bindungsbeziehungen in einer Familie. Unmissverständlich wurde sichtbar, dass Väter durchaus eine eigenständige Beziehung zu ihren Kindern aufbauen, die analog zur Mutter-Kind-Bindung wertvoll für die Entwicklung des Kindes ist.

Denn, um es noch einmal zu betonen: Sichere Bindungen üben einen großen Einfluss auf viele Kompetenzbereiche des Kindes aus. So gibt es während der ersten zehn Lebensjahre einen engen Zusammenhang von Bindung und Bildung. Die Eltern haben sich dabei als die wichtigsten Vermittler des frühen Wissenserwerbs erwiesen. Ihre sicheren Bindungsbeziehungen kurbeln die Erkenntnistätigkeit der Kinder geradezu an. Die moderne Frühpädagogik geht zwar davon aus, dass bereits kleine Kinder Erstaunliches vollbringen, um sich selbst zu bilden. Und richtig ist auch, dass bereits Säuglinge und Kleinkinder über leistungsfähige Lernmechanismen verfügen, die es ihnen ermöglichen, eigene Bilder über die Welt zu konstruieren. Doch müssen die Kinder ihre Vorstellungen von der Welt permanent revidieren, weil diese oft noch nicht mit der Realität übereinstimmen. Beispielsweise versteht ein kleines Kind nicht, warum Eiswürfel in einer Cola schmelzen – wie sie verschwinden konnten, wo doch niemand in der Nähe war.

Kurzum, die Kinder brauchen Erklärungen dafür, warum etwas mit ihren Vorstellungen nicht stimmt und wie bestimmte Dinge zusammenhängen. Ihre Bindungsbeziehungen erweisen sich dabei als ein verlässlicher Indikator dafür, ob sie mit Unterstützung rechnen können, um diese Wissenslücken zu überwinden und wie groß ihr Wissensumfang letztlich ist. Zum Vorschein kommt dabei, dass Kinder mit sicheren Bindungserfahrungen lernfreudiger sind. Sie glauben an ihre Fähigkeiten, die immer wieder und gerade dann unterstützt werden, wenn sie an ihre Grenzen kommen. Diese Kinder sind fast überoptimistisch in dem, was sie alles können. Anders verhält es sich dagegen bei unsicher gebundenen Kindern: Weil sie auch in schwierigen Situationen oft alleingelassen wurden, haben sie ihre eigenen Fähigkeiten zumeist als unzureichend erlebt. Mangelndes Selbstvertrauen ist die Folge, und eine wirkliche Freude am Lernen entwickelt sich allenfalls zögerlich[24].

Stimulieren, aktivieren und Rückendeckung geben

Beim Wissenserwerb sind jedoch auch noch andere Entwicklungsprozesse im Gange: Ausgelöst durch den Reiz des Unbekannten entsteht Neugier, und daraus folgt die Explorationstätigkeit des Kindes, die entscheidend dafür ist, sich der Welt zu nähern. Kinder suchen dabei stetig nach neuen Informationen über ihre Umgebung, aber auch über sich selbst.

Da sicher gebundene Kinder auch lernfreudiger und anstrengungsbereiter sind, scheinen sie viel mehr Neugier als andere Kinder mitzubringen, wissbegieriger und offener für Neues als andere zu sein. Wenn etwa die kleine Marie bei ihren Großeltern in unserer Nachbarschaft zu Besuch war, schaute sie immer gern nach den Hühnern. Vorsichtig schlüpfte sie durch die Umzäunung und rannte ihren Lieblingshennen hinterher. Als daraufhin der neue Hahn aufgeregt mit den Flügeln schlug und laut krähte, lief Marie schnell aus dem Pferch hinaus zu ihrem Vater. Bei ihm beruhigte sie sich, und als sie merkte, dass von dem Hahn keine Gefahr ausging, gewann die Neugier wieder die Oberhand. Fröhlich begann Marie, erneut zwischen den Hennen herumzulaufen und die Nester nach Eiern zu durchsuchen.

Dieses Wechselspiel von Neugier und Bindungsverhalten ist als sogenannter Kreislauf der Bindungssicherheit in die Bindungstheorie eingegangen: Die Kinder starten ihre Explorationstätigkeit von einer Sicherheitsbasis aus und kehren zu ihr zurück, wenn es brenzlig wird. Hier schöpfen sie Mut und erkunden die Situation anschließend aufs Neue, bis es wieder brenzlig wird[25].

Aus diesem Kreislauf der Bindungssicherheit zogen viele Väterforscher den Schluss, dass Kinder mit einer sicheren Vater-Kind-Bindung neuen Informationen und Anregungen gegenüber besonders aufgeschlossen sein müssten. Ein Forschungsteam um die US-amerikanische Familienpsychologin Sarah Schoppe-Sullivan von der Ohio University untersuchte deshalb, wie sich Babys beim Spielen anregen lassen und wie sehr die Väter mit ihnen herumtoben können, ohne das Vertrauen ihrer Kinder zu verlieren. Bei ihrem Wien-Besuch in unserem Forschungsbereich im Jahr 2018 berichtete Schoppe-Sullivan, wie sie Väter mit ihren neun Monate alten Babys wild herumtoben ließ und dies filmte. Das Team schätzte später anhand der Videos ein, wie stark die Väter die Babys gekitzelt, mit einer Rassel oder einem anderen Spielzeug begeistert, ihre Arme und Beine bewegt und wie oft sie die Babys in die Luft geworfen hatten. Wenige Monate später wurde dann die *Fremde Situation* durchgeführt. Das Ergebnis war klar: Väter, die intensiv, aber umsichtig mit ihren Kindern gespielt hatten, ohne die Situation zu übertreiben, waren auch diejenigen, die eine Sicherheitsbasis für das Kind darstellten und so die Bindungssicherheit erhalten konnten[26].

Offenbar kommt es darauf an, dass Väter den Kindern bei wilden Spielen eine schützende Rückendeckung geben. Dies führt dann zu einer sicheren Explorationstätigkeit des Kindes, wie sie das Forscherehepaar Grossmann von der Universität Regensburg erstmals beschrieben hat[27]. Sichere Exploration meint, dass ein Kind in seiner Neugier so unterstützt wird, dass das Unbekannte interessant bleibt und ein Rückzug aufgrund von Unbehagen nicht nötig wird. Eine solche Unterstützung können Väter ihren Kindern bieten. Sie können ihnen helfen, sich auszuprobieren und etwaiges Unbehagen zu überwinden, indem sie auf die kindlichen Gefühle eingehen, sie benennen und eventuell sogar über eigene Erfahrungen sprechen und sich austauschen. Mit dieser Form der Rückendeckung werden Väter zu einer ausgewiesenen Quelle der Sicherheit für ihre Kinder – sie zeichnet die Vater-Kind-Bindung in besonderer Weise aus und hebt sie von der Mutter-Kind-Bindung ab.

Die Vater-Kind-Bindung ist eine Beziehung, die Freude am Vatersein voraussetzt und durch Zuwendung im Rahmen eines umfänglichen und engagierten väterlichen Betreuungseinsatzes entsteht. Wenn zudem ein Umgang gepflegt wird, der dem Kind Schutz und Sicherheit gewährt, entsteht eine sichere Vater-Kind-Bindung. Dies wird insbesondere bei wilden Spielen relevant, in denen Väter rechtzeitig regulierend eingreifen und Rückendeckung geben müssen, um das Vertrauen des Kindes nicht zu riskieren. Die sichere Bindung zeichnet sich auch dadurch aus, dass sie sowohl die kindliche Neugier und Explorationstätigkeit als auch die Lernfreude und Anstrengungsbereitschaft befördert.

KAPITEL 8

MACHT UND OHNMACHT DER VATERSCHAFT

»Die Vaterschaft beruht überhaupt nur auf der Überzeugung.«
Johann Wolfgang von Goethe (1749–1832)

Zu den wichtigsten Erkenntnissen der aktuellen Väterforschung zählt, dass eine Vaterschaft mit der Partnerschaft viel enger zusammenhängt als ursprünglich angenommen. Männer entwickeln sie gemeinsam mit ihrer Partnerin und erarbeiten mit ihr eine Lebensführung, die geprägt ist von Leitbildern, Bedürfnissen und Ansprüchen. So wird im alltäglichen Miteinander die gemeinsame Lebensführung durch Absprachen und Interaktionen zwischen dem Paar konkretisiert[1] und bekommt eine ganz neue Qualität, wenn sich der erste Nachwuchs einstellt – Kinder üben nun mit ihren Bedürfnissen einen nachhaltigen Einfluss auf die Gestaltung des Familienlebens aus. Gemeinhin soll die Familie der Ort sein, wo sie gut aufwachsen können, wo Liebe, Geborgenheit und Unterstützung ihnen die Sicherheit für ihre weitere Entwicklung geben.

Wie die Familie dann genau aussieht, ob die Eltern in

Lebensgemeinschaft oder als Ehepaar, in Stief- und Patchworkfamilien und Regenbogenfamilien leben und ob es die erste Familiengründung oder bereits eine nachfolgende ist, ist dabei nicht so wichtig.

Mit dieser Vielfalt der Familienvarianten gibt es auch vielfältige Möglichkeiten, Vater zu sein. Neben dem klassischen Familienvater, der mit einer Partnerin die gemeinsamen Kinder großzieht, findet man gegenwärtig am häufigsten die Stiefväter. Da Paare sich vermehrt trennen und neu formieren, ersetzen sie die leiblichen Väter und bilden damit Stieffamilien. In grauer Vorzeit entstanden Stieffamilien dagegen viel häufiger mit Stiefmüttern, die die leiblichen Mütter ersetzten, weil diese allzu oft bei der Geburt oder im Kindbett starben. Bringt ein Stiefvater auch noch eigene Kinder in die Stieffamilie mit, oder – was viel häufiger der Fall ist – bekommt er mit der neuen Partnerin Nachwuchs, entsteht eine Patchworkfamilie.

Gleich zu Beginn unserer CENOF-Forschung wollten wir wissen, wie groß heute der jeweilige Anteil von klassischen Familien sowie Stief- und Patchworkfamilien im deutschsprachigen Raum ist. Deshalb führte Ulrike Ehlert, Forschungsleiterin des CENOF-Teams in Zürich, mit ihrem Team eine breit angelegte Onlinebefragung in Deutschland, Österreich und der Schweiz durch. Sie befragte mehr als 3600 Männer zu ihrer früheren und gegenwärtigen Familiensituation[2].

Auf der Basis offizieller demografischer Erhebungen dieser Länder rechneten wir damit, dass etwa 68 Prozent der befragten Väter der klassischen Familiensituation zugeordnet werden müssten[3]. Der von Ehlert ermittelte Wert von 67,9 Prozent bestätigte dies nahezu exakt. Demgegenüber fielen 26 Prozent der Väter auf Stief- und Patchworkfamilien. Davon hatten 16 Prozent eine Patchworkfamilie gegründet, und 10 Prozent lebten mit ihrer Partnerin und deren Nachwuchs zusammen und hatten kein weiteres gemeinsames Kind. Es fällt auch eine Zunahme von alleinerziehenden Vätern ins Gewicht: In den letzten fünf Jahren ist ihr Anteil von 1,2 Prozent auf 4 Prozent gestiegen. Bei unserer CENOF-Onlinebefragung lag der Wert bei 3 Prozent. Schließlich gibt es auch Väter in gleichgeschlechtlichen Partnerschaften, allerdings nahm kein einziges dieser Väterpaare an unserer CENOF-Onlinebefragung teil. Das Gros der Regenbogenfamilien (93 Prozent), sind typischerweise Mütterpaare[4].

All diesen Familienformen ist gemeinsam, dass ihnen viel Betreuungsaufwand in den ersten Lebensjahren des Kindes abverlangt wird. Viele Ressourcen werden dabei gebunden, und die individuellen Bedürfnisse der Eltern treten unweigerlich zurück, werden nur noch teilweise oder überhaupt nicht befriedigt. Umso mehr kommt es darauf an, die vielfältigen Alltagsaufgaben gut zu verteilen, damit das Familiengefüge nicht übermäßig belastet wird und keine nachhaltigen Konflikte entstehen[5].

Vereinbarkeitsdilemma angehen

Die vielfältigen Versuche, Familienarbeit und Kinderbetreuung partnerschaftlich zu managen, stellen die Elternpaare allerdings auch vor das Dilemma, eine Balance zwischen ihrer beruflichen und ihrer familiären Rolle finden zu müssen. Davon sind besonders jene Väter betroffen, die eine aktive Rolle im Leben ihrer Kinder spielen wollen, in ihrem beruflichen Engagement jedoch keineswegs nachlassen können.

Die Work-Life-Balance, die die Vereinbarkeit von Beruf und Familie thematisiert, ist jedenfalls längst nicht mehr bloß für Mütter ein heißes Eisen. Immer mehr Väter erleben, wie sehr ihre aktive Vaterschaft ähnliche Konflikte nach sich zieht, so wie sie bereits für Mütter bestehen. Und obwohl sie kaum darüber sprechen, hat das Vereinbarkeitsdilemma auch sie erfasst. Zu dieser Feststellung kam im Jahr 2017 die US-amerikanische Personal- und Arbeitspsychologin Kristen Shockley von der University of Georgia mit vier weiteren Kollegen*, als sie 350 einschlägige Forschungsstudien aus den USA, Europa und Asien auswerteten. Dabei fanden sie auch Hinweise darauf, dass Väter den Konflikt anders wahrnehmen als Mütter und dass sie auch anders damit umgehen[6].

Laut Shockley besteht für Mütter das Vereinbarkeitsproblem vor allem in der Sorge, dass ihr familiäres Engagement zulasten ihrer beruflichen Tätigkeiten gehen könnte. Daher nehmen Mütter häufig eine Teilzeittätigkeit an und sind seltener in verantwortlichen Berufspositionen zu finden, solange ihre Kinder noch klein sind. Väter verbringen dagegen mehr Zeit im Beruf und messen der Arbeit in der Regel auch mehr Bedeutung bei[7]. Insofern sehen sie das Vereinbarkeitsproblem für sich eher darin, dass ihr berufliches Engagement sich negativ auf die Familie auswirken könnte.

Viele Väter bemühen sich nach Kräften darum, eine

Lösung im Sinne der Familie zu finden. Beispielsweise baten Mitarbeiter aus meinem Forschungsteam, die selbst Väter von Kleinkindern waren, um eine Änderung der Besprechungsplanung: Sie wollten früh genug aus dem Büro nach Hause kommen, um noch Zeit für ihre Familie und die Kinder zu haben. So scheint es, als würde das Vereinbarkeitsproblem erst dann im Leben eines Vaters relevant, wenn er sich zu einer aktiven Vaterschaft bekennt und sie auch umzusetzen versucht. Man könnte auch sagen: Das Leben war für ihn einfacher, als er nur das Ernährermodell bediente.

Forschungsdaten unseres Wiener CENOF-Teams unterstützen diese Vermutung[8]. So sprachen wir ausführlich mit Elternpaaren von Kleinkindern über ihre Lebenssituation und ordneten sie – gemäß ihren Auskünften über das Familienleben, der Einkommenssituation und ihren beruflichen Ambitionen – drei Gruppen zu: Die erste Gruppe lebte das traditionelle Ernährermodell, bei dem der Mann Alleinverdiener war und die Frau sich mit der Familienarbeit und Kinderbetreuung befasste. In der zweiten Gruppe waren beide Eltern berufstätig, trugen gemeinsam zum Familieneinkommen bei und betrachteten dies im Wesentlichen als ihre Existenzsicherung. In der dritten Gruppe waren beide Eltern ebenfalls berufstätig, aber sie identifizierten sich stark mit ihren Berufen, sahen beide ihre Bestimmung darin und gingen in ihrer beruflichen Tätigkeit auf, kurzum: Sie strebten eine Karriere an.

Als wir all diese Väter nach etwaigen gesundheitlichen Befindlichkeitsstörungen befragten, beispielsweise ob sie häufig unter Kopfschmerzen litten, mit Erschöpfung kämpften oder nachts nicht durchschliefen, stellten wir fest: Die Väter des Ernährermodells hatten die wenigsten gesundheitlichen Sorgen. Dagegen gaben die Väter des Karrieremodells die meisten Befindlichkeitsstörungen an.

Allem Anschein nach kann eine egalitäre Partnerschaft mit Anpassungsleistungen vonseiten der Väter einhergehen, die sogar gesundheitliche Folgen nach sich ziehen können. Man könnte behaupten, dass der Spagat zwischen Beruf und Familie für Väter noch immer eine unvertraute Herausforderung ist. Nicht nur, dass es ihnen oft an überzeugenden Vorbildern mangelt. Viel zu selten sind sie bereit, sich und anderen einzugestehen, dass sie im Alltag zwischen Beruf und Familie an ihre Grenzen kommen.

Familiäres Engagement bestimmen

Wer herausfinden will, in welcher Weise die Väter ihr familiäres Engagement selbst wahrnehmen, wie sie darüber denken und was sie erreichen wollen, der muss ausführlich mit ihnen sprechen – und zwar in einer Weise, die auch verdeckte Gefühle und Motive offenlegt.

Für unsere CENOF-Studien haben wir uns deshalb in eine spezielle Interviewform eingearbeitet, die am Anna-Freud-Institut in London unterrichtet wird. Es handelt sich dabei um das sogenannte *Parental Development Interview*, kurz PDI, das auf eine Tradition zurückgeht, die mit der Psychoanalyse Sigmund Freuds verbunden ist. Danach bestimme das Unbewusste unsere Vorstellungen und Handlungen und sei nur auf indirektem Wege aufzudecken.

Kurz entschlossen reiste ich im Frühjahr 2013 mit Barbara Supper, unserer Forschungskoordinatorin, an die Themse. Im Anna-Freud-Institut wurden wir – anhand anonymisierter Aufzeichnungen von Interviews mit Müttern – in die PDI-Gesprächsführung eingewiesen, vor allem jedoch darin, wie diese Gespräche hinterher auszuwerten sind. Die Interviewfragen zielten auf die innere Haltung, Motive und Gefühle rund ums Elternsein, konkret ging es um die Elternrolle, die Kinderbetreuung und Vorstellungen über die Entwicklung des Kindes[9].

Die vagen Zweifel, ob diese Art von Interview tatsächlich auch von Vätern angenommen werden würde, sollten nach unserer Rückkehr rasch verfliegen. Als wir das PDI bei Vätern von Kindern im Alter zwischen 12 und 20 Monaten anwendeten, antworteten sie angeregt und ausführlich auf Fragen wie *»Was macht Ihnen am meisten Freude am Elternsein?«*, *»Was sind dabei die größten Mühen und Schwierigkeiten?«*, *»Wie haben Sie sich verändert, seitdem Sie Vater sind?«* oder *»Bitte beschreiben Sie eine Situation aus der vergangenen Woche, in der Sie mit Ihrem Kind richtig gut aufeinander eingespielt waren. Wie haben Sie sich und wie hat sich Ihr Kind dabei gefühlt?«*.

Die gleichen Interviews führten wir auch mit den Müttern der Kinder. Nach einem Vergleich der PDIs beider Eltern wurden wir von folgender Beobachtung überrascht: Die Väter sprachen über sich als Eltern, über die Familie und das Leben mit den Kindern genauso differenziert wie ihre Partnerin. Und das, obwohl sie seit der Geburt des Kindes tagsüber ihrer Arbeit nachgingen, während ihre Partnerin insgesamt viel mehr Zeit mit dem Kind zu Hause verbracht hatte. Damit demonstrierten Väter wie Mütter, dass sie auf dem gleichen Niveau ihr gemeinsames Leben überdachten und so zu einer Elternschaft auf Augenhöhe in der Lage waren.

Über welche Inhalte in den Interviews gesprochen wurde? Bernhard Piskernik, der sich bei CENOF ohnehin schon hervorragend für das Datenmanagement engagierte, siebte mit raffinierten Textanalysen auch die Themen aus, die die Väter im Verlauf der Interviews hervorbrachten. Die Väter sprachen davon, wie sie sich auf den Familienalltag einstellten und auch das Kind dazu anhielten, sich auf die Routinen einzulassen. Wie sie das Familienklima bereicherten und zu einer Atmosphäre der Sicherheit und Geborgenheit beitrugen. Wie sie versuchten, mit Spaß und Unterhaltung den Erwartungen ihrer Kinder gerecht zu werden, und wie sie die Vaterschaft am besten mit ihren anderen Interessen (z. B. Sport) kombinierten, ohne dass die Partnerin und das Kind dabei zu kurz kämen. Im Vergleich dazu redeten die Mütter bevorzugt über die kindliche Entwicklung, in etwa darüber, welche kindlichen Fähigkeiten und Fertigkeiten sie schon entdecken konnten, wie sie die Gefühle des Kindes interpretierten und seine Bedürfnisse am besten erfüllten[10].

Insgesamt lässt sich wohl sagen, dass die Mütter am ausführlichsten über ihre Kinder sprachen, über deren innere Werte, individuelle Besonderheiten und Entwicklungsfortschritte. Die Väter konzentrierten sich dagegen auf ihren Beitrag zum Familienleben. Kurzum: Es sah alles danach aus, als würde sich die Vaterschaft familienorientiert ausrichten, während sich Mutterschaft vorrangig kindorientiert präsentiert und selbst ohne einen familiären Rahmen gedacht werden kann.

Weil es den Vätern um die Rahmenbedingungen für das gesamte Familienleben geht und darum, wie ein entspanntes Familienklima trotz zeitweiliger Belastungen erhalten bleibt, gibt es immer wieder Ermahnungen aus der Väterforschung, genau diese Orientierungen der Väter nicht zu vergessen und sie vielmehr dezidiert als Teil der Vaterschaft zu begreifen[11]: Vielleicht kommt der Vater erst spätabends nach Hause und schafft es nicht mehr, das Kind ins Bett zu bringen – aber dafür renoviert er am Wochenende das Kinderzimmer[12].

Stress im Familienalltag bekämpfen

Kinder großzuziehen gilt heute als ein schwierigeres Unterfangen als noch vor einem Jahrzehnt. Wie die jüngsten Befragungen in Deutschland zeigen[13], fühlt sich bereits die Mehrheit der Eltern damit überfordert: Kinder sind heute kostenintensiver als früher, und die Anforderungen an ihre Bildung und Förderung sind deutlich gestiegen. Ihre Eltern sind besorgter und unsicherer, ob sie auch wirklich ausreichend informiert sind und alles richtig machen. Dies alles führt dazu, dass sich manche Eltern überwältigt, abgehängt und isoliert fühlen, sprich: Stress erleben.

Stress ist jedoch eine höchst subjektive Angelegenheit[14]: Bei manchen Menschen entfalten sich Stressreaktionen schnell und ungehemmt, während andere bei den gleichen Anlässen nahezu unberührt bleiben. Steht man beispielsweise auf dem Flughafen am Sicherheitscheck, kann man gut beobachten, wie manche Eltern beim Warten eine Gereiztheit entwickeln, die ihre Kinder mit aufgeregtem Herumhopsen auch noch anheizen. Anderen Eltern weiter hinten in der Schlange, die ebensolche munteren Kleinen dabeihaben, scheint das lange Warten dagegen nichts auszumachen – sie lassen unaufgeregt die Zeit verstreichen.

Woher kommen diese Unterschiede? Und sind sie bei genauer Betrachtung auch zwischen Vätern und Müttern zu finden? Wer von ihnen reagiert schneller und empfindlicher auf Stress? Und wer von ihnen ist besser darin, Stresssituationen zu bewältigen?

Der Psychologe und Erziehungswissenschaftler Richard Abidin von der University of Virginia in den USA ist einer der prominentesten Wissenschaftler, der seit über 50 Jahren Stress erforscht, dem sich Eltern mit ihren Kindern ausgesetzt sehen. Abidin wollte in erster Linie die Ursachen untersuchen, die zu einem dysfunktionalen Elternverhalten führen und die Bedingungen bestimmen, unter denen es zu Entgleisungen im Elternverhalten kommt – schließlich kann das entsprechende Wissen dabei helfen, derartige Entgleisungen rechtzeitig abzuwenden.

Schnell stellte Abidin jedoch fest, dass ein zunehmender Alltagsstress keineswegs notwendigerweise bedeutet, dass damit auch das Elternverhalten stärker unter Druck gerät. Die Zusammenhänge erwiesen sich als weitaus komplizierter und führten im Laufe seiner Forschung zu einem komplexen Stressmodell, das drei Aspekte in den Mittelpunkt stellt: Was sind die Ursachen des Elternstresses? Wie ist das Stresserleben der Eltern und wie ihre Stressempfindlichkeit?[15].

Abidin entwickelte parallel zu seinem Stressmodell auch einen Fragebogen, der diese Aspekte aufgreift, den Stress eines Vaters oder einer Mutter ermittelt und ihn je nach Stärke mit einem Punktwert bemisst[16 17]. Geht es um die Ursachen des Elternstresses, wird etwa gefragt, ob das Zusammenleben mit Kindern als generell einschränkend erlebt wird, ob man sich durch die Kinder kontrolliert und dominiert fühlt (*»Seit das Kind da ist, habe ich kaum noch Zeit für mich selbst«*). Oder sich gerade der Eindruck verfestigt, das eigene Kind brauche mehr Betreuung als andere Kinder (*»Ich habe bisweilen das Gefühl, dass mich mein Kind pausenlos in Anspruch nimmt«*). Abidins Fragebogen enthält aber auch Fragen zu Gefühlslage und Stimmungstiefs, die das Stresserleben anzeigen (*»Es bedrückt mich, wenn ich darüber nachdenke, was man in der Erziehung alles falsch machen kann«*, *»Im letzten halben Jahr war ich körperlich sehr erschöpft«*). Fragen zur Stressempfindlichkeit sollen schließlich beschreiben, wie kompetent die Eltern mit ihrem Familienalltag umgehen (*»Es bedrückt mich, wenn ich merke, wie gereizt ich schon wieder auf mein Kind reagiere«*).

Abidins Fragebogen und seine Begleitforschung haben unser Wissen über Ursachen, Folgen und Möglichkeiten der Bewältigung stressiger Situationen mit Kindern bereichert. Neben vielen Einblicken in das Stressgeschehen, auf die hier nicht näher eingegangen werden kann, gibt es eine wichtige Einsicht: Eltern können Alltagsbelastungen besonders erfolgreich wegstecken und in stressigen Situationen die Ruhe bewahren, wenn sie über eine gewisse Widerstandsfähigkeit gegen Stress, sprich über Resilienz, verfügen. Nur wie und unter welchen Bedingungen kann sich

Resilienz entwickeln? Nicht zuletzt interessiert uns hier vor allem: Wie erwerben Väter sie? Und wie hilft sie ihnen ganz konkret dabei, stressige Alltagssituationen zu bewältigen?

Stressempfindlichkeit nachvollziehen

Die Grundlagen der Resilienz werden in der Kindheit gelegt. Wer dort schon weniger stressempfindlich ist, wird später im Leben meist psychisch widerstandsfähiger sein. Es mag befremdlich klingen, aber die bahnbrechenden Erkenntnisse dazu wurden im Rattenlabor gewonnen, da das Stresssystem von Ratten physiologisch dem des Menschen sehr ähnelt. Außerdem kann das Stresssystem dort unter Bedingungen untersucht werden, die in der Humanforschung nicht einmal theoretisch angedacht werden können. So führte der kanadische Biologe Michael Meaney in den letzten 20 Jahren sogenannte *Cross-Foster-Experimente* durch[18]. Die Vorgehensweise war wie folgt: Kurz nachdem die Muttertiere geworfen hatten, wurde der halbe Wurf von bestimmten Müttern (Gruppe A) mit dem halben Wurf einer anderen Gruppe von Muttertieren (Gruppe B) ausgetauscht. Die Rattenmütter beider Gruppen zogen also jeweils sowohl eigene als auch fremde Rattenjunge auf.

Der Austausch war genau überlegt: Von den Müttern der Gruppe A wussten die Forscher*, dass sie ihre Jungen eifrig betreuen. Sie putzten sie ausgiebig, leckten sie regelmäßig und schoben sie häufig unter ihren Körper, um sie zu wärmen und ihnen Sicherheit zu vermitteln. Die Mütter der Gruppe B galten dagegen als eher träge, da sie ihre Fürsorge für den Nachwuchs nur auf das Notwendigste beschränkten.

Meaney und seinem Team ließ die Frage keine Ruhe, ob sich die unterschiedlichen Betreuungsqualitäten auf die spätere Stressregulation nachhaltig auswirkten. Die Stressreaktionen der Jungtiere wollten sie testen, wenn diese erwachsen geworden waren. Da Ratten schon nach wenigen Wochen ausgewachsen sind, mussten die Forscher* nicht lange warten.

Das Forschungsteam hatte zwischenzeitlich zwei Stress-Tests vorbereitet: Zum einen sollten die Tiere über das Bodengitter ihrer Käfige einen milden Elektroimpuls erhalten und so lernen, wie sie dem unangenehmen Kitzeln an den Füßen durch einen Sprung auf eine Plattform ausweichen können. Zum anderen sollten sie bei einem *Open-Field-Test* ins Freie gesetzt werden. Im Vergleich zu den gewohnten Käfigen würde die fremde Umgebung zunächst Stress und Angst auslösen – zugleich aber gab es hier nicht nur viele interessante Objekte zu entdecken, sondern es wartete auch ein Schälchen mit Zuckerwasser auf sie.

Als die Ratten erwachsen waren, wurden sie von Meaneys Team mit großer Erwartung in diese Testsituationen gebracht. War ihre Stressverarbeitung nun abhängig von der Herkunft aus dem Wurf einer engagierten beziehungsweise trägen Mutter oder abhängig von der Art der Betreuung? Dies sollte sich nun bestimmen lassen. Wären die Herkunft und die angeborenen Anlagen entscheidend, würde der Betreuungstausch keine Rolle spielen. Die Jungen der engagierten Mütter würden die Testsituationen besser bewältigen können – egal, wie und von wem sie betreut worden waren. Wäre jedoch die Betreuung der entscheidende Faktor, würden die fürsorglich betreuten Jungtiere besser abschneiden – egal, welche Mutter sie geboren hatte.

Die Beobachtungen aus den Stresstests lieferten am Ende ein eindeutiges Ergebnis: Auf die Fürsorge kam es an. Waren die Rattenjungen fürsorglich aufgezogen worden, hatten sie sich zu gelassenen und intelligenten erwachsenen Tieren entwickelt. Sie erlernten schnell die Ausweichreaktionen im Elektroimpuls-Test und waren im Offenen-Feld-Test nicht aus der Fassung zu bringen, erkundeten neugierig und genossen auch das Zuckerwasser. Ihre Stressempfindlichkeit blieb auf niedrigem Niveau. Und sollte es doch einmal zu Stressreaktionen kommen, waren sie schnell überwunden.

Hatten die Ratten dagegen eine mangelhafte Fürsorge erlebt, waren sie in den Tests ängstlich und unsicher. Sie hatten große Mühe zu lernen, keine Lust am Erkunden und ließen sogar das Zuckerwasser stehen. Ihre Stressempfindlichkeit war deutlich erhöht. Konfrontiert mit der neuen Umgebung im freien Feld, erschienen sie handlungsunfähig und nahezu erstarrt[19].

Meaney und sein Team haben mit den *Cross-Foster-Experimenten* überzeugend belegt, dass die Stressempfindlichkeit eindeutig mit der frühen Betreuungserfahrung im Zusammenhang steht. Und diese Erkenntnis lässt sich auch auf uns Menschen übertragen. Im Klartext heißt das: Je besser die Fürsorge ist, die ein Kind erfährt, desto besser und robuster sind dessen spätere Stressverarbeitung und Resilienz.

Kindheitserfahrungen reflektieren

Der Zusammenhang von früher Fürsorge und späterer Stressverarbeitung war selbstverständlich auch für unsere CENOF-Forschung von großem Interesse. Denn im Grunde ging es uns um die Frage, inwieweit sich die eigenen Kindheitserfahrungen auf die Qualität einer Vaterschaft auswirken.

Es war Katja Nowacki, die Forschungsleiterin des CENOF-Teams in Dortmund, gelungen, Väter aus dem Ruhrgebiet, deren Kindheit ausgesprochen problematisch verlaufen war, für Interviews und Beobachtungen zu gewinnen. Diese Männer kamen aus Familien, die mit ihnen von Anfang an überfordert waren. Ihre Eltern wollten vielleicht das Beste für sie, wussten aber letztlich nicht, was das bedeutete. Sie hielten es stattdessen für normal, dass es keine regelmäßigen Mahlzeiten gab, dass am Küchentisch gebrüllt wurde, die Wohnung stets in einem chaotischen Zustand war und die Wäsche schmutzig blieb. Es blieb auch nicht aus, dass sie die Kinder schlugen und misshandelten.

Sollen Kinder wirklich in solchen Familien groß werden? Für das Jugendamt geht es dabei stets um schwierige Entscheidungen. Aber um eine Kindeswohlgefährdung nicht zu riskieren, entschieden die zuständigen Behörden, 81,4 Prozent der Jungen, die später als erwachsene Männer am CENOF-Projekt teilnahmen, aus ihren Herkunftsfamilien zu nehmen und in einem Kinderheim oder einer Pflegefamilie unterzubringen. Nur 17,6 Prozent dieser Kinder blieben in ihren Familien, wurden jedoch durch das Jugendamt engmaschig betreut. Was für Väter werden Männer mit solch traumatischen Kindheitserfahrungen? Mit Blick auf die Erkenntnisse aus Meaneys Stressforschung liegt die Vermutung nahe, dass für sie jede stressige Herausforderung schnell zu einem unlösbaren Problem werden kann. Tatsächlich scheinen einige Fakten diese Vermutung zu bestätigen. So hatten sich 40,3 Prozent der Männer von ihrer Partnerin getrennt, als sie Väter wurden – meist resignierten sie vor der Vaterschaft oder aber mussten gar mit Rechtsbeschluss von ihrer Familie ferngehalten werden.

Wenn wir die *Cross-Foster-Experimente* jedoch richtig verstehen, gibt es auch bei einer belasteten Herkunft die Chance, im Erwachsenenalter resilient zu werden und sehr wohl den Herausforderungen einer Vaterschaft gewachsen zu sein. Nur ist die Voraussetzung dafür, dass die Kindheit liebevolle Fürsorge bietet. Und genau das demonstrierten Nowacki und ihr Team[20]. Trotz ihrer traumatischen Kindheitserfahrungen waren 58,5 Prozent der Männer zu Familienvätern geworden. So lebten 34,3 Prozent der Väter in Patchwork- und Stieffamilien und 24,2 Prozent in klassischen Kleinfamilien. Mehr noch – als die gesundheitsbezogenen Fragebögen aller Väter ausgewertet waren, staunte das Dortmunder Forschungsteam nicht schlecht: Die Familienväter beschrieben sich als deutlich belastbarer als diejenigen Väter, die sich von ihren Familien getrennt hatten. Laut den Fragebogen-Ergebnissen hielten sie den Alltagsstress im Zusammenleben mit ihren Kindern offensichtlich sehr gut aus, hatten nur selten ein Stimmungstief und fühlten sich auch sonst gesund.

Die spannende Frage war nun: Hatten die Familienväter trotz all der Kindheitstraumata dennoch die besseren Betreuungserfahrungen gemacht? Nowacki und ihr Team durchforsteten die Biografien dieser Männer. Und tatsächlich waren die späteren Familienväter mehrheitlich in Pflegefamilien aufgewachsen – die getrennt lebenden Väter waren dagegen in Kinderheimen groß geworden oder hatten häufig ihre Unterbringungen gewechselt, mal bei Pflegeeltern, dann im Kinderheim und wieder bei anderen Pflegeeltern. Im Gegensatz zu den typischen Gruppenerfahrungen in Kinderheimen oder den wechselnden Unterbringungsarrangements hatten die Familienväter stabile Beziehungen kennengelernt und Beziehungsnähe positiv erlebt. So waren sie selbst besser in der Lage, fürsorgliche Väter zu sein und mit Elternstress umzugehen[21]. Diese Forschungsstudie bestätigte damit einmal mehr, dass zugewandte und sorgende Betreuungserfahrungen dazu führen, eine eigene fürsorgende Vaterschaft umzusetzen und auch den Elternstress zu bewältigen.

Eigene Stressbewältigung verbessern

So erfreulich die Beispiele dieser Väter auch sind – es gibt leider nach wie vor Väter, die emotional unausgeglichen, ständig gestresst und von ihrer Verantwortung überfordert sind. Manche werden gegenüber ihrer Partnerin und den Kindern sogar gewalttätig.

Mit der Frage, wie oft und warum Kinder der Gewalt ihrer Väter ausgesetzt sind, beschäftigte sich eine Gruppe von Forschern* um die Sozialpädagogin und Gesundheitsexpertin Shawna Lee von der University of Michigan in den USA. Dabei konzentrierten sie sich auf Familien, die mit Kleinkindern leben. Sie ließen sich von der Erfahrung leiten, dass vor allem Kleinkinder als belastend wahrgenommen werden, dass manche Eltern das Zusammenleben mit ihnen als mühsam und eintönig empfinden und unkontrolliert darauf reagieren – etwa wenn die Kleinen immer wieder die gleichen Spiele spielen und die gleichen Bilderbücher anschauen wollen oder permanent die gleichen Fragen stellen.

Für ihre Studie nahmen Lee und ihr Team etwa 1200 Väter von dreijährigen Kindern in 20 US-amerikanischen Großstädten aus allen Bildungs- und Sozialschichten unter die Lupe[22, 23]. Sie sprachen mit den Müttern der Kinder darüber, wie oft die Väter schimpfen, schlagen, Auszeiten anordnen, Verbote erteilen, Drohungen aussprechen oder bereits eingeräumte Rechte rückgängig machen. Außerdem wollten die Forscher* von ihnen erfahren, ob sich die Väter auch gegenüber ihnen negativ oder gar verletzend verhalten würden. Die Mütter sollten das Verhalten der Kinder bewerten, etwa wie ungeduldig, zappelig und aggressiv sie werden können, sprich, wie schwierig sie im Umgang waren. Schließlich wurden die Väter selbst gebeten, Fragebögen auszufüllen, die ihre Beteiligung an der Kinderbetreuung und ihren Stress erfassten.

Bei der Auswertung der erhobenen Informationen fanden sich erfreulicherweise bei 51 Prozent der Väter keine Hinweise auf etwaige Verhaltensentgleisungen. Bei immerhin 44 Prozent der Väter waren derlei negative Verhaltenspraktiken gelegentlich zu beobachten. Und bei 5 Prozent wurden eklatante Ausfälle dauerhaft festgestellt. Das aggressive väterliche Verhalten ging außerdem sehr häufig mit Entgleisungen gegenüber der Partnerin einher. Väter, die ihre Kleinkinder beschimpften, sie schlugen und disziplinierten, behandelten also auch deren Mütter schlecht – beleidigten und maßregelten sie. Ob die Väter dabei ihre Partnerschaftsprobleme auf die Kinder abluden oder mit ihrem Verhalten gar deren Mütter verletzen wollten, ließ sich abschließend nicht klären.

Faktisch geht jedoch eine Kindeswohlgefährdung von dauerhaft überforderten und aggressiven Vätern (5 Prozent der Väter aus Lees Studie) aus. In unserer Gesellschaft sind deshalb alle aufgefordert, nicht wegzuschauen, sondern mit Sachverstand die notwendigen Schritte zu ergreifen, um im Interesse des Kindeswohls Gefahren abzuwenden. Alle Berufsgruppen, die mit Kindern und Jugendlichen arbeiten, etwa Hebammen, Sozialarbeiter*, Erzieher*, Kinderärzte* oder Familientherapeuten*, wurden bereits in unseren deutschsprachigen Ländern verpflichtet, den zuständigen Behörden Auffälligkeiten mitzuteilen[24].

Inzwischen gibt es auch einige Interventionsprogramme für die betroffenen Familien. Erste Erfahrungen zeigen jedoch, dass es vielen Vätern schwerfällt, soziale oder therapeutische Unterstützung anzunehmen – die Skepsis und der Widerstand gegen die Angebote sind oft groß. Trotzdem zeigte sich: Nahmen betroffene Väter an diesen Programmen teil, konnten sie an ihrem Verhalten arbeiten und wurden danach weniger feindselig und aggressiv wahrgenommen[25].

Welche Mittel aber können Väter nutzen, die dem Erziehungsstress nur in bestimmten Alltagssituationen nicht gewachsen sind (44 Prozent der Väter aus Lees Studie)? Die Stressforschung empfiehlt zunächst, sich klarzumachen, dass Belastungen im Familienalltag normal sind. Ein Vater, der weiß, dass nicht nur die eigenen Kinder betreuungsintensiv oder aufmerksamkeitsfordernd sind, akzeptiert vermutlich eher noch die eigenen Grenzen und muss das Gefühl der Überforderung nicht mit Aggression oder gar Gewalt verdrängen. Dann gilt jedoch, sich die vorhandenen eigenen Potenziale bewusst zu machen. Es stärkt die Resilienz und hilft, besser mit Alltagsstress zurechtzukommen, wenn man lernt, zu entschleunigen, zu entspannen und etwaigen Frust so abzubauen, dass niemand in Mitleidenschaft gezogen wird – etwa Ruhezeiten einhalten oder sportliche Aktivitäten durchführen. Vor allem aber muss man sich den persönlichen Beistand sichern und deshalb die Partnerschaft, aber auch das soziale Netzwerk pflegen. Ist Geborgenheit und Unterstützung garantiert, lässt sich der Stress besser überwinden – und die Gewissheit wächst, dass selbst nach einer Anhäufung von stressigen Alltagssituationen auch wieder entspanntere Zeiten kommen.

Kindliche Stressverarbeitung unterstützen

Eine der typischen Alltagssituationen, die für Eltern mit Kleinkindern höchst stressig sein können, sind die Trotzreaktionen der Kleinen: Das sind die Momente, wo ein Kleinkind seine Frustrationen nicht regulieren kann und von seinen Emotionen so überwältigt ist, dass es sich mental nicht mehr orientieren kann. Wohl alle Eltern wissen, wie schwierig, ja oft unmöglich es ist, das Kind aus dieser misslichen Lage zu befreien.

In unserem Team war deshalb die Überlegung entstanden, ob wir in die CENOF-Forschung die Frage aufnehmen sollten, inwieweit Väter mit dem Frustrations- und Trotzverhalten eines Kleinkindes umgehen können. Konkreter Anlass war eine Szene, die ich bei einem abendlichen Glas Wein in dem italienischen Restaurant gleich gegenüber dem Universitätsgebäude in Wien miterlebte. Ein kleines Mädchen hatte sich mitten im Restaurant auf den Boden geworfen und wütete fürchterlich. Wie sich herausstellte, hatte der Kellner ihr das Lieblingsdessert nicht bringen können. Die Tröstungsversuche der Mutter verstärkten nur die Wut, und auch das gute Zureden anderer Gäste half nichts. Doch dann kam der Vater, der eine Zigarette draußen vor der Tür geraucht hatte, zurück ins Restaurant. Er sah seine Tochter, hob sie vom Boden auf, brummte ihr zu, »es sei jetzt gut«, und holte sie so aus ihrer Wut heraus – ihr Wutanfall war schlagartig vorbei.

Einige Tage später besprach ich diese Szene mit Felix Deichmann, einem unserer Doktoranden im Wiener CENOF-Team. Lange diskutierten wir darüber, warum der Vater wohl so erfolgreich, die Mutter dagegen so machtlos gewesen war.

In unseren Testräumen untersuchten wir zu diesem Zeitpunkt gerade, wie zweijährige Kleinkinder reagieren, wenn sie eine Frustration erleben, und mit welchen Mitteln sie diese selbst überwinden können. Ausgangspunkt dafür war eine Studie, die der Kinderpsychiater Michael Potegal von der University of Wisconsin in den USA 2019 durchgeführt hatte. Eltern von 18 bis 60 Monate alten Kindern hatten auf Anweisung seines Teams genauestens notiert, wie oft und wie lange die Kinder im Laufe einer Woche einen Trotzanfall bekamen und wie dieser dann ausging. Zwar konnte Potegal belegen, dass Trotzanfälle vor allem im zweiten Lebensjahr übermäßig häufig und intensiv auftreten[26], seine Studie ließ jedoch viele weitere Fragen offen – zum Beispiel die Art und Weise, wie Trotzanfälle zu unterbinden oder wenigstens abzumildern sind. Nach dem Zwischenfall im italienischen Restaurant wollten wir das herausfinden.

Für unsere eigenen Frustrationsexperimente hatte Barbara Supper bei einem Tischler mehrere Boxen bauen lassen, die verschließbar waren. Und weil die Frontseite der Boxen aus Plexiglas bestand und auch ein kreisrundes Loch in der Mitte hatte, waren sie zum Hineinsehen und sogar zum Hineingreifen gemacht. Die Kinder durften zuerst mit einem interessanten Spielzeug spielen, dann aber wurde das Spielzeug in die Box eingeschlossen. Und da das Loch zwar groß genug zum Hineingreifen aber zu klein war, um das Spielzeug herauszuholen, konnten die Kinder lediglich in der Box hantieren. Das war sehr einschränkend, und es dauerte nicht lange, bis die Kleinen ihre Frustrationen nicht mehr beherrschen konnten. Das Ausmaß der Reaktionen reichte von kleinen Quengeleien bis zu Tobsuchtsanfällen: Daraufhin schickten wir den Vater oder die Mutter, die sich die ganze Zeit schon im Raum mit dem Ausfüllen von Fragebögen beschäftigten, an die Box. Sie sollten dem Kind beistehen – so wie sie es auch in alltäglichen Frustrationssituationen tun würden.

Dabei wurde deutlich, dass es nicht allein die bloße Anwesenheit der Eltern war, sondern ihr konkretes Eingreifen den Unterschied ausmachte. Bemerkenswerterweise waren die Trotzanfälle der Kinder im Beisein der Väter weniger intensiv, traten weitaus verzögerter auf und gingen schneller wieder vorbei. Im Vergleich zu den Müttern bekamen die Väter damit die Situation schneller und erfolgreicher in den Griff. Es gelang ihnen besser, das Kind in seinen eigenen Bemühungen zu unterstützen und Lösungen für das Problem zu finden. So versuchten die Väter beispielsweise, das Kind in seinen Vorstellungen zu bestärken, dass sich das Spielzeug in der Box »wohlfühle und deshalb lieber drinbleibe«. Auch andere Überlegungen gingen die Väter geduldig mit dem Kind durch. Die Kinder schienen dies als Unterstützung ihrer eigenen Stressbewältigung zu akzeptieren.

Die Mütter konzentrierten sich dagegen auf das Trösten, was die Kleinen schon deshalb ablehnten, weil sie die eigenen Tröstungsversuche bereits als ineffektiv erkannt hatten. Es half einfach nichts, am Daumen zu lutschen oder den mitgebrachten Teddy noch fester an sich zu drücken. Die innere Wut wollte auf diese Weise nicht verschwinden[27].

Kleine Kinder müssen erst lernen, ihre Emotionen zu regulieren. Da hilft es wenig, wenn Mütter bei einem kindlichen Emotionsausbruch nur trösten wollen. Anders die meisten Väter: Sie halfen dem Kind, die eigenen Möglichkeiten der Stressbewältigung einzusetzen und das emotionale Gleichgewicht wiederzufinden – wie die Kleine aus dem italienischen Restaurant. Auf dem Arm ihres Vaters konnte sie zur Ruhe kommen und hatte augenscheinlich das Bemühen des Vaters als eine nützliche Hilfestellung begriffen, schon wenig später aß sie ein anderes Dessert, als ob nichts gewesen wäre.

Vaterschaft aktiv entfalten

Leider empfinden manche Mütter den Ausgang derartiger Situationen als persönliche Niederlage und hadern damit, dass sie gescheitert sind, während ihr Partner die Situation in den Griff bekam und manchmal ihre eigene Herangehensweise auch noch durchkreuzt hat. Generell besteht damit eine gewisse Gefahr, dass Unstimmigkeiten zwischen Vater und Mutter entstehen können, vor allem wenn beide kompetente Eltern sein wollen. Wenn Mütter von ihren eigenen Vorstellungen über Kinderbetreuung nicht loslassen können, passiert es dann auch, dass sie ihre Partner kontrollieren und eingrenzen. Ein solches Verhalten wird als *Gatekeeping* bezeichnet.

Einer, der dieses Phänomen in den letzten Jahren gründlich untersucht hat, ist der bekannte US-amerikanische Psychologe Jay Fagan vom Temple University College of Public Health in Philadelphia. Gatekeeping hat, laut Fagan, viel mit dem traditionellen Rollenverständnis der Mütter zu tun. Und je ausgeprägter die traditionellen Vorstellungen sind, desto strikter ist das Gatekeeping der Mütter[28].

Bei unseren vergleichenden CENOF-Analysen der Elternpaare eines Ernährermodells (Vater als Alleinverdiener) mit einem Erwerbsmodell (Eltern beide berufstätig) oder einem Karrieremodell (Eltern beide karriereorientiert) war im Karrieremodell das Gatekeeping erwartungsgemäß am geringsten ausgeprägt. Will sich ein Paar in Familie und Beruf gleichermaßen engagieren, muss es die Verantwortung für die Kinderbetreuung auch vertrauensvoll teilen können[29]. Gatekeeping unterwandert dagegen eine gemeinsame Elternschaft, so wie sie Mark Feinberg in seinem Modell beschrieb, das unter anderem von Solidarität und Aufgabenteilung unter den Partnern spricht[30, 31].

Man muss es ganz klar ansprechen: Die Väter geben auf, wenn sie sich durch das Gatekeeping in ihrem Engagement geringgeschätzt und letztlich blockiert sehen. Fatalerweise verstärkt ihr Rückzug das Gatekeeping nur noch mehr. Es gilt deshalb, diesen Teufelskreis möglichst frühzeitig zu unterbrechen und die Väter zu einer aktiven Vaterschaft zu ermutigen. Sicherlich stellen ihre beruflichen Tätigkeiten nach der Geburt eines Kindes mitunter einen unmittelbaren Kontrast zu den Herausforderungen im Familienalltag dar[32]. Die völlig anderen Standards, nach denen die Tätigkeiten im Arbeitsfeld bewertet werden, lassen sich nur schwer mit den familiären Alltagssituationen vergleichen. Väter brauchen schlichtweg Gelegenheiten, um eine aktive Vaterschaft zu entfalten. Umso mehr muss das soziale Umfeld – allen voran die Partnerin – die Väter dazu ermutigen, ihren Anspruch auf Teilhabe an der Elternschaft offen zu artikulieren und mit mehr Nachdruck einzufordern.

Stattdessen wird Vätern auch vonseiten der Gesellschaft oft der Vorwurf gemacht, noch nicht genug zum gemeinsamen Familienleben und zur Kindererziehung beizutragen. Die österreichische Erziehungswissenschaftlerin, Familienpsychologin und Psychotherapeutin Brigitte

Rollett von der Universität Wien hat über viele Jahre eine Verhaltenstendenz untersucht, die als Anstrengungsvermeidung bekannt wurde und vor allem bei männlichen Jugendlichen und Erwachsenen zu beobachten ist[33, 34]. Laut Rollett dürfe Anstrengungsvermeidung jedoch nicht mit Faulheit verwechselt werden. Eher handle es sich darum, bestimmte Anstrengungen unter Belastungsdruck zu vermeiden: Muss die Bettwäsche wirklich glatt gebügelt und müssen die Unterhosen auf Kante gelegt werden, bevor sie in den Schrank kommen, wo das doch sowieso niemand bemerkt? Anstrengungsvermeidung sei also nicht unbedingt kontraproduktiv. Im Gegenteil, sie kann sich auf andere Tätigkeiten positiv auswirken, weil sich das Zeitbudget dorthin verschieben kann.

Familie sollte kraftspendend und nicht kräftezehrend sein. Und die Lösung dafür kann nur die bewusste gemeinsame Gestaltung des Familienlebens und aller damit verbundenen Aufgaben sein. Dabei ist es durchaus zielführend, die Sinnhaftigkeit und Effizienz bestimmter Alltagsroutinen zu hinterfragen, wie es Väter tun, die ihre Anstrengungen sinnvoll einsetzen wollen. So kann das Paar auch insgesamt ein Gefühl dafür entwickeln, wer was leisten kann und wo gegenseitige Unterstützung gefragt ist. Auf diese Weise kann die Vaterschaft zu einem festen Bestandteil gleichberechtigter Elternschaft werden.

Vaterschaft bildet sich heute in gemeinsamer Lebensführung mit einer Partnerin aus, mit der versucht wird, Familienarbeit und Kinderbetreuung partnerschaftlich zu managen. Allerdings ergibt sich daraus ein Vereinbarkeitsproblem auch für Väter, die stärker als früher mit dem familiären Alltagsstress konfrontiert werden. Wo es ihnen an der nötigen Resilienz mangelt, um damit souverän umzugehen, ist oft Resignation, Aggression oder Rückzug die Folge. Umso mehr gilt es, dem Großteil der Väter, die sich aktiv einbringen wollen, möglichst viele Handlungsspielräume zu gewähren, damit sie ihre eigene Vaterschaft entwickeln und leben können.

NACHWORT UND DANK

Viele Menschen haben auf unterschiedliche Weise dazu beigetragen, dass dieses Buch zustande gekommen ist: allen voran das Forschungsnetzwerk CENOF (Central European Network on Fatherhood) mit Harald Euler, Julius Kuhl und Katja Nowacki und ihren Teams in Deutschland, mit Ulrike Ehlert und Petra Klumb und ihren Teams in der Schweiz sowie mit meinem eigenen Team in Wien, darunter Felix Deichmann, Camilla Hermann, Nina Ruiz, Lukas Teufl, Kati Virtue und Andrea Witting, und der Headquarter-Organisation mit Barbara Supper und Bernhard Piskernik. Unzählige Studierende der an CENOF angeschlossenen Universitäten und Hochschulen in Osnabrück, Dortmund, Berlin, Zürich, Fribourg und Wien untersuchten mit uns die vielen Fragen über die Vaterschaft, die sich der CENOF-Verbund stellte.

Die Gründung und die Aktivitäten von CENOF wurden überhaupt erst durch großzügige Forschungsmittel der Jacobs Foundation möglich. Vor allem danke ich hier Simon Sommer, der uns in allen Phasen des Projekts hervorragend unterstützt hat.

Beim Auffinden der neuesten Erkenntnisse aus der internationalen Väterforschung haben mir drei junge Psychologinnen geholfen, allen voran Audrey-Ann Deneault, Sprecherin der Special Interest Research Group on Fatherhood mit Sitz im kanadischen Calgary, die monatlich die neuesten Publikationen der Väterforschung in Umlauf bringt, aber auch Magdalena Lischka-Schwarz und Pia Zimmermann aus Wien, die diese Artikel zugriffsbereit für mich systematisiert haben.

Aus Platzgründen konnte ich nur eine Auswahl der aktuellen wie tradierten Forschungsstudien berücksichtigen. Ich habe mich dabei an die Kriterien der Wissenschaftlichkeit unseres Fachgebiets gehalten, denen unsere eigene Forschung selbstverständlich verpflichtet ist. Das heißt nicht, dass nicht berücksichtigte Studien diesen Ansprüchen nicht genügen. Es fällt jedoch auf, dass die zitierten Forschungsarbeiten zumeist in den USA durchgeführt wurden. Derartige aufwendige und kostenintensive Studien sind in Europa schwer zu finanzieren – CENOF stellt dabei mit Abstand eine der Ausnahmen dar.

Mit Blick auf die internationale Forschung lag mein Augenmerk nicht zuletzt auf viel zitierten Studien und Wissenschaftlern*, die sich schon über lange Zeit mit der Väterforschung beschäftigen und mit denen wir bei CENOF in einem regen Austausch standen. So bin ich dankbar für die vielen Gespräche und Debatten mit Kollegen*, die mir vielfältige Einblicke in ihre Forschung ermöglicht haben. Mit den meisten von ihnen bin ich auch während der Arbeit an diesem Buch in Kontakt geblieben und konnte so jederzeit Nachfragen stellen.

Vor allem danke ich Jay Belsky, Geoffrey Brown, Natasha Cabrera, Philip und Carolyn Cowan, Andreas Eickhorst, Jay Fagan, Mark Feinberg, Nathan Fox, Lee Gettler, Klaus und Karin Grossmann, Barry Hewlett, Sarah Hrdy, Johannes Huber, Melvin Konner, Michael Lamb, Mirjana

Majdandžić, Robert Marvin, Horst Nickel, Mechthild Papoušek, Daniel Paquette, Ross Parke, Brigitte Rollett, Jaipaul Roopnarine, Sarah Schoppe-Sullivan, Inge Seiffge-Krenke, Dylan Selterman, Jeffry Simpson, Gottfried Spangler, Anna Sterz, Jennifer StGeorge, Kathy Sylva, Michael Tomasello, Brenda Volling, Martin Voraček, Heinz Walter, Everett Waters, Bettina Wiese, Claudia Zerle und Peter Zimmermann.

An dieser Stelle ist es mir wichtig, zu betonen, dass die Ergebnisse jeder Studie im Gesamtkontext gesehen werden müssen: Nicht jedes Ergebnis lässt sich eins zu eins auf jeden Vater, jede Familie und jedes Kind übertragen. Zudem musste ich oft die Ergebnisse der zumeist recht komplexen Forschungsstudien stark vereinfachen. Um das auszugleichen, habe ich entsprechende Anmerkungen beigefügt. Und für diejenigen Leser*, die sich detailliertere Ausführungen zum Thema wünschen, sind die originalen Quellen angegeben.

Mir ist außerdem eine große redaktionelle Unterstützung zuteilgeworden, geht es doch bei einem Buch wie diesem darum, die wissenschaftlichen Inhalte nicht nur fachlich korrekt, sondern vor allem auch verständlich und gut lesbar zu transportieren. Mein großer Dank gilt diesbezüglich Julika Jänicke vom Ullstein-Verlag und dem Lektor Dr. Ludger Ikas, die mich mit ihren konstruktiven Vorschlägen und Anregungen inspiriert und begleitet haben. Besonders aber hat Sarah Heidi Engel mir tiefe Einblicke in eine professionelle redaktionelle Arbeit erlaubt. Sie ist mit mir geduldig meine Texte durchgegangen, hat Vereinfachungen vorgenommen und Formulierungen angepasst, die die Verständlichkeit gewährleisten und den Lesefluss garantieren. Und sie hat mit mir nach Beispielen aus dem wirklichen Leben gesucht, um die Erkenntnisse aus der Forschung konkreter und anschaulicher zu vermitteln.

Schließlich haben mein Mann Wolfgang Ahnert und mein Neffe Jörg Nüchter die Manuskriptentwürfe gleich nach ihrer ersten Niederschrift gelesen und mir aus ihrer Sicht als Väter eine erste Rückmeldung gegeben. Sie haben mich stets wissen lassen, dass es sich lohnt, dieses Buch zu schreiben, und mir dadurch geholfen, meine Motivation aufrechtzuerhalten. Dafür kann ich ihnen gar nicht genug danken.

ANMERKUNGEN

Kapitel 1

1 Le Camus & Landgrebe (2001).

2 Dobbing & Sands (1973).

3 Lamb (1977).

4 Pressemitteilung des Statistischen Bundesamts: https://www.destatis.de/DE/Presse/Pressemitteilungen/2022/03/PD22_141_22922.html;jsessionid=553232023673F6E66C714BB8D488F481.live732

5 Vogt & Pull (2010) haben eine Onlinebefragung von Vätern in Deutschland mit mindestens einem nach dem 1. Januar 2001 geborenen Kind durchgeführt und insgesamt 1290 Fragebögen analysiert. Darin berichteten 37,5 Prozent der Väter von ihrer Elternzeit.

6 Horvath, Grether & Wiese (2018).

7 Zerle & Krok (2008).

8 Schoppe-Sullivan & Fagan (2020).

9 Gettler, Boyette & Rosenbaum (2020).

10 Greenberg & Morris (1974).

11 Fagan, Day, Lamb & Cabrera (2014).

12 Das Beispiel stammt aus der Erfassung der Eltern-Kind-Beziehung bei fünfjährigen Kindern, die mit Spielfiguren Szenen aus ihrem Familienalltag nachspielen.

Kapitel 2

1 Schmale (2003).

2 Connell (1995) (auf Deutsch 2006).

3 Internationale Arbeitsorganisation (ILO) (2009).

4 Castel & Dörre (2009).

5 Wippermann (2013).

6 Ahnert & Schmidt (1995).

7 Bei der Marbach-Konferenz 2014 handelte es sich um eine exklusive Expertenkonferenz, die aus einem überschaubaren Kreis von 13 führenden Wissenschaftlern* der internationalen Väterforschung bestand, mit der das CENOF-Netzwerk über neue Forschungsentwicklungen und -trends debattierte. Über evolutionäre Perspektiven der Vaterschaft, Perspektiven aus der Tierwelt und verschiedenen Kulturen wurde genauso gesprochen wie über die Rolle des Vaters in Familie, Politik und Gesellschaft.

8 Konner (2015).

9 Dabei sind genetisch zufällig entstandene Veränderungen (Mutationen) durch epigenetische Prozesse (Mythelierung) unterstützt worden, die die Gene steuern. Anforderungsbedingt werden mit der Mythelierung die Gene aktiviert oder auch stummgeschaltet und dieser Mechanismus genauso vererbt wie die Mutationen.

10 Hobsbawm (1965).

11 Schradin (2007).

12 Key (1999).

13 Konner (2015).

14 Haas et al. (2020).

15 Gettler, Boyette & Rosenbaum (2020).

16 Hewlett (1993) hat bei den Aka gelebt, einem Jäger-und-Sammler-Stamm im Kongo, bei dem sich Väter, wenn sie nicht gerade jagen, sehr ausgiebig um ihre Kinder kümmern.

17 Marlowe (2001).

18 Hurtado & Hill (1992).

19 Voraček, Haubner & Fisher (2008).

20 Larmuseau, Matthijs & Wenseleers (2016).

21 Cashdan (1993).

22 Șelterman, Garcia & Tsapelas (2019).
23 Selterman, Garcia & Tsapelas (in press).
24 https://de.statista.com/statistik/daten/studie/1346/umfrage/anzahl-der-geschiedenen-ehen-nach-ehedauer/
25 Die soziosexuellen Orientierungen der Männer wurden mit dem *Sociosexual Orientation Inventory* erhoben; siehe Penke & Asendorpf (2008).
26 Die Erfassung der Partnerpräferenz und des Partnerwertes erfolgte mit einer überarbeiteten Version des *Trait-Specific Dependence Inventory*; siehe Ellis, Simpson & Campbell (2002).
27 Vogt (2016).
28 Rost (2007).
29 Brose (2008).
30 Engstler & Menning (2003).
31 Schröder (2020).
32 Klenner & Klammer (2009).
33 Auf diese Diskussion wird in Kapitel 8 ausführlicher eingegangen, wenn das sogenannte Gatekeeping der Mütter beschrieben wird.
34 Meuser (2009).
35 Bürgisser (2008).

Kapitel 3

1 Levant (2011).
2 Reimann (2010).
3 Pleck (2010).
4 Connor, Edvardsson, Fisher & Spelten (2021). Die Teilnehmer der Studie kamen vorrangig aus der Mittelschicht Großbritanniens und der USA.
5 IfD Allensbach (1993).
6 IfD Allensbach (2015).
7 IfD Allensbach (2021).
8 Klammer & Klenner (2004).

9 Behnke, Loos & Meuser (1998).
10 Siegler, DeLoache & Eisenberg (2003) ist auf Deutsch erschienen als Siegler, Eisenberg, DeLoache & Saffran (2016).
11 Deneault, Cabrera & Bureau (2022).
12 Freud (1905).
13 Greve & Roos (1996).
14 Quindeau (2017). In diesem Beitrag der führenden Fachzeitschrift für Kinder- und Jugendlichen-Psychoanalyse wird eingeräumt, dass die Identitätsbildung nicht nur im Kleinkindalter und nicht nur in der Kernfamilie erfolgt, sondern in weitläufigen Beziehungsnetzen stattfindet und auch jedes Lebensalter betrifft.
15 Harris (1995).
16 Nowacki, Kohl, Remiorz & Sabisch (im Druck).
17 Egan & Perry (2001).
18 Armsden & Greenberg (1987).
19 Crapo (1986).
20 Grebe, Sarafin, Strenth & Zilioli (2019).
21 Isidori et al. (2005).
22 Kuzawa et al. (2009).
23 Gettler, McKenna, McDade, Agustin & Kuzawa (2012).
24 Ahnert, Deichmann, Bauer, Supper & Piskernik (2021).
25 Waters, E. (1995). Die Methode ist ins Deutsche übersetzt und standardisiert worden: Ahnert et al. (2012). Sie wird in Kapitel 7, Abschnitt »Bindungen messbar machen« im Detail beschrieben.
26 Lovejoy, Weis, O'Hare & Rubin (1999).
27 Die Anwendung der Handy-App wird in Kapitel 6 in den Abschnitten »Zeit einräumen« und »Sich kümmern« im Detail beschrieben.
28 Kunz (2003).
29 Storey, Walsh, Quinton & Wynne-Edwards (2000).
30 Corpuz, D'Alessandro & Collom (2021).

Kapitel 4

1 Feinberg (2003).

2 Ranta, Böök, Paloniemi & Rönkä (2022) haben aus einer großen nationalen Forschungsstudie die fördernde und hemmende Bedingung bei Ersteltermschaft untersucht, 60 Interviews von 30 Paaren (jeweils getrennt für beide Partner) entnommen und qualitativ ausgewertet.

3 Adler & Lenz (2015) vergleichen wichtige Eckpfeiler der Väterpolitik in Deutschland, Finnland, den USA, Großbritannien, Italien und Slowenien.

4 Loytved, Röhnisch, Hellmers & Schücking (2009).

5 Woeckel, Abou-Dakn, Kentenich & David (2008).

6 Köhne & Hellmers (2015) haben mit zwölf Vätern auf der Basis eines leitfadengestützten Interviews gesprochen. Die Väter hatten ihre Partnerin zur Geburt begleitet.

7 Rohde (2004).

8 Salmon & Miller (1990). Das Verfahren wurde von Stadlmayr et al. (2001) für die deutsche Anwendung bearbeitet.

9 Da Rohde keine direkten Prozentangaben dazu macht, zitieren wir Johansson, Rubertsson, Rådestad & Hildingsson (2012).

10 Diese Ergebnisse wurden berichtet in: Dorsch (2013). Dabei konnten die Befragungen an 174 Vätern vorgenommen werden.

11 Dikmen Yildiz, Ayers & Phillips (2017).

12 Paulson & Bazemore (2010).

13 Pedersen, Maindal & Ryom, K. (2021).

14 Wee et al. (2013) diskutieren, was über die postpartale Depression bei Vätern bislang bekannt ist und welche bisherigen Interventionen greifen.

15 LeMasters (1957).

16 Ein Überblick über diese Forschung findet sich in: Belsky & Kelly (1994).

17 Belsky & Rovine (1990).

18 Shapiro, Gottman & Carrère (2000) rekrutierten 130 Paare und verglichen diejenigen, die ein Kind bekommen hatten, mit denen, die im Untersuchungszeitraum kinderlos geblieben waren.

19 Kluwer (2010).

20 Cummings, Merrilees & George (2010).

21 Stertz & Wiese (2020) analysierten die Fragebögen von 135 Paaren, von denen 54,1 Prozent in der Schweiz, 45,2 Prozent in Deutschland und 0,7 Prozent in Österreich lebten.

22 Klumb, Lee, Siegler, Piskernik, Jensen & Voelkle (2022).

23 Nickel & Quaiser-Pohl (2001) haben in einer Studie, die in den Jahren 1988–1990 durchgeführt wurde, rund 150 Ersteltern untersucht.

24 Kohlhuber et al. (2008).

25 Sherriff, Hall & Panton (2014) haben auf der Grundlage internationaler und britischer Erkenntnisse vier Faktoren herausgearbeitet, durch die ein Vater den Erfolg des Stillens befördert: (a) Wissen über das Stillen, (b) positive Einstellung zum Stillen, (c) emotionale Unterstützung und (d) praktische Hilfen.

26 Cowan & Cowan (1988) besuchten 72 Paare schon während der Schwangerschaft und auch später immer wieder, bis das Kind zwei Jahre alt war.

27 Wenger-Schittenhelm & Walter (2002) haben auch das »Konstanzer Väterinstrument« entwickelt, das die dargelegten Aspekte der Vaterkompetenz enthält.

28 Cowan & Cowan (1992).

29 Kuo, Volling & Gonzalez (2017) konnten in diese Studie die Fragebögen von 241 Elternpaaren einbeziehen.

30 Kreppner, Paulsen & Schuetze (1982) haben am Beispiel von 16 Familien in Berlin den Übergang von der Erstelternschaft zur Zweitelternschaft im Detail untersucht.

Kapitel 5

1 Chomsky (1968) (auf Deutsch als *Sprache und Geist* 1999 bei Suhrkamp erschienen).

2 Pace et al. (2017) diskutieren mögliche Verursachungen, die sie in den eingeschränkten Lernressourcen der Familien und den Eltern-Kind-Beziehungen sehen.

3 Papoušek & Papoušek (1987).

4 Keller et al. (1999).

5 Rebelsky & Hanks (1971).

6 Mervis & Mervis (1982) argumentieren, dass die sprachliche Anpassung der Mütter sich nicht etwa nur an der Kindersprache orientiert. Die Mütter benutzen auch eigene Wörter, von denen sie glauben, dass sie besser zu den Sachverhalten passen, die das Kind bereits kennt.

7 VanDam et al. (2022).

8 Gleason (1975).

9 Tomasello, Conti-Ramsden & Ewert (1990).

10 Schwab et al. (2017).

11 Rowe, Leech & Cabrera (2017).

12 Leech et al. (2013).

13 Diese Statistik diskutiert Jay Fagan für die USA in: Fagan, Wildfeuer & Iglesias (2022).

14 Wir haben die Bayley Scales für Sprachverständnis und Sprachproduktion benutzt; siehe Bayley, N. (2006).

15 Teufl et al. (2020).

16 Lyytinen, Laakso & Poikkeus (1998).

17 Ein Kind lernt tatsächlich die ersten Wörter mit Objekten, die es konzentriert mustert und wahrnimmt – also nachweislich aufgrund der Anschauung; siehe Yu & Smith (2012).

18 Roger, Rinaldi & Howe (2012).

19 LaBounty et al. (2008). Die Forschungsarbeit basiert auf Daten der *Michigan Longitudinal Study.*

20 Zimmerman & Christakis (2005). Die Daten stammen aus

der *National Longitudinal Survey of Youth, Children and Young Adults* (NLSY).

21 Ahnert (2006). In diesem Beitrag wurde allerdings auch ausgeführt, dass nach dem dritten Lebensjahr das Fernsehen positive Auswirkungen auf den Wortschatz hat.

22 Sims & Coley (2016). Die Forscherinnen verwendeten Daten aus der ECLS-B-(*Early Childhood Longitudinal Study – Birth Cohort*-)Studie.

23 Die Väter sind besonders wirksam, wenn sie selbst über einen großen Wortschatz verfügen, überschaubare Sätze konstruieren können und viele Fragen haben. Diese Erkenntnisse wurden aus dem *Family Life Project* gewonnen, das in den ländlichen Regionen von North Carolina und Pennsylvania bei 1400 sozial benachteiligten Familien und ihren Kindern während der ersten drei Lebensjahre durchgeführt wurde; siehe Reynolds et al. (2019).

Kapitel 6

1 Groos (1896 und 1899).

2 Detaillierte Ausführungen über das Wechselspiel von Kultur und Entwicklung finden sich bei Ahnert & Hasselbeck (2013).

3 Ein Resümee über diese umfangreiche Forschung ist zu finden in Roopnarine & Davidson (2015).

4 Lareau, A. (2003/2011).

5 Diese Untersuchungen sind veröffentlicht in Lamb (1977) sowie Power & Parke (1983).

6 Seiffge-Krenke (2009).

7 Weichhardt (2015).

8 Teufl & Ahnert (2021). Diese Spiele wurden schließlich in Familien mit Kindern im Alter von 18 bis 58 Monaten eingesetzt. Mütter und Väter spielten in einem zeitlichen Abstand von mehreren Tagen mit dem Kind. Die Spielgegenstände

wurden mitgebracht und waren für Kinder unter drei Jahren andere als für die älteren Kinder.

9 Es handelt sich um die alle zwei Jahre stattfindende Konferenz, die die ISSBD *(International Society for the Study of Behavioral Development)* durchführt und Entwicklungspsychologen, Pädagogen, Verhaltens- und Evolutionsforscher, aber auch Neurowissenschaftler aus der ganzen Welt zusammenführt.

10 StGeorge & Freeman (2017). Es wurden 16 Studien analysiert, die die Rauf- und Tobespiele von insgesamt 1521 Vätern untersucht haben.

11 Flanders et al. (2010).

12 StGeorge & Freeman (2017).

13 Ahnert et al. (2017)

14 Majdandžić, de Vente, Colonnesi & Bögels (2018).

15 Einsiedler (1999).

16 Vygotskij (1934/1977).

17 Diese Prozesse hat Tomasello (2002) in das Zentrum des kulturellen Lernens gestellt.

18 Lindsey & Mize (2000). Der verwendete *Punktwert für Einvernehmlichkeit im Spiel* basierte auf der Summe an Initiativen, die in Form von Vorschlägen (z.B. *Lass uns hier im Restaurant frühstücken!*), Bitten um Erlaubnis (z.B. *Kann ich mich hierhin setzen?*), Bitten um eine Information (z.B. *Was steht heute auf der Karte?*), Anweisungen (z.B. *Gib mir mal die Butter!*) und Aufforderungen (z.B. *Du bist die Kellnerin!*) auftraten. Die Reaktionen darauf konnten bejahend oder ablehnend sein und gingen ebenfalls in den Punktwert ein.

19 Ahnert et al. (2017).

20 Bodrova & Leong (2015).

21 Das *Head Start Program* (*Early Head Start Research and Evaluation Study*) ist eines der ältesten Programme der US-Regierung. Hierbei geht es um Tausende von Kindern aus

ökonomisch benachteiligten und bildungsfernen Familien und darum, wie staatliche Angebote dazu führen können, die Bildungsbenachteiligung dieser Kinder abzubauen und mehr Chancengerechtigkeit herzustellen. In diesem Programm bekommen die Kinder und ihre Familien eine gezielte Betreuung, die regelmäßig auf ihre Wirksamkeit überprüft wird. Dieses Monitoring ist allumfassend und beinhaltet Hospitationen und Beobachtungen in den Familien, Interviews und Befragungen sowie vielseitige Tests zum Entwicklungsstand der Kinder.

22 Die anwesenden Forschungsassistenten* wendeten zwei Tests an: *Mental Scale of the Bayley Scales of Infant Development* sowie *Peabody Picture Vocabulary Test.*

23 Tamis-LeMonda et al. (2010).

24 Sylva, Bruner & Genova (1976).

25 Heckhausen & Roelofsen (1962).

26 Kuhl (2015). Auf diesem Symposium präsentierten alle CENOF-Standorte erste Ergebnisse – an der Diskussion nahmen teil: Michael Lamb und Carol Worthman / USA, Wassilios Fthenakis / Griechenland, Brigitte Rollett, Heinz Walter und Johannes Huber / Österreich, Bettina Wiese und Anna Sterz / Deutschland.

Kapitel 7

1 Seine umfassende Erforschung der Bindung hat Bowlby (1969, 1973 und 1980) in einer umfassenden Trilogie mit den Leitworten Bindung, Trennung und Verlust dargelegt.

2 Young, Simpson, Griskevicius, Huelsnitz & Fleck (2019). Die Bindungssicherheit wurde mit der sogenannten *Fremden Situation* festgestellt, die in diesem Kapitel im Abschnitt »Bindungen messbar machen« beschrieben wird.

3 Um Faktoren zu kontrollieren, die die Lebensbewältigung

ebenfalls beeinflussen, wurden selbstverständlich auch die Familien mit ihren ökonomischen Möglichkeiten, der Bildung der Eltern, dem Familienklima und Familienstress u. v. m. in den Blick genommen. Diese Studien werden im Detail in Grossmann, Grossmann & Waters (2006) beschrieben.

4 Cohen & Campos (1974).

5 Zimmermann, Mühling, Lichtenstein & Iwanski (2022).

6 Bowlby definierte die sichere Bindung als »*... someone means that he (a child) is strongly disposed to seek proximity to and contact with a specific figure and to do so in certain situations, notably when he is frightened, tired or ill*« (1969, S. 371).

7 Spangler & Grossmann (1993).

8 Diesen Gedächtnisbesitz nennt die Bindungstheorie »Inner Working Model (= Inneres Arbeitsmodell)«, was auf eine dynamische Repräsentation von Erfahrungen hinweisen soll. Eine ausführliche Darstellung dieses und anderer Konzepte aus der Bindungstheorie findet sich in: Ahnert (2022a).

9 Ainsworth, Blehar, Waters & Wall (1978).

10 Die *Fremde Situation* ist ausführlich und verständlich beschrieben in: Ahnert (2020a).

11 Waters (1995).

12 Meine Arbeitsgruppe hat mit Unterstützung von Gerhard Suess und Uta Bohlen von der Hochschule für Angewandte Wissenschaften in Hamburg das Messverfahren im Jahr 2012 ins Deutsche übertragen und in der eigenen Forschung wie in Trainingskursen verwendet: Ahnert et al. (2012).

13 In einer Sonderausgabe von *Attachment & Human Development*, Heft 2, 2020, herausgegeben von Ahnert & Schoppe-Sullivan (2020), findet sich ein aktueller Überblick.

14 Fox, Kimmerly & Schafer (1991).

15 Meltzoff (2007) dokumentiert, wie er nur wenige Minuten (!) alte Neugeborene zu nachahmenden Verhaltensweisen

bringt. Da die Grobmotorik noch unter dem starken Einfluss unwillkürlicher Reflexe steht, initiiert er Nachahmungen im Gesichtsfeld und Mundraum (z. B. Zunge herausstrecken). Die Interpretation: Das Baby kann »Zunge herausstrecken« deshalb nachahmen, weil es bereits »weiß«, dass es – genau wie der Vorführende – über eine Zunge verfügt.

16 Hrdy (2002).

17 Tronick, Als, Adamson, Wise & Brazelton (1978).

18 Braungart-Rieker et al. (2014).

19 Boll, Leppin & Reich (2011).

20 Craig (2006).

21 SRCD = *Society for Research in Child Development* ist die weltweit führende Gesellschaft für Entwicklungspsychologie.

22 Brown & Cox (2020).

23 Diese Studie konnte in einer renommierten Fachzeitschrift publiziert werden als: Piskernik & Ahnert (2019).

24 Ahnert (2020).

25 Marvin, Cooper, Hoffman & Powell (2002).

26 Olsavsky, Berrigan, Schoppe-Sullivan, Brown & Kamp Dush (2020).

27 Grossmann et al. (2002).

Kapitel 8

1 Kudera (2002).

2 Waldvogel & Ehlert (2016).

3 https://www.sozialpolitik-aktuell.de/files/sozialpolitik-aktuell/_Politikfelder/Familienpolitik/Datensammlung/PDF-Dateien/abbVII17.pdf

4 Rupp (Hrsg.) (2009). Siehe auch den Beratungsführer für lesbische Mütter, schwule Väter und familienbezogene Fachkräfte von Jansen, Bruns, Greib & Herbertz-Floßdorf (2014).

5 Ahnert (2010).

6 Shockley, Shen, DeNunzio, Arvan & Knudsen (2017).

7 Die Bedeutsamkeit der Arbeit für Väter wird in Kapitel 2, Abschnitt »Vaterschaft neu denken« im Detail diskutiert.

8 Ahnert, Teufl, Supper & Piskernik (in Vorbereitung).

9 Slade (2005).

10 Ruiz, Witting, Piskernik, Supper & Ahnert (2020).

11 Huber (2019).

12 Wie selbst verlängerte Arbeitszeiten als familiäres Engagement angesehen und durch die Partnerin unterstützt werden, wird in Kapitel 2, Abschnitt »Familiengründung anpacken« thematisiert.

13 IfD Allensbach (2019).

14 Sapolsky (1998).

15 Abidin (1992).

16 Piskernik, Supper & Ahnert (2019).

17 Abidin (1990), in deutscher Standardisierung als Tröster (2011).

18 Francis, Diorio, Liu & Meaney (1999) sowie Szyf, Weaver, Champagne, Diorio & Meaney (2005).

19 Alle dargestellten Verhaltensbeobachtungen sind selbstverständlich durch physiologische Indikatoren des Stresssystems untermauert. Bei einer ausgiebigen Fürsorge wurde beispielsweise eine reduzierte Ausschüttung des CRH (Corticotropin-releasing Hormone) im Hypothalamus und des ACTH (Adrenocorticotropin Hormon) gemessen, was darauf hinweist, dass die stressauslösenden Mechanismen gehemmt werden.

20 Nowacki, Remiorz, Mielke & Gesing (2021).

21 Nowacki, Remiorz & Gesing (2015).

22 Es handelt sich um Daten, die aus der umfangreichen *Fragile Families and Child Wellbeing Study* (FFCWS) stammen.

23 Lee, Kim, Taylor & Perron (2011).

24 Ahnert (2022b).

25 Liel, Koch & Eickhorst (2021).

26 Potegal (2019).

27 Deichmann & Ahnert (2021).

28 Fagan & Barnett (2003).

29 Ahnert, Teufl, Supper & Piskernik (in Vorbereitung)

30 Das hat das Forschungsteam an der Ohio University in den USA in vielfältigen Studien nachgewiesen. Siehe: Schoppe-Sullivan, Brown, Cannon, Mangelsdorf & Sokolowski (2008).

31 Das Modell gemeinsamer Elternschaft von Mark Feinberg wurde bereits in der Einführung zu Kapitel 4 ausführlich vorgestellt.

32 Dieser Kontrast setzt für Mütter – bedingt durch die familienpolitischen Maßnahmen der Schwangerschafts- und Elternzeit – viel später und weniger vehement ein. In Kapitel 3 wird dies im Abschnitt »Partnerschaftlichkeit umsetzen« thematisiert.

33 Rollett & Rollett (2018).

34 Rollett (2005).

LITERATURVERZEICHNIS

Abidin, R. R. (1990): *Parenting Stress Index. Test Manual*, Charlottesville, VA.

Abidin, R. R. (1992): »The determinants of parenting behavior«, in: *Journal of Clinical Child Psychology* 21, S. 407–412.

Adler, M. A., & Lenz, K. (Hrsg.) (2015): *Father involvement in the early years. An international comparison of policy and practice*, Bristol.

Ahnert, L. (2006): »Die Perspektive der Entwicklungspsychologie: Möglichkeiten und Grenzen der Nutzung audiovisueller Medien im Kindesalter«, in: H. Theunert (Hrsg.), *Bilderwelten im Kopf. Interdisziplinäre Zugänge*, München, S. 73–90.

Ahnert, L. (2010): »Today's families: the child's perspective«, in: O. Kapella, C. Rille-Pfeiffer, M. Rupp & N. F. Schneider (Hrsg.), *Family Diversity*, Opladen, S. 27–34.

Ahnert, L. (2020a): *Wieviel Mutter braucht ein Kind?*, Weinheim.

Ahnert, L. (2020b): »Der Zusammenhang von Bildung und Bindung«, in: J. Roos & S. Roux (Hrsg.), *Das große Handbuch Frühe Bildung in der Kita*, Köln, S. 107–116.

Ahnert, L. (Hrsg.) (2022a): *Frühe Bindung. Entstehung und Entwicklung*, München.

Ahnert, L. (2022b): »Väter in den Frühen Hilfen – Anregungen aus der europäischen und internationalen Väterforschung«, in: *Praxis der Kinderpsychologie und Kinderpsychiatrie* 6, S. 500–516.

Ahnert, L., & Hasselbeck, H. (2013): »Entwicklung und Kultur«, in: L. Ahnert (Hrsg.), *Theorien in der Entwicklungspsychologie*, Heidelberg, S. 26–59.

Ahnert, L., & Schmidt, A. (1995): »Familiäre Anpassungsbelastungen im gesellschaftlichen Umbruch: Auswirkungen auf die frühkindliche Entwicklung«, in: H. Sydow, U. Schlegel & A. Helmke (Hrsg.), *Chancen und Risiken im Lebenslauf. Beiträge zum gesellschaftlichen Wandel in Ostdeutschland*, Berlin, S. 151–169.

Ahnert, L. & Schoppe-Sullivan, S. J. (2020): »Fathers from an attachment perspective«, in: *Attachment & Human Development* 22, Special Issue.

Ahnert, L., Deichmann, F., Bauer, M., Supper, B. & Piskernik, B. (2021): »Fathering behavior, attachment and engagement in childcare predict testosterone and cortisol«, in: *Developmental Psychobiology* 63, e22149.

Ahnert, L., Eckstein-Madry, T., Supper, B., Bohlen, U., Suess, E. S., & Suess, G. J. (2012): *Waters' attachment Q-sort according to German translation and application*, unveröffentlichtes Manuskript an der Universität Wien.

Ahnert, L., Teufl, L., Ruiz, N., Piskernik, B., Supper, B., Remiorz, S., Gesing, A., & Nowacki, K. (2017): »Father-child play during the preschool years and child internalizing behaviors: Between robustness and vulnerability«, in: *Infant Mental Health Journal* 38, S. 1–13.

Ahnert, L., Teufl, L., Supper, B., & Piskernik, B. (in prep.): »Fathering in the context of single-earner, double-earner and dual-career families«.

Ainsworth, M. D. S., Bell, S. M. & Stayton, D. J. (1974): »Infant-mother attachment and social development: ›Socialization‹ as a product of reciprocal responsiveness to signals«, in: M. P. M. Richards (Hrsg.), *The integration of a child into a social world*, New York, S. 99–135.

Ainsworth, M. D. S., Blehar, M. C., Waters, E., & Wall, S. (1978): *Patterns of attachment: A psychological study of the Strange Situation*, Hillsdale.

Armsden, G. C. & Greenberg, M. T. (1987): »The inventory of parent and peer attachment: Individual differences and their relationship to psychological well-being in adolescence«, in: *Journal of Youth and Adolescence* 16, S. 427–454.

Barnett, P. (1990): »Playfulness: Definition, design, and measurement«, in: *Play and Culture* 3, S. 319–336.

Behnke, C., Loos, P. & Meuser, M. (1998): »Habitualisierte Männlichkeit. Existentielle Hintergründe kollektiver Orientierungen von Männern«, in: *Biographieforschung und Kulturanalyse*, Wiesbaden, S. 225–242.

Belsky, J. & Rovine, M. (1990): »Patterns of marital change across the transition to parenthood: Pregnancy to three years postpartum«, in: *Journal of Marriage and the Family* 52, S. 5–20.

Belsky, J. & Kelly, J. (1994): *The transition to parenthood*, New York.

Bodrova, E. & Leong, D. J. (2015): »Vygotskian and post-Vygotskian views on children's play«, in: *American Journal of Play* 7, S. 371–388.

Boll, C., Leppin, J. S. & Reich, N. (2011): »*Einfluss der Elternzeit von Vätern auf die familiale Arbeitsteilung im internationalen Vergleich*«, in: HWWI policy paper, 59.

Bowlby, J. (1969): *Attachment and loss*, Bd. 1: *Attachment*, London (deutsch: *Bindung. Eine Analyse der Mutter-Kind-Beziehung*, Frankfurt a. M. 1975).

Bowlby, J. (1973): *Attachment and loss*, Bd. 2: *Separation, Anxiety and Anger*, London (deutsch: *Trennung. Psychische Schäden als Folge der Trennung von Mutter und Kind*, Frankfurt a. M. 1976).

Bowlby, J. (1980): *Attachment and loss*, Bd. 3: *Loss, Sadness and Depression*, London (deutsch: *Verlust, Trauer und Depression*, Frankfurt a. M. 1983).

Braungart-Rieker, J. M., Zentall, S., Lickenbrock, D. M., Ekas, N. V., Oshio, T., & Planalp, E. (2014): »Attachment in the making: Mother and father sensitivity and infants' responses during the Still-Face Paradigm«, in: *Journal of Experimental Child Psychology* 125, S. 63–84.

Brose, N. (2008): »Entscheidung unter Unsicherheit – Familiengründung und -erweiterung im Erwerbsverlauf«, in: *Kölner Zeitschrift für Soziologie und Sozialpsychologie* 60, S. 34–56.

Brown, G. L. & Cox, M. J. (2020): »Pleasure in parenting and father-child attachment security«, in: *Attachment & Human Development* 22, S. 51–65.

Bürgisser, M. (2008): »Väter in egalitärer Partnerschaft – Voraussetzungen, Chancen, Schwierigkeiten und Wirkungen«, in: H. Walter (Hrsg.), *Vater wer bist du?*, Stuttgart, S. 98–123.

Cashdan, E. (1993): »Attracting Mates: Effects of paternal investment on mate attraction strategies«, in: *Ethology and Sociobiology* 14, S. 1–24.

Castel, R. & Dörre, K. (Hrsg.) (2009): *Prekarität, Abstieg, Ausgrenzung. Die soziale Frage am Beginn des 21. Jahrhundert*, Frankfurt a. M. / New York.

Chomsky, N. (1968): *Language and Mind*, New York (deutsch: *Sprache und Geist*, Göttingen, 1973).

Cohen, L. J. & Campos, J. J. (1974): »Father, mother, and stranger as elicitors of attachment behaviors in infancy«, in: *Developmental Psychology* 10, S. 146–154.

Connell, R. W. (1995): *Masculinities*, Cambridge / UK (deutsch: *Der gemachte Mann*, Heidelberg, 2006).

Connor, S., Edvardsson, K., Fisher, C., & Spelten, E. (2021): »Perceptions and Interpretation of Contemporary Masculinities in Western Culture: A Systematic Review«, in: *American Journal of Men's Health* 15 (6):15579883211061009

Corpuz, R., D'Alessandro, S., & Collom, G. K. (2021): »The postnatal testosterone rebound in first-time fathers and the quality and quantity of paternal care«, in: *Developmental Psychobiology* 63, S. 1415–1427.

Cowan, P. A. & Cowan, C. P. (1988): »Changes in marriage

during the transition to parenthood: Must we blame the baby?«, in: G. Y. Michaels & W. A. Goldberg (Hrsg.), *The transition to parenthood. Current theory and research*, Cambridge, S. 114–154.

Cowan, C. P. & Cowan, P. A. (1992): *When partners become parents: The big life change for couples*, New York.

Craig, L. (2006): »Does father care mean fathers share? A comparison of how mothers and fathers in intact families spend time with children«, in: *Gender & Society* 20, S. 259–281.

Crapo, L. (1986): *Hormone. Die chemischen Boten des Körpers*, Heidelberg.

Cummings, E. M., Merrilees, C. E. & George, M. W. (2010): »Fathers, marriages, and families: Revisiting and updating the framework for fathering in family context«, in: M. E. Lamb (Hg.), *The role of the father in child development* (5. Aufl.), Hoboken, NJ, S. 154–176.

De Wolff, M. S. & Van IJzendoorn, M. H. (1997): »Sensitivity and attachment: A meta-analysis on parental antecedents of infant attachment«, in: *Child Development* 68, S. 571–591.

Deichmann, F. & Ahnert, L. (2021): »The terrible twos: How children cope with frustration and tantrums and parents attempt to support them«, in: *Infancy* 26, S. 469–493.

Deneault, A.-A., Cabrera, N. J., & Bureau, J. F. (2022): »A meta-analysis on observed paternal and maternal sensitivity«, in: *Child Development*, Advanced on-line publication: https://doi.org/10.1111/cdev.13832

Dikmen, Y. P., Ayers, S., & Phillips, L. (2017): »The prevalence of post-traumatic stress disorder in pregnancy and after birth: a systematic review and meta-analysis«, in: *Journal of Affective Disorders* 208, S. 634–645.

Dobbing, J. & Sands, J. (1973): »Quantitative growth and development of human brain«, in: *Archives of Disease in Childhood* 48, S. 757–767.

Dorsch, V. M. (2013): *Geburtserfahrung und postnatale Befindlichkeit von Vätern*, Dissertation unter http://bonndoc.ulb.uni-bonn.de

Egan, S. K. & Perry, D. G. (2001): »Gender identity: A multidimensional analysis with implications for psychosocial adjustment«, in: *Developmental Psychology* 37, S. 451–463.

Einsiedler, W. (1999): *Das Spiel der Kinder. Zur Pädagogik und Psychologie des Kinderspiels*, Bad Heilbrunn.

Ellis, B. J., Simpson, J. A., & Campbell, L. (2002): »Trait-Specific Dependence in Romantic Relationships«, in: *Journal of Personality* 70, S. 611–660

Engstler, H. & Menning, S. (2003): *Die Familie im Spiegel der amtlichen Statistik. Lebensformen, Familienstrukturen, wirtschaftliche Situation der Familien und familiendemographische Entwicklung in Deutschland*, hrsg. vom Bundesministerium für Familie, Senioren, Frauen und Jugend, Berlin.

Fagan, J. & Barnett, M. (2003): »The relationship between maternal gatekeeping, paternal competence, mothers' attitudes about the father role, and father involvement«, in: *Journal of Family Issues* 24, S. 1020–1043.

Fagan, J., Wildfeuer, R., & Iglesias, A. (2022): »Low-income mothers' and fathers' cognitive stimulation during early childhood and child vocabulary at age 9«, in: *Journal of Child and Family Studies* 31, S. 70–85.

Fagan, J., Day, R., Lamb, M. E., & Cabrera, N. J. (2014): »Should researchers conceptualize differently the dimensions of parenting for fathers and mothers?«, in: *Journal of Family Theory & Review* 6, S. 390–405.

Feinberg, M. E. (2003): »The internal structure and ecological context of coparenting: A framework for research and intervention«, in: *Parenting* 3, S. 95–131.

Flanders, J. L., Simard, M., Paquette, D., Parent, S., Vitaro, F., Pihl, R. O., & Séguin, J. R. (2010): »Rough-and-tumble play and the development of physical aggression and emotion regulation: A five-year follow-up study«, in: *Journal of Family Violence* 23, S. 357–367.

Fox, N. A., Kimmerly, N. L., & Schafer, W. D. (1991): »Attachment to mother / attachment to father: A meta-analysis«, in: *Child Development* 62, S. 210–225.

Francis, D., Diorio, J., Liu, D., & Meaney, M. J. (1999): »Nongenomic transmission across generations of maternal behavior and stress responses in the rat«, in: *Science* 286, S. 1155–1158.

Freud, S. (1905): *Drei Abhandlungen zur Sexualtheorie, Gesammelte Werke*, Bd. 5, Frankfurt a. M.

Gettler, L. T., Boyette, A. H., & Rosenbaum, S. (2020): »Broadening perspectives on the evolution of human paternal care and fathers' effects on children«, in: *Annual Review of Anthropology* 49, S. 141–160.

Gettler, L. T., McKenna, J. J., McDade, T. W., Agustin, S. S., & Kuzawa, C. W. (2012): »Does cosleeping contribute to lower testosterone levels in fathers? Evidence from The Philippines«, in: *PLoS ONE* 7, e41559.

Gleason, J. B. (1975): »Fathers and other strangers: Men's speech to young children«, in: *Developmental Psycholinguistics: Theory and Applications* 1, S. 289–297.

Grebe, N. M., Sarafin, R. E., Strenth, C. R., & Zilioli, S. (2019): »Pair-bonding, fatherhood, and the role of testosterone: A meta-analytic review«, in: *Neuroscience and Biobehavioral Reviews* 98, S. 221–233.

Greenberg, M. & Morris, N. (1974): »Engrossment: the newborn's impact upon the father«, in: *American Journal of Orthopsychiatry* 44, S. 520–531.

Greve, W. & Roos, J. (1996): *Der Untergang des Ödipuskomplexes. Argumente gegen einen Mythos*, Bern.

Groos, K. (1896): *Die Spiele der Tiere*, Jena.

Groos, K. (1899): *Die Spiele der Menschen*, Jena.

Grossmann, K. E., Grossmann, K., & Waters, E. (Hrsg.) (2006): *Attachment from infancy to adulthood: The major longitudinal studies*, New York.

Grossmann, K., Grossmann, K. E., Fremmer-Bombik, E., Kindler, H., Sheuerer-Englisch, H., & Zimmermann, P. (2002): »The uniqueness of the child-father attachment relationship: Fathers' sensitive and challenging play as a pivotal variable in a 16-year longitudinal study«, in: *Social Development* 11, S. 307–331.

Haas, R., Watson, J., Buonasera, T., Southon, J., Chen, J. C., Noe, S., Smith, K., Llave, C. V., Eerkens, J., & Parker, G. (2020): »Female hunters of the early Americas«, in: *Science Advances* 6 (45), eabd0310.

Harris, J. R. (1995): Where is the child's environment? A group socialization theory of development«, in: *Psychological Review* 102, S. 458–489.

Heckhausen, H. & Roelofsen, I. (1962): »Anfänge und Entwicklung der Leistungsmotivation: I. Im Wetteifer des Kleinkindes«, in: *Psychologische Forschung* 26, S. 313–397.

Hewlett, B. S. (1993): *Intimate Fathers. The Nature and Context of Aka Pygmy Paternal Infant Care*, Michigan.

Hobsbawm, E. J. (1965): *Introduction to pre-capitalist economic formations by Karl Marx*, New York.

Horvath, L. K., Grether, T., & Wiese, B. S. (2018): »Fathers' realizations of parental leave plans: leadership responsibility as help or hindrance?«, in: *Sex Roles* 79, S. 163–175.

Hrdy, S. B. (2002): »On why it takes a village: Cooperative breeders, infant needs and the future«, in: G. Peterson (Hrsg.), *The past, present, and future of the human family*, Salt Lake City, S. 86–110.

Huber, J. (2019): *»Vater, wo bist Du?« Eine interdisziplinäre Spurensuche zum relationalen Phänomen väterlicher An- und Abwesenheit*, Weinheim.

Hurtado, A. M. & Hill, K. R. (1992): »Paternal effect on offspring survivorship among Ache and Hiwi hunter-gatherers: Implications for modeling pair-bond stability«, in: B. B. Smuts, D. J. Gubernick & B. S. Hewlett (Hrsg.), *Father-child relations. Cultural and biosocial contexts*, New York, S. 31–55.

IfD Allensbach (1993): *Der partnerschaftliche Mann. Einstellungen und Verhaltensweisen*, Allensbach.

IfD Allensbach (2015): *Weichenstellungen für die Aufgabenteilung in Familie und Beruf*, Allensbach.

IfD Allensbach (2019): *Elternschaft heute. Eine Repräsentativbefragung von Eltern unter 18-jähriger Kinder*, Allensbach.

IfD Allensbach (2021): *Elternzeit, Elterngeld und Partnerschaftlichkeit. Eine repräsentative Onlinebefragung von Eltern mit ältestem Kind unter 10 Jahren*, Allensbach.

Internationale Arbeitsorganisation (ILO) (2009): *Gleichstellung der Geschlechter als Kernstück menschenwürdiger Arbeit*, Internationale Arbeitskonferenz, 98. Tagung, Genf.

Isidori, A. M., Giannetta, E., Gianfrilli, D., Greco, E. A., Bonifacio, V., Aversa, A., Isidori, A., Fabbri, A., & Lenzi, A. (2005): »Effects of testosterone on sexual function in men: Results of a meta-analysis«, in: *Clinical Endocrinology* 63, S. 381–394.

Jansen, E., Bruns, M., Greib, A., & Herbertz-Floßdorf, M. (2014): *Regenbogenfamilien. Alltäglich und doch anders*, Köln.

Johansson, M., Rubertsson, C., Rådestad, I., & Hildingsson, I. (2012): »Childbirth – an emotionally demanding experience for fathers«, in: *Sexual & Reproductive Healthcare* 3, S. 11–20.

Karlauf, T., & Raabe, K. (Hrsg.) (1996): *Väter und Söhne. Zwölf biografische Porträts*, Berlin.

Keller, H., Lohaus, A., Voelker, S., Cappenberg, M., & Chasiotis, A. (1999): »Temporal contingency as an independent component of parenting behavior«, in: *Child Development* 70, S. 474–485.

Keupp, H. (2022): »Patchworkidentität. Riskante Chancen bei

prekären Ressourcen«, http://www.ipp-muenchen.de/texte/keupp_dortmund.pdf

Key, C. (1999): »Non-reciprocal altruism and the evolution of paternal care«, in: *Proceedings of the First Annual Conference on Genetic and Evolutionary Computation* 2, S. 1313–1320.

Klammer, U. & Klenner, C. (2004): »Geteilte Erwerbstätigkeit – gemeinsame Fürsorge: Strategien und Perspektiven der Kombination von Erwerbs- und Familienleben in Deutschland«, in: S. Leitner, I. Ostner & M. Schratzenstaller (Hrsg.), *Wohlfahrtsstaat und Geschlechterverhältnis im Umbruch. Was kommt nach dem Ernährermodell?*, Wiesbaden, S. 177–207.

Klenner, C. & Klammer, U. (2009): »Weibliche Familienernährerinnen in West- und Ostdeutschland – Wunschmodell oder neue Prekarität«, in: Bundesministerium für Familie, Senioren, Frauen und Jugend (Hrsg.), *Rollenleitbilder und -realitäten in Europa. Rechtliche, ökonomische und kulturelle Dimensionen*, Berlin, S. 62–84.

Klumb, P. L., Lee, S., Siegler, S., Piskernik, B., Jensen, R., & Voelkle, M. C. (2022): »Resource-building processes across life domains: Father-child interactions as starting points for resource caravans«, in: *Journal of Happiness Studies*, Advanced on-line publication: https://doi.org/10.1007/s10902-022-00523-4

Kluwer, E. S. (2010): »From partnership to parenthood: A review of marital change across the transition to parenthood«, in: *Journal of Family Theory & Review* 2, S. 105–125.

Köhne, A. & Hellmers, C. (2015): »Die Erfahrungen der Väter im Kreißsaal«, in: *Die Hebamme* 28, S. 40–43.

Kohlhuber, M., Rebhan, B., Schwegler, U., Koletzko, B., & Fromme, H. (2008): »Breastfeeding rates and duration in Germany: A Bavarian cohort study«, in: *British Journal of Nutrition* 99, S. 1127–1132.

Konner, M. (2015): *Women after all: Sex, evolution, and the end of male supremacy*, New York.

Kreppner, K., Paulsen, S., & Schuetze, Y. (1982): »Infant and family development: From triads to tetrads«, in: *Human Development* 25, S. 373–391.

Kudera, W. (2002): »Neue Väter, neue Mütter – neue Arrangements der Lebensführung«, in: H. Walter (Hrsg.), *Männer als Väter*, Gießen, S. 145–185.

Kuhl, J. (2015): »Decomposing self-regulation precursors of executive skills in early childhood«, Vortrag auf dem Internationalen Symposium »First insights into the current CENOF Research Study« im Billrothhaus Wien.

Kunz, J. (2003): *Die Verhaltensökologie der Couvade*, Trier.

Kuo, P. X., Volling, B. L., & Gonzalez, R. (2017): »His, hers, or theirs? Coparenting after the birth of a second child«, in: *Journal of Family Psychology* 31, S. 710–720.

Kuzawa, C. W., Gettler, L. T., Muller, M. N., McDade, T. W., & Feranil, A. B. (2009): »Fatherhood, pairbonding and testosterone in the Philippines«, in: *Hormones and Behavior* 56, S. 429–435.

LaBounty, J., Wellman, H. M., Olson, S., Lagattuta, K., & Liu, D. (2008): »Mothers' and fathers' use of internal state talk with their young children«, in: *Social Development* 17, S. 757–775.

Lamb, M. E. (1977): »Father-infant and mother-infant interaction in the first year of life«, in: *Child Development* 48, S. 167–181.

Lareau, A. (2003/2011): *Unequal childhoods: Class, race, and family life*, Los Angeles.

Larmuseau, M. H., Matthijs, K., & Wenseleers, T. (2016): »Cuckolded fathers rare in human populations«, in: *Trends in Ecology & Evolution* 31, S. 327–329.

Le Camus, J. & Landgrebe, C. (2001): *Väter. Die Bedeutung des Vaters für die psychische Entwicklung des Kindes*, Weinheim.

Lee, S. J., Kim, J., Taylor, C. A., & Perron, B. E. (2011): »Profiles of disciplinary behaviors among biological fathers«, in: *Child Maltreatment* 16, S. 51–62.

Leech, K. A., Salo, V. C., Rowe, M. L., & Cabrera, N. J. (2013): »Father Input and Child Vocabulary Development: The Importance of Wh Questions and Clarification Requests«, in: *Seminars in Speech and Language* 34, S. 249–259.

LeMasters, E. E. (1957): »Parenthood as crisis«, in: *Marriage and Family Living* 19, S. 352–355.

Levant, R. F. (2011): »Research in the psychology of men and masculinity using the gender role strain paradigm as a framework«, in: *American Psychologist* 66, S. 765–776.

Liel, C., Koch, M. & Eickhorst, A. (2021): »Arbeit mit Vätern zur Prävention von Kindesmisshandlung. Eine Pilotevaluation des Caring Dads Programms in Deutschland«, in: *Praxis der Kinderpsychologie und Kinderpsychiatrie* 70, S. 115–133.

Lindsey, E. W. & Mize, J. (2000): »Parent-child physical and pretense play: Links to children's social competence«, in: *Merrill-Palmer Quarterly* 46, S. 565–591.

Lovejoy, M. C., Weis, R., O'Hare, E., & Rubin, E. C. (1999): »Development and initial validation of the Parent Behavior Inventory«, in: *Psychological Assessment* 11, S. 534–545.

Loytved, C., Röhnisch, S., Hellmers, C., & Schücking, B. (2009): »Perinatale Sterblichkeit in Europa«, in: *Die Hebamme* 22, S. 102–104.

Lucassen, N., Tharner, A., Van IJzendoorn, M. H., Bakermans-Kranenburg, M. J., Volling, B. L., Verhulst, F. C., & Tiemeier, H. (2011): »The association between paternal sensitivity and infant-father attachment security: A meta-analysis of three decades of research«, in: *Journal of Family Psychology* 25, 6, S. 986–992.

Lyytinen, P., Laakso, M. L., & Poikkeus, A. M. (1998): »Parental contribution to child's early language and interest in books«, in: *European Journal of Psychology of Education* 13, S. 297–308.

MacDonald, K. B. (1992): »Warmth as a developmental construct: An evolutionary analysis«, in: *Child Development* 63, S. 753–773.

Majdandžić, M., de Vente, W., Colonnesi, C., & Bögels, S. M. (2018): »Fathers' challenging parenting behavior predicts less subsequent anxiety symptoms in early childhood«, in: *Behaviour Research and Therapy* 109, S. 18–28.

Marlowe, F. (2001): »Male contribution to diet and female reproductive success among foragers«, in: *Current Anthropology* 42, S. 755–759.

Marvin, R., Cooper, G., Hoffman, K., & Powell, B. (2002): »The Circle of Security project: attachment-based intervention with caregiver-pre-school child dyads«, in: *Attachment & Human Development* 4, S. 107–24.

Meltzoff, A. N. (2007): »›Like me‹: A foundation for social cognition«, in: *Developmental Science* 10, S. 126–134.

Menashe-Grinberg, A. & Atzaba-Poria, N. (2017): »Mother-child and father-child play interaction: The importance of parental playfulness as a moderator of the links between parental behavior and child negativity«, in: *Infant Mental Health Journal* 38, S. 772–784.

Mervis, C. B. & Mervis, C. A. (1982): »Leopards are kitty-cats: Object labeling by mothers for their thirteen-month-olds«, in: *Child Development* 53, S. 267–273.

Meuser, M. (2009): »Vaterschaft und Männlichkeit. (Neue) Väterlichkeit in geschlechtersoziologischer Perspektive«, in: K. Jurczyk & A. Lange (Hrsg.), *Vaterwerden und Vatersein heute. Neue Wege – neue Chancen*, Gütersloh, S. 79–93.

Nickel, H. & Quaiser-Pohl, C. (2001): *Junge Eltern im kulturellen Wandel. Untersuchungen zur Familiengründung im kulturellen Vergleich*, Weinheim.

Nowacki, K., Kohl, K., Remiorz, S., & Sabisch, K. (2022): »Bindung und Männlichkeit«, in: K. Nowacki, K. Sabisch & S. Remiorz (Hrsg.), *Einstellungen junger Männer in Deutschland*, Heidelberg, S. 85-110.

Nowacki, K., Remiorz, S., & Gesing, A. (2015): »How fathers' broken-home experiences during own childhood relate to involvement and parenting quality«, Vortrag auf dem Internationalen Symposium »First insights into the current CENOF Research Study« im Billrothhaus Wien.

Nowacki, K., Remiorz, S., Mielke, V., & Gesing, A. (2021): »Trauma, psychische Belastungen und Familiensituation von Vätern mit Jugendhilfeerfahrung: Implikationen für Hilfen zur Erziehung und Therapie«, in: *Praxis der Kinderpsychologie und Kinderpsychiatrie* 70, S. 154–169.

Olsavsky, A. L., Berrigan, M. N., Schoppe-Sullivan, S. J., Brown, G. L., & Kamp Dush, C. M. (2020): »Paternal stimulation and father-infant attachment«, in: *Attachment & Human Development* 22, S. 15–26.

Pace, A., Luo, R., Hirsh-Pasek, K., & Golinkoff, R. M. (2017): »Identifying pathways between socioeconomic status and language development«, in: *Annual Review of Linguistics* 3, S. 285–308.

Paulson, J. F. & Bazemore, S. D. (2010): »Prenatal and postpartum depression in fathers and its association with maternal depression: a meta-analysis«, in: *Journal of the American Medical Association (JAMA), 303*, 1961–1969.

Papoušek, H. & Papoušek, M. (1987): »Intuitive parenting: A dialectic counterpart to the infant's integrative competence«, in: J. D. Osofsky (Hrsg.), *Handbook of infant development*, New York, S. 669–720.

Paquette, D. (2004): »Theorizing the father-child relationship: Mechanisms and developmental outcomes«, in: *Human Development* 47, S. 193-219.

Paquette, D. & Bigras, M. (2010): »The risky situation: A procedure for assessing the father-child activation relationship«, in: *Early child development and Care* 180, S. 33-50.

Pedersen, S. C., Maindal, H. T., & Ryom, K. (2021): »I Wanted to Be There as a Father, but I Couldn't«: A qualitative study of fathers' experiences of postpartum depression and their help-seeking behavior«, in: *American journal of men's health* 15, S. 1–13.

Penke, L. & Asendorpf, J. B. (2008): »Beyond global sociosexual orientations: A more differentiated look at sociosexuality and its effects on courtship and romantic relationships«, in: *Journal of Personality and Social Psychology* 95, S. 1113–1135.

Piskernik, B. & Ahnert, L. (2019): »What does it mean when fathers are involved in parenting?«, in: *Monographs of the Society for Research in Child Development* 84, S. 64–78.

Piskernik, B., Supper, B., & Ahnert, L. (2019): »Measurement invariance analysis of the Parental Stress Index«, in: *European Journal of Psychological Assessment* 35, S. 771–778.

Pleck, J. (2010): »Fatherhood and masculinity«, in: M. Lamb (Hrsg.), *The role of the father in child development*, New York, S. 32–66.

Potegal, M. (2019): »On being mad, sad, and very young«, in: A. K. Roy, M. A. Brotman, & E. Leibenluft (Hrsg.), *Irritability in Pediatric Psychopathology*, New York, S. 132–179.

Power, T. G. & Parke, R. D. (1983): »Patterns of mother and father play with their 8-month-old infant: A multiple analyses approach«, in: *Infant Behavior and Development* 6, S. 453–459.

Quindeau, I. (2017): »Ist der Ödipuskomplex noch zeitgemäß? Psychoanalytische Konzepte zum Geschlecht«, in: *Zeitschrift für Kinder- und Jugendlichen-Psychotherapie* 174, S. 207–222.

Ranta, M., Böök, M. L., Paloniemi, S., & Rönkä, A. (2022): »Equally, but in our own way: First-time parents' prenatal expectations of coparenting«, in: *Journal of Family Studies*. Advanced on-line publication: https://doi.org/10.1080/13229400.2021.2023609

Rebelsky, F. & Hanks, C. (1971): »Fathers' Verbal Interaction with Infants in the First Three Months of Life«, in: *Child Development* 42, S. 63–68.

Reimann, A. (2010): »Zwischen Machismo und Coolness. Männlichkeit und Emotion in der westdeutschen Kulturrevolution der 1960er- und 1970er-Jahre«, in: M. Borutta & N. Verheyen, *Die Präsenz der Gefühle. Männlichkeit und Emotion in der Moderne*, Bielefeld, S. 229–253.

Reynolds, E., Vernon-Feagans, L., Bratsch-Hines, M., Baker, C. E., & Family Life Project Key Investigators (2019): »Mothers' and fathers' language input from 6 to 36 months in rural two-parent-families: Relations to children's kindergarten achievement«, in: *Early Childhood Research Quarterly* 47, S. 385–395.

Roger, K. M., Rinaldi, C. M., & Howe, N. (2012): »Mothers' and fathers' internal state language with their young children: An examination of gender differences during an emotions task«, in: *Infant and Child Development* 21, S. 646–666.

Rohde, A. (2004): *Rund um die Geburt eines Kindes. Depressionen, Ängste und andere psychische Probleme*, Stuttgart.

Rollett, B. (2005): »Die Genese des Anstrengungsvermeidungsmotivs im familiären Kontext«, in: R. Vollmeyer & J. C. Brunstein (Hrsg.), *Motivationspsychologie und ihre Anwendung*, Stuttgart, S. 92–108.

Rollett, B. A. & Rollett, W. (2018): »Anstrengungsvermeidung«, in: D. H. Rost, J. R. Sparfeldt & S. R. Buch (Hrsg.), *Handwörterbuch Pädagogische Psychologie*, Weinheim, S. 8–14.

Roopnarine, J. L. & Davidson, K. L. (2015): »Parent-Child Play across Cultures: Advancing Play Research«, in: *American Journal of Play* 7, S. 228–252.

Rost, H. (2007): »Der Kinderwunsch von Männern und ihr Alter beim Übergang zur Vaterschaft«, in: T. Mühling & H. Rost (Hrsg.), *Väter im Blickpunkt. Perspektiven der Familienforschung*, Opladen, S. 77–96.

Rowe, M. L., Leech, K. A., & Cabrera, N. (2017): »Going Beyond Input Quantity: Wh-Questions Matter for Toddlers' Language and Cognitive Development«, in: *Cognitive Science* 41, S. 162–179.

Ruiz, N., Witting, A., Piskernik, B., Supper, B., & Ahnert, L. (2020): »Reflective functioning in fathers with children born preterm and at term«, in: *Attachment and Human Development* 22, S. 32–45.

Rupp, M. (Hrsg.) (2009): *Die Lebenssituation von Kindern in gleichgeschlechtlichen Lebenspartnerschaften*, Köln.

Salmon, P. & Miller, R. (1990): »Women's anticipation and experience of childbirth: The independence of fulfilment, unpleasantness and pain«, in: *British Journal of Medical Psychology* 63, S. 255–259.

Sapolsky, R. M. (1998): *Warum Zebras keine Migräne kriegen. Wie Stress den Menschen krank macht*, München.

Schmale, W. (2003): *Geschichte der Männlichkeit in Europa (1450–2000)*, Wien.

Schoppe-Sullivan, S. J. & Fagan, J. (2020): »The evolution of fathering research in the 21st century: Persistent challenges, new directions«, in: *Journal of Marriage and Family* 82, S. 175–197.

Schoppe-Sullivan, S. J., Brown, G. L., Cannon, E. A., Mangelsdorf, S. C., & Sokolowski, M. S. (2008): »Maternal gatekeeping, coparenting quality, and fathering behavior in families with infants«, in: *Journal of family psychology* 22 (3), S. 389–398.

Schradin, C. (2007): *Die Biologie des Vaters. Was uns die Verhaltensforschung über Väter berichten kann*, Fürth.

Schröder, M. (2020): »Men lose life satisfaction with fewer hours in employment: Mothers do not profit from longer employment – Evidence from eight panels«, in: *Social Indicators Research* 152, S. 317–334.

Schwab, J. F., Rowe, M. L., Cabrera, N., & Lew-Williams, C. (2017): »Fathers' repetition of words is coupled with children's vocabulary«, in: *Journal of Experimental Child Psychology* 166, S. 437–450.

Seiffge-Krenke, I. (2009): »Veränderungen in der Vaterschaft«, in: O. Kapella, C. Rille-Pfeiffer, M. Rupp & N. F. Schneider (Hrsg.), *Die Vielfalt der Familie. Tagungsband zum 3. Europäischen Fachkongress Familienforschung*, Opladen, S. 203–219.

Selterman, D., Garcia, J. R., & Tsapelas, I. (in press): »What do people do, say, and feel when they have affairs? Associations between extradyadic infidelity motives with behavioral, emotional, and sexual outcomes«, in: *Journal of Sex and Marital Therapy*.

Selterman, D., Garcia, J. R., & Tsapelas, I. (2019): »Motivations for extradyadic infidelity revisited«.

Shapiro, A. F., Gottman, J. M., & Carrère, S. (2000): »The baby and the marriage: Identifying factors that buffer against decline in marital satisfaction after the first baby arrives«, in: *Journal of Family Psychology* 14, S. 59–70.

Sherriff, N., Hall, V., & Panton, C. (2014): »Engaging and supporting fathers to promote breast feeding: A concept analysis«, in: *Midwifery Journal* 30, S. 667–677.

Shockley, K. M., Shen, W., DeNunzio, M. M., Arvan, M. L., & Knudsen, E. A. (2017): »Disentangling the relationship between gender and work – family conflict: An integration of theoretical perspectives using meta-analytic methods«, in: *Journal of Applied Psychology* 102, S. 1601–1635.

Siegler, R. S., DeLoache, J. S., & Eisenberg, N. (2003): *How children develop*, New York (deutsch: *Entwicklungspsychologie im Kindes- und Jugendalter*, München 2016).

Sims, J. & Coley, R. L. (2016): »Independent contributions of mothers' and fathers' language and literacy practices: Associations with children's kindergarten skills across linguistically diverse households«, in: *Early Education and Development* 27, S. 495–512.

Slade, A. (2005): »Parental reflective functioning: An introduction«, in: *Attachment & Human Development* 7, S. 269–281.

Spangler, G. & Grossmann, K. E. (1993): »Biobehavioral organization in securely and insecurely attached infants«, in: *Child Development* 64, S. 1439–1450.

Stadlmayr, W., Bitzer, J., Hösli, I., Amsler, F., Leupold, J., Schwendke-Kliem, A., Simoni, H., & Bürgin, D. (2001): »Birth as a multidimensional experience: Comparison of the English- and German-language versions of Salmon's Item List«, in: *Journal of Psychosomatic Obstetrics & Gynecology* 22, S. 205–214.

Stertz, A. M. & Wiese, B. S. (2020): »Child-related bliss and couples' partnership satisfaction in the early parenthood period: A longitudinal dyadic perspective«, in: *Journal of Family Psychology* 34, S. 1046–1057.

StGeorge, J. & Freeman, E. (2017): »Measurement of father – child rough-and-tumble play and its relations to child behavior«, in: *Infant Mental Health Journal* 38, S. 709–725.

Storey, A. E., Walsh, C. J., Quinton, R. L., & Wynne-Edwards, K. E. (2000): »Hormonal correlates of paternal responsiveness in new and expectant fathers«, in: *Evolution and Human Behavior* 21, S. 79–95.

Sylva, K., Bruner, J. S., & Genova, S. (1976): »The relationship between play and problem solving in children three to five years old«, in: J. S. Bruner, A. Jolly, & K. Sylva (Hrsg.), *Play. Its role in development and evolution*, Harmondsworth, S. 245–257.

Szyf, M., Weaver, I. C., Champagne, F. A., Diorio, J., & Meaney, M. J. (2005): »Maternal programming of steroid receptor expression and phenotype through DNA methylation in the rat«, in: *Frontiers in Neuroendocrinology* 26, S. 139–162.

Tamis-LeMonda, C. S., Shannon, J. D., Cabrera, N. J., & Lamb, M. E. (2004): »Fathers and mothers at play with their 2- and 3-year-olds: Contributions to language and cognitive development«, in: *Child Development* 75, S. 1806–1820.

Teufl, L. & Ahnert, L. (2022): »Parent-child play and parent-child relationships: Are fathers special?«, in: *Journal of Family Psychology* 36, S. 416–426.

Teufl, L., Deichmann, F., Supper, B., & Ahnert, L. (2020): »How fathers' attachment security and education contribute to early child language skills above and beyond mothers: Parent-child conversation under scrutiny«, in: *Attachment and Human Development* 22, S. 71–84.

Tomasello, M. (2002): *Die kulturelle Entwicklung des menschlichen Denkens. Zur Evolution der Kognition*, Frankfurt a. M.

Tomasello, M., Conti-Ramsden, G., & Ewert, B. (1990): »Young children's conversations with their mothers and fathers: differences in breakdown and repair«, in: *Journal of Child Language* 17, S. 115–130.

Tröster, H. (2011): *EBI – Elterliches-Belastungs-Inventar. Deutsche Version des Parenting Stress Index (PSI) von R. R. Abidin – Manual*, Göttingen.

Tronick, E., Als, H., Adamson, L., Wise, S., & Brazelton, T. B. (1978): »The infant's response to entrapment between contradictory messages in face-to-face interaction«, in: *Journal of the American Academy of Child Psychiatry* 17, S. 1–13.

Van IJzendoorn, M. H. & De Wolff, M. S. (1997): »In search of the absent father – Meta-analyses of infant-father attachment: A rejoinder to our discussants«, in: *Child Development* 68, S. 604–609.

VanDam, M., Thompson, L., Wilson-Fowler, E., Campanella, S., Wolfenstein, K., & De Palma, P. (2022): »Conversation initiation of mothers, fathers, and toddlers in their natural home environment«, in: *Computer Speech & Language* 73, 101338.

Vogt, A. (2016): *Innere Werte zählen? Der Einfluss von Partnerpräferenzen und Partnerbewertungen auf die Soziosexualität von Männern in Langzeitbeziehungen*, Masterarbeit an der Universität Wien, unveröffentlicht.

Vogt, A. C. & Pull, K. (2010): »Warum Väter ihre Erwerbstätigkeit (nicht) unterbrechen. Mikroökonomische versus in der Persönlichkeit des Vaters begründete Determinanten der Inanspruchnahme von Elternzeit durch Väter«, in: *Zeitschrift für Personalforschung* 24, S. 48–68.

Voraček, M., Haubner, T., & Fisher, M. L. (2008): »Recent decline in nonpaternity rates: a cross-temporal meta-analysis«, in: *Psychological Reports* 103, S. 799–811.

Vygotskij, L. S. (1934/1977): *Denken und Sprechen*, Frankfurt a. M.

Waldvogel, P. & Ehlert, U. (2016): »Contemporary fatherhood and its consequences for paternal psychological well-being – A cross-sectional study of fathers in Central Europe«, in: *Frontiers in Public Health* 4, S. 199.

Waters, E. (1995): »The attachment Q-set (Version 3.0)«, in: *Monographs of the Society for Research in Child Development* 60, S. 234–246.

Wee, K. Y., Pier, C., Milgrom, J., Richardson, B., Fisher, J., & Skouteris, H. (2013): »Fathers' mental health during the ante- and postnatal periods: Knowledge, recommendations and interventions«, in: *British Journal of Midwifery* 21, S. 342–353.

Weichhardt, I. (2015): *Vergleichende Analyse von herausfordernden Spielsituationen im Rahmen der Vater-Kind-Bindung*, unveröffentlichte Diplomarbeit an der Universität Wien.

Wenger-Schittenhelm, H. & Walter, H. (2002): »Das Konstanzer Väterinstrument. Ein Fragebogen zu erlebter Vaterschaft«, in: H. Walter (Hrsg.), *Männer als Väter*, Gießen, S. 419–454.

Wingfield, J. C., Hegner, R. E., Dufty, A. M. & Ball, G. F. (1990): »The ›challenge hypothesis‹: Theoretical Implications for patterns of testosterone secretion, mating systems, and breeding strategies«, in: *The American Naturalist* 136, S. 829–846.

Wippermann, C. (2013): *Jungen und Männer im Spagat. Zwischen Rollenbildern und Alltagspraxis. Eine sozialwissenschaftliche Untersuchung zu Einstellungen und Verhalten*, Bundesministerium für Familie, Senioren, Frauen und Jugend, Berlin.

Woeckel, A., Abou-Dakn, M., Kentenich, H., & David, M. (2008): »Väter im Kreißsaal Ein kritischer Überblick zum Stand der Forschung«, in: *Geburtshilfe und Frauenheilkunde* 68, S. 1154–1159.

Young, E. S., Simpson, J. A., Griskevicius, V., Huelsnitz, C. O., & Fleck, C. (2019): »Childhood attachment and adult personality: A life history perspective«, in: *Self and Identity* 18, S. 22–38.

Yu, C. & Smith, L. B. (2012): »Embodied attention and word learning by toddlers«, in: *Cognition* 125, S. 244–262.

Zerle, C. & Krok, I. (2008): *Null Bock auf Familie? Der schwierige Weg junger Männer in die Vaterschaft*, Gütersloh.

Zimmerman, F. J. & Christakis, D. A. (2005): »Children's television viewing and cognitive outcomes: A longitudinal analysis of national data«, in: *Archives of Pediatrics and Adolescent Medicine* 159, S. 619–625.

Zimmermann, P., Mühling, L. E., Lichtenstein, L., & Iwanski, A. (2022): »Still mother after all these years: Infants still prefer mothers over fathers (if they have the choice)«, in: *Social Sciences* 11, S. 51–67.

PERSONENREGISTER

SACHREGISTER

W

Z